走向平衡系列丛书

惟求其是

建筑语境中的阳明先生知行合一历程解读

李宁 著

中国建筑工业出版社

图书在版编目（CIP）数据

惟求其是：建筑语境中的阳明先生知行合一历程解读 / 李宁著. —北京：中国建筑工业出版社，2023.6
（走向平衡系列丛书）
ISBN 978-7-112-28788-8

Ⅰ. ①惟… Ⅱ. ①李… Ⅲ. ①王守仁（1472-1528）—哲学思想—研究 ②建筑学—研究 Ⅳ. ①B248.25 ②TU-0

中国国家版本馆CIP数据核字（2023）第 099240 号

　　在平衡建筑研究的园林中，需下整理场地、引水辟径等基础性的工夫，这些投入或许不是很引人注目，但较为繁杂，且不可或缺，本书就是在做疏脉调气、浇灌土壤的工作。就平衡建筑研究而言，立足点就是"知行合一"，我们努力使平衡建筑作为"知行合一"在建筑设计实践中发扬光大。故而，作为平衡建筑研究的起点，须把"知行合一"的相关内容进行梳理和研究。中华民族自古就是重视践行的民族，"知行合一"的思想始终贯穿于我们民族的血脉之中。若说对"知行合一"学说的探究之深入、思辨之完备、运用之精微、影响之广大，则唯有明朝的王守仁（阳明先生）一人可以担当。本书围绕阳明先生的出生、科举、师承、流放、悟道、生病、平叛、教学等细节，系统地对他知行合一历程进行回溯，以期对"知行合一"如何在日常工作中的践行有更笃实的领会，进而对当下相关建筑设计与教学有所借鉴与帮助。本书适用于建筑学及相关专业研究生、本科生的教学参考，也可作为住房和城乡建设领域的设计、施工、管理及相关人员参考使用。

责任编辑：唐旭
文字编辑：孙硕
责任校对：王烨

走向平衡系列丛书

惟求其是　建筑语境中的阳明先生知行合一历程解读
李 宁 著

*
中国建筑工业出版社出版、发行（北京海淀三里河路9号）
各地新华书店、建筑书店经销
北京雅昌艺术印刷有限公司印刷
*
开本：850毫米×1168毫米　1/16　印张：10　字数：269千字
2023年7月第一版　2023年7月第一次印刷
定价：138.00元
ISBN 978 - 7 - 112 - 28788 - 8
　　　（41227）

版权所有　翻印必究
如有内容及印装质量问题，请联系本社读者服务中心退换
电话：（010）58337283　QQ：2885381756
（地址：北京海淀三里河路9号中国建筑工业出版社604室　邮政编码：100037）

知行合一,惟求其是

自　　序

平衡建筑与知行合一

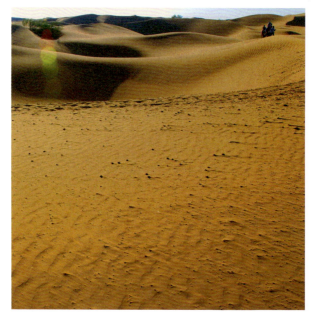

图 0-1 学海无涯苦作舟[1]

---

[1] 本书所有插图除注明外，均为作者自绘、自摄；本书由浙江大学平衡建筑研究中心资助。

中华优秀传统文化是深深扎根于中国人民心中的中华民族独特精神标识，潜移默化地影响着人们的思维方式和行为方式。继承和弘扬中华优秀传统文化并非只限于文、史、哲等社会科学领域，对建筑、土木等工科领域来说同样是非常重要的课题。

中华优秀传统文化可以从四个方面来体悟：第一，宇宙领悟上，崇尚天人合一，即天地之间的万事万物之间永远处在一种彼此依存的互动状态之中；第二，行为准则上，崇尚执中兼蓄；第三，人格修养上，崇尚内圣外王，讲究和而不同、己所不欲则勿施于人；第四，社会价值上，崇尚经世济物。

相应地，"人心惟危，道心惟微，惟精惟一，允执厥中"则是古代圣贤一脉相传的智慧心法，而"知行合一"则是"允执厥中"得以贯彻的不二途径。世界万物充满了矛盾与变化，从中华优秀传统文化思辨中寻求平衡之道，正顺应了"知行合一"在我国相关具体专业情境中认知与实践的功效。

建筑、土木等学科同样应该以中华五千多年文明为源头活水，从璀璨的中华优秀文化中创造性汲取人文精神、道德价值、历史智慧等精华养分，不断赋予专业理论及其实践的中国特色，成为推动中华优秀传统文化创造性转化和创新性发展的重要阵地。

作为平衡建筑研究的重要成果，"走向平衡系列丛书"近年来已经通过中国建筑出版传媒有限公司（中国建筑工业出版社）陆续出版了《知行合一》《理一分殊》《有容乃大》等专著，平衡建筑研究的立足点就是"知行合一"。随着团队的共同挖掘与感悟，目前从世界观、价值观与方法论上逐渐形成了与阳明学的承接关系，借此，我们努力使平衡建筑作为传统哲学智慧"知行合一"在建筑设计实践中的发扬光大。故而，作为平衡建筑研究的重要内容，须把"知行合一"的相关脉络进行梳理和研究。

中华民族自古就是重视践行的民族，"知行合一"的思想始终贯穿于我们民族的血脉之中（图 0-1）。

就文辞方面的具体考证而言，知行关系问题的讨论在先秦已肇其端，《尚书》说"非知之艰，行之惟艰"，《左传》说"非知之实难，将在行之"。这些古老的经典文献，均论及了知行关系的问题，且都认为知行必须统一，并将此看作是为人、为学之根本，否则就谈不上"善"。

儒学特别关切知行关系问题，是因为儒学崇尚入世，须"明明德"于天下，这就不能仅仅是理念，必须见诸事功。虽然各家各派有其侧重，但都认识到"知行合一"是"明明德、亲民、止于至善"的基石，这也是无论在什么时候提倡"知行合一"都会获得广泛认同的原因。但若说对"知行合一"学说的探究之深入、思辨之完备、运用之精微、影响之广大，则唯有明朝的王守仁（阳明先生）一人可以担当，这也是现在大家一提到知行合一就直接与他相关联的缘由。

阳明先生是集知行学说之大成者，他将"知行合一"逐渐发展成完备的哲学体系，以"心即理"为基点，以"致良知"为目标，通过"知行合一"将整个体系一体贯通，构建起恢弘的"阳明学"殿堂。要深入理解其中的内涵，须把阳明先生的知行合一历程进行系统解读。

同样我们也深刻认识到，"知行合一"的理论体系与当下建筑实践的结合，必须经过专业的创造性转化与创新性发展，并结合建筑特定语境关联才能更好地指导我们的工程实践，回归设计的"源点"，致"建筑良知"，突显每个专业人士的价值和尊严。

在本书中我会向大家介绍阳明先生的生平、科举文章、思想发展历程以及他所说的知行合一与前人的不同之处等内容，大家不妨跟着我的文字进入明莹澄澈的阳明世界。

我可以向大家说明的是两点：第一是言必有据，第二是表述尽量平白简明。

癸卯年春日于浙江大学西溪校区

目 录

自　　　序　平衡建筑与知行合一

第 一 回　从学生作文讲起...1

第 二 回　简介与悟道缘由...4

第 三 回　《大学》之道探寻...8

第 四 回　师承与理学渊源...14

第 五 回　《志士仁人》：立志...19

第 六 回　朝堂上知行合一...24

第 七 回　《瘗旅文》与龙场...29

第 八 回　龙场悟道明格物...36

第 九 回　知行合一的起点...41

第 十 回　《象祠记》：墨化阴阳...47

第十一回　人情练达即文章...53

第十二回　静处庐陵待时变...58

第十三回　治学上知行合一...64

第十四回	应对不解与责难	71
第十五回	书斋到刀光剑影	77
第十六回	弓如霹雳弦乍惊	85
第十七回	平与定统筹兼顾	93
第十八回	应对朱宸濠叛乱	99
第十九回	鄱阳湖火烧连舟	105
第二十回	知行合一致良知	109
第二十一回	良知破解心中贼	115
第二十二回	心外无花缘何故	122
第二十三回	鞠躬尽瘁再出征	127
第二十四回	王门四句教辨析	131
第二十五回	稳如山岳震如雷	136
第二十六回	此心光明复何言	142

结　　语 147

参考文献 149

致　　谢 152

第 一 回
从学生作文讲起

图1-1 千里之行,始于足下

阳明先生的言行,都是可以进行考证的;他的出生、科举、师承、流放、悟道、生病、平叛、教学、去世,等等,全都是可以通过史料查到的,是一个活生生的、有血有肉的长者。

某日无意间在看一组中学生作文，题目是"知行合一"。那些高分作文洋洋洒洒八百字，有理有据。

有人会说，这就是应试教育，都是老师、家长教的，这些初中生啥都不懂，就是照猫画虎，作文拿高分就行了。

或许这种情况是很普遍，但这些人其实是小看了现在的中学生、甚至小学生了。如果你家小孩正在念初中，你又能跟小孩平等地沟通的话，也就是小孩愿意跟你讲心里话，你会发现：事实上现在的初中生是思想很丰富、很有想法的。

他们明白，招生录取按照成绩来衡量是相对公平的；他们明白，现在学校里学的很多东西不见得是将来就能用得上的；他们明白，为了将来能够有主动去寻找自己喜欢的工作的权利，现在这些关是必须要过的；他们明白，写作文是有格式要求的；他们还明白，有些作文是写给别人看的，有些作文是给自己看的，给自己看的作文大可写在自己的日记本里。

这些，就是他们的"知行合一"。并且，他们也是以"知行合一"的方式把这些运用到学习与考试中的。于是有人可能就愤慨了：我们的教育怎么能教出这样的学生？

先不要急，先扪心自问：你自己做到自己所认定的"知行合一"了吗？

其实，每个人不论怎样处事、怎样生活，本身就是"知行合一"的，这也是阳明先生反复解说的[1]。

只是一个人的"行"里所体现的"知"，并不是他的作文或者言语里的"知"，而是隐藏在他内心深处真正的现有之"知"。

换言之，有什么样的"知"，就有什么样的"行"；有什么样的"行"，就说明此人有什么样的"知"。

所以阳明先生一再强调的就是，"知行"是一体的、不可分的。"如好好色，如恶恶臭"，没有先后，瞬时显现，本就是一个同一的过程[2]。

鉴于世人就是要把"知"和"行"分开来看，以及社会上普遍存在的"知"与"行"脱节情况，阳明先生反复倡导的，就是自己理解的"知"应自觉同步地体现在日常的"行"中，只有落实在"行"中方是"知"之成。

同样，"行"也不是盲目的、毫无计划的"行"，是在"知"的主导下将"知"落到实处的"行"。这样，才能提高学问和修养，"知行"同步得以提高。

"知是行之始，行是知之成；知是行之主意，行是知之功夫。"阳明先生这些话很简单、很朴实。心口合一、言行合一，这些都是知行合一的显现。

"知行合一"是如此的浅显，以至于大家都晓得"知道做不到，等于不知道"。在学校里学了诸多"治世之术"，但到了社会上各种压力轻易地就让你无所适从，这时候怎么"知行合一"？阳明先生的"知行合一"怎么就有这么大的影响力？

问题是你到书店里，看见琳琅满目的关于阳明先生、关于"知行合一"的书，似乎这些书还是解决不了你的疑问：难道这就是"知行合一"？这些作者各自说的好像不大一样，怎么回事？到底什么是阳明先生的"知行合一"？为什么阳明先生作为我国儒

---

[1] "若会得时，只说一个知，已自有行在；只说一个行，已自有知在。"阳明先生说道，"某今说个知行合一，正是对病的药，又不是某凿空杜撰，知行本体原是如此。今若知得宗旨时，即说两个亦不妨，亦只是一个；若不会宗旨，便说一个，亦济得甚事？只是闲说话。"参见：(明)王阳明. 传习录[M]. 第二版. 于自力，孔薇，杨骅骁，注译. 郑州：中州古籍出版社，2008，1: 30.

[2] 阳明先生说：" 《大学》指个真知行与人看，说'如好好色，如恶恶臭'。见好色属知，好好色属行，只见那好色时已自好了，不是见了后又立个心去好；闻恶臭属知，恶恶臭属行，只闻那恶臭时已自恶了，不是闻了后别立个心去恶。"参见：(明)王阳明. 传习录[M]. 第二版. 于自力，孔薇，杨骅骁，注译. 郑州：中州古籍出版社，2008，1: 29.

家代表人物,在历史上对国外的影响这么大?……但有一点大家都是很清楚的:如果阳明先生也只是把大道理讲一通,提出一个理论类的东西,那他的影响力是绝对没有这么大的。

具体到建筑领域,在建筑从虚拟到现实介入特定基地环境的过程中,设计团队是在一个背景日趋复杂的关联情境中从事其专业工作,怎样践行"知行合一"?如何致"建筑良知"?

要真正认识阳明先生及其知行合一到底是怎样的,我们可以根据《大学问》《传习录》《明史》《明儒学案》以及阳明先生各种函件等原始材料,来观其言、察其行。

很多被后人推崇不已的哲理,就是在特定的时空里,被一个或者一批独具慧心的人加以倡导宣贯,这样的人就被后人称为高明之士、或者说是圣人。阳明先生的高明之处,在于他能够在程朱理学大一统的背景下,系统地建构并阐述"知行合一",并指导其弟子和更多的人据此指导学习、工作和生活。

孔子、孟子、朱熹、阳明先生,合称"孔孟朱王"。阳明先生能够作为儒学传承中的重要丰碑,并非浪得虚名。事实上,按照传统"立德、立功、立言"的圣贤标准,阳明先生可以说是没有任何争议的。

曾国藩、黄宗羲[1]、梁启超[2]、孙中山等对阳明先生都有很多赞誉,很多人认为他用兵堪比诸葛亮[3]。诸葛亮毕竟有艺术加工的成分,其形象因《三国演义》的广泛流传而家喻户晓,从书中描述看,诸葛亮一出场便神机妙算。

而阳明先生则不然,虽然没有厉害的小说来推广他,但他的言行都有可考证之处,他的出生、科举、师承、流放、悟道、生病、平叛、教学、去世等细节全都是可以查到的[4],是一个活生生的、有血有肉的长者。

就明朝人物而言,大家可能更熟悉开国军师刘伯温。比较难得的是,刘伯温和阳明先生的谥号都是"文成",后人皆称为"文成公",他们在当时就备受推崇[5]。

千里之行,始于足下(图1-1)。

我们可以通过解读阳明先生做过的事情来验证他是怎么"知行合一"的。换言之,如果经过细节考证发现他没做到"知行合一",那么我们可以说他也是个假道学。如果发现他确实是"知行合一"的,这就会加深我们践行"知行合一"的体悟。

有人说,大道至简,知易行难;有人说,大道至朴,知难行易。其中最关键的区别,还是对"知"与"行"的认识。本来即一物,何分"知"与"行"?[6]

欲知后事如何,且听下回分解。

---

[1] 黄宗羲评价:"即知即行,即心即物,即动即静,即体即用,即功夫即本体,即下即上,无之不一,以救学者支离眩骛,务华而绝根之病,可谓震霆启寐,烈耀破迷,自孔、孟以来,未有若此之深切著明者也。"参见:(清)黄宗羲. 明儒学案[M]. 北京:中华书局出版社,2008,1:7.

[2] 梁启超评价:"阳明先生者,以知行合一为教,其表于为事者,正其学术精诣所酴化也。综其出处进退之节,观其临大事时以因应者之条理本末,然后其人格之全部,乃跃如与吾侪相接,此比非徒记载语录之所能尽也。"参见:(明)王守仁. 王阳明全集【四】[M]. 陈恕,编校. 郑州:中州古籍出版社,2016,9:215-216.

[3] 明嘉靖年间内阁首辅费宏评价:"大中丞阳明王公,学兼太原,体兼众器。""宏尝谓其操行正大,可拟诸葛亮、范仲淹;言议峻达,可拟贾谊、陆贽。盖古之君子,可以大事而不负其所学者。"参见:(明)王守仁. 王阳明全集【四】[M]. 陈恕,编校. 郑州:中州古籍出版社,2016,9:220.

[4] 阳明先生一生中的主要事迹,从1472年10月31日到1529年1月9日,在他的年谱中都有记载。参见:(明)王守仁. 王阳明全集【三】[M]. 陈恕,编校. 郑州:中州古籍出版社,2016,9:255-342.

[5] 明崇祯年间礼部尚书徐光启评价:"明兴二百五十余年,定鼎有青田策勋,中兴称阳明靖乱。"参见:(明)王守仁. 王阳明全集【四】[M]. 陈恕,编校. 郑州:中州古籍出版社,2016,9:201. 这句话里说的"青田",就是刘伯温。

[6] 弟子徐爱说:"如今人尽有知得父当孝、兄当弟者,却不能孝不能弟,便是知与行分明是两件。"阳明先生讲解说:"此已被私欲隔断,不是知行的本体了。""就如称某人知孝,某人知弟,必是其人已曾行孝、行弟,方可称他知孝、知弟。不成只是晓得说些知孝、弟的话,便可称为知孝、知弟?又如知痛,必已自痛了方知痛;知寒,必已自寒了;知饥,必已自饥了。知行如何分得开?此便是知行的本体,不曾有私欲隔断的。"参见:(明)王阳明. 传习录[M]. 第二版. 于自力,孔薇,杨骅骁,注译. 郑州:中州古籍出版社,2008,1:29-30.

第 二 回
简介与悟道缘由

图 2-1 明明德，亲民，止于至善

如果阳明先生在年轻的时候讲了许多豪言壮语，后来几十年却是碌碌无为，那么他这些话就会成为笑柄。但他就是能够把年轻时候讲过的话通过终生的行动来践行和落实，这就是后人反复研究他的原因。

第二回

上回说到阳明先生系统地建构并阐述"知行合一"学说的事情，这回先要把他的个人信息与悟道缘由简要概括一下。

简介[1]

1. 姓名：王守仁，字伯安；
2. 民族：汉；
3. 曾用名：王云；
4. 自号：阳明山人，学者称之"阳明子"；
5. 籍贯：浙江余姚；
6. 家庭出身：读书人家，其父王华是1481年的状元；
7. 出生日期：1472年10月31日；
8. 逝世日期：1529年1月9日；
9. 专业：儒、道、佛兼修；
10. 中举时间：1492年秋季；
11. 中进士时间：1499年春季，二甲进士第七名；
12. 职业：教育家，哲学家，军事家，文学家；
13. 信仰：圣人之道，吾性自足；
14. 封爵：新建伯，后追赠新建侯；
15. 谥号：文成；
16. 主要业绩：剿灭南赣匪盗，平定藩王朱宸濠叛乱，平定广西思恩、田州叛乱，创立"阳明学"；
17. 代表作品：《传习录》《大学问》《王阳明全集》等；
18. 悟道地：贵州龙场（今贵州修文县）(图2-1)；
19. 逝世地：江西赣州市青龙铺；
20. 安葬地：浙江绍兴市兰亭乡花街村。

幼年的阳明先生，有着非常温馨的家庭环境(图2-2)，他的爷爷对他慈爱有加，他幼小时就能默记大量他爷爷所读的书，他的父亲中状元足可验证他爷爷的家庭教育能力。

阳明先生十二岁时正式就读私塾，志存高远，心思不同于常人，入学时与塾师先生对答中就认为天下最要紧的事是通过读书成为圣贤[2]。可能很多学子都讲过类似的话，但关键在于：阳明先生用他毕生的行动来践行了这个观点。

这就是我们进行阳明先生知行合一历程解读要核实的。

明英宗正统年间，明英宗这个皇帝本人也被蒙古瓦刺部俘虏了。这件事情阳明先生从小就知晓，且耿耿于怀，以至于他从小就开始学习骑马射箭并研习兵法，他十五岁就到居庸关、山海关等地游历达一个月之久，有些经略四方的意思。也就是说，他在读儒家四书五经等诸多经典的时候，也在学习其他的、与科举无关的课程。

现在大家读书高考，基本是为了学习专业技能，能够找到好工作，以此谋生。对阳明先生这样家庭出身的人来说，他就是啥都不干也是衣食无忧的，他学习要考取功名来光宗耀祖，那是家族对他的期待，他也觉得是分内之事，并觉得不是什么难事。他从小就在追求的，是通过读书明白"道"理，通过修养把自己提高到古代圣贤的高度，进而兼济天下。

从阳明先生学习的发展阶段来看，先是钻研儒学经典，觉得不能解释心中的许多疑惑，就去研究道学；又觉得心中之理还没贯通，再去钻研佛学；以至于儒、道、佛在他心中反复碰撞，再后来又回到儒学体系并大彻大悟。同样一本《大学》，文字就是这些文字，他能够体会到的内容却会不一样。

阳明先生十八岁时到江西拜谒当时的大学者娄谅。娄谅亲自

---

[1] (明)王守仁. 王阳明全集【三】[M]. 陈恕,编校. 郑州：中州古籍出版社，2016，9：255-342.

[2] (明)王守仁. 王阳明全集【三】[M]. 陈恕,编校. 郑州：中州古籍出版社，2016，9：256.

向他讲授了"格物致知"之学，阳明先生若有所悟[1]。接着他就遍读朱熹的著作，思考"物有表里精粗，一草一木皆具至理"，这个时候的阳明先生还是紧紧追随朱熹理学思想的。

1492 年，阳明先生第一次参加乡试就中举了，自然是祝贺者甚众；但后来两次春闱会试都未登第，也就是没考中，但他十分坦然，说："世以不得第为耻，吾以不得第动心为耻"[2]。1499 年阳明先生第三次会试获中，继而殿试，中二甲进士第七名。名次上没他爹厉害，但他此时处理复杂问题的能力和应付突发事件的能力明显非他人所能及了。

如果阳明先生在年轻的时候讲了许多豪言壮语，后来几十年却是碌碌无为，那么他这些话就会成为笑柄。但阳明先生就是把年轻时候讲过的话通过终生的行动来践行和落实，这就是后人反复研究他的原因。

明武宗正德元年（1506 年），明帝国宦官刘瑾把持朝政，并逮捕了戴铣等二十余名反对者。

阳明先生上《乞宥言官去权奸以章圣德疏》[3]论救，因此触怒刘瑾。阳明先生一生中学问做得很深，处处体现出仗义执言、不畏权贵的秉性，仁义礼智信都做到他人所不及，所以很多人愿意追随他。

同样地，刘瑾这样磨炼几十年才熬上来的人，之所以对阳明先生这份上疏十分忌惮，主要是阳明先生上疏使的是隔山打牛的路数。跟戴铣等人的直接冲着刘瑾开战完全不一样，阳明先生上的疏貌似不骂一句，全是在说皇帝如何好，却又招招围绕"宥言官，章圣德"，让人家牙齿痒痒还抓不着文字把柄，这下刘瑾就越发按捺不住了。

这以文制敌的功夫，阳明先生后来才练得纯熟起来并屡奏奇效，这在以后回目中还要经常讲到，但这次他"以文制敌"的招数没用好。他对明武宗这个小皇帝的自主能力估计错误，因为小皇帝是拿着他的上疏跟刘瑾说：你拿这些小事情来烦我干什么？

于是阳明先生被廷杖四十，先下锦衣卫大狱，后谪贬至贵州龙场[4]。同时，他的父亲王华也被赶出北京。廷杖、下锦衣卫大狱后贬谪蛮荒，使阳明先生的生理、心理都遭受重创。但阳明先生从小在读四书五经的同时，努力地进行骑马射箭等体育锻炼，这身板在这次劫难中可真用来救命了。

所以说，无论什么朝代和境遇，身体都很重要。在建筑设计中，设计团队要跟甲方、主管部门等谈设计理念以获得支持，又要到施工现场指导并督察是否按图施工，没有一个好身体显然是无法进行"知行合一"的。

贵州龙场在当时还是未开化的地区，说是贬谪，其实就是流放。但就是在这样艰苦的环境中，阳明先生经历了他一生中很有意义的"龙场悟道"。

1506 年之前，阳明先生生活在鲜花和阳光下，年少才高，名满京师。但就是在这个 1506 年，阳明先生从天堂忽然跌入了地狱。在庭杖、下狱以及贬谪到龙场这样的蛮荒之地，诸如一死了之、遁入空门之类的思路，他都有过。

但就是在这样的临界状态，他悟道了。

像阳明先生这样的奇才，大约类似于超导体。他到了某种临界状态，不是被破坏了，而是以往在江南、在京师时的种种舍不

---

[1] （明）王守仁. 王阳明全集【三】[M]. 陈恕, 编校. 郑州: 中州古籍出版社, 2016, 9: 257.
[2] （明）王守仁. 王阳明全集【三】[M]. 陈恕, 编校. 郑州: 中州古籍出版社, 2016, 9: 258.
[3] （明）王守仁. 王阳明全集【一】[M]. 陈恕, 编校. 郑州: 中州古籍出版社, 2016, 9: 240.
[4] （明）王守仁. 王阳明全集【三】[M]. 陈恕, 编校. 郑州: 中州古籍出版社, 2016, 9: 261.

得、放不下的，现在全都如烟云一般，都放下了。于是自身"电阻"一下子变成零，原有的思想"电流"就迸发出无限的能量，说得通俗一点，就是任督二脉一下子打通了。

龙场悟道，涅槃重生。阳明先生从此就开始了他"立德、立功、立言"三不朽的辉煌历程。

历经磨难的阳明先生，已经是人情世故无一不通、三教九流无一不晓，上得金銮殿、坐得黑牢房，文武兼备、智勇双全。

在去龙场之前，阳明先生只是一个程朱理学框架内的一名高才生。他对儒家理学体系有不满，对理学家们普遍存在的知行脱节有不满，也做了一些努力，以中兴儒学为己任并在京城开坛讲学，但还是没能形成自己的学说体系。

龙场悟道后，"阳明学"横空出世，并在磨练中不断发展。"阳明学"以"心即理"为基点，以"知行合一"为途径，以"致良知"为目标，卓然挺拔于程朱理学的框架之外。于是，儒家学说中的一座新高峰就这样升起来了。

欲知后事如何，且听下回分解。

图 2-2 浙江余姚阳明先生故居

第 三 回
《大学》之道探寻

图 3-1 立德，立功，立言

阳明先生之所以能够和孔子、孟子、朱熹合称"孔孟朱王"，是因为他具备了三个必要的条件：第一，他是沿着儒家体系一脉相传的；第二，他对儒学有原创性的拓展；第三，他对后人的影响力极大。

上回介绍了阳明先生的生平，这回把儒家的传承进行简要的分析。我国知识分子大多有些儒学情结，围绕"儒"产生了很多词，比如儒雅、儒商、儒家风范等，在此就把儒学的前前后后梳理一下。

儒学的代表人物，通常合称"孔孟朱王"，其中"王"就是指阳明先生。从当今世界儒学研究发展来看，阳明学的研究有越来越壮观的势头。阳明先生之所以能够和孔子、孟子、朱熹合称"孔孟朱王"，是因为他具备了三个必备的条件：第一，他是沿着儒学体系一脉传承的；第二，他对儒学有着原创性的拓展；第三，他对后人的影响力极大（图3-1）。

儒学是先秦诸子百家学说之一，是春秋末期的政治家、思想家、教育家孔子在总结、概括和继承了夏、商、周三代"尊尊亲亲"传统文化的基础上形成的一个完整的思想与学术理论体系[1]。

儒学作为一门学说，儒教作为一种信仰，儒家作为一个阶层或者说一个特定群体，这三个名词还是有所区别的。

东汉许慎《说文解字·人部》对"儒"的解释为："儒，柔也，术士之称。从人，需声"[2]。柔者，"木曲直也"[3]，即弯曲又能笔直之树木，可直可曲，变化自如。术士是指法力通达者，通达后方能尊之为士。孔子曾说过："吾与史、巫同途而殊归也"。但同时，他也指出了自己与专门沟通鬼神的术士有所不同："吾求其德而已"。从孔子开始，"儒"的观念发生了变化，渐渐地脱离了祝史巫觋的知识范围。

孔子是中国历史上首开私学的教育家，人称"弟子三千，贤人七十二"。他和弟子们把原先被贵族垄断的礼仪和各种知识传播到民间，逐渐形成了儒学。概括而言，儒学承袭了殷商以来的巫史文化，发展了西周的礼乐传统，是一个重血亲人伦、追求现实事功、礼教德治之精神始终一贯的学派。

儒学的特征主要有以下五点：第一，在传承上，尊孔子为先师、为思想领袖；第二，在学业上，以《易》《尚书》《诗经》《礼记》《春秋》等书籍为经典功课；第三，在思想上，形成了"仁与礼"的一种张力构架；第四，在修养上，讲究由"内圣"而"外王"，即通过内体心性成就外王事功；第五，在处世上，着重关注人与人之间伦理关系，并将此关系运用到社会实践中，成为指导性的原则。

《韩非子·显学》："世之显学，儒、墨也。孔、墨之后，儒分为八，墨离为三。""自孔子之死也，有子张之儒，有子思之儒，有颜氏之儒，有孟氏之儒，有漆雕氏之儒，有仲良氏之儒，有孙氏之儒，有乐正氏之儒。"[4]

这八家儒学也只是韩非子的一个大致界定，比如孔子的高足子夏，韩非子没有特别提及，也是孔子认可成为君子的人[5]。这些分支的发展演变也是各有侧重、且互有交集的，在流传时间上也有些前后交叠，并非都能一刀两断地界定与分类。

顺着儒学流派的发展脉络再梳理一下，总体而言，儒学在长期的演变中有两条线索比较突出：

一直延绵的主线就是心性派，代表人物就是孟子。心性派按照"心性合一与心性二分""性本善与性本恶"等不同理解，又有很多分支。心性派的主流就是孟子所坚持的"心性合一"和"性本善"思想，到了宋朝演变成为理学并独领风骚。

孟子认为，人异于动物的根本所在，在于人"先天"地具有

---

[1] 李若晖. 儒学：由对象到方法[J]. 华中科技大学学报（社会科学版），2023(1)：8-13.
[2] （东汉）许慎. 说文解字[M]. 李翰文，译注. 北京：九州出版社，2006，3：635.
[3] （东汉）许慎. 说文解字[M]. 李翰文，译注. 北京：九州出版社，2006，3：467.
[4] 向世陵. 先秦儒家"显学"辩证[J]. 国际儒学研究，2007(2)：254-260.
[5] 叶润平，齐晓琪.《论语》中孔子教育的哲学思想——子夏的君子观及其当代价值[J]. 成才，2022(23)：69-70.

恻隐、羞恶、辞让、是非之心，这才是人之所以为人者，才是所谓的人性。所以儒学所宣扬的"仁义礼智"，并不是外在于人或强加于人的东西，而是根源于人心、人性，是人心、人性中与生俱来的先天性源代码发育出来的东西，且心性不二。

孟子的心性论以性善为基础，以心性不二为核心，以天人贯通为特征。心性论的价值，在于其弥补了孔子仁学的不足，为其所倡导的仁义之道第一次找到了理论上的根据。更为重要的还在于它将人与天、自我与外物沟通联结起来，从而将宇宙人生贯通成一体。孟子对后世儒学的影响及其在儒学发展史上的地位，主要就是由这些因素决定的[1]。

另值得提起的一条线索是天人感应派，在汉朝影响很大，代表人物就是三年足不出户、目不窥园的董仲舒[2]。这条线索是子夏得到孔子亲传后，子夏传与公羊高，高传与其子平，子平传与其子地，地传与其子敢，敢传与其子寿；至汉景帝时，公羊寿与其弟子齐人胡毋子都将儒家经典著于竹帛[3]。胡毋子都与董仲舒是亦师亦友，但后来董仲舒的成就与影响力比前人大多了。

董仲舒是汉景帝时期的博士，他对汉武帝影响非常大，使得儒学取得正统地位[4]。董仲舒最有名的学生就是司马迁，当然司马迁有很多老师，比如他父亲司马谈以及司马谈的老师杨何等人对他的影响都很大。

儒学在发展过程中，曾经被多次打击。但儒学的生命力十分顽强，总是能像青草一样，一有条件就长出来。秦始皇"焚书坑儒"是儒学发展过程中的一次"大劫"。其实焚多少书、坑多少人倒是次要了，关键是这表明了朝廷的一个态度，于是社会上就不敢传播儒学了。随着楚汉争霸的结束，汉朝一统天下，尤其到汉武帝"罢黜百家，推明孔氏"，儒学就取得了正统地位，于是明显比其他各家学说更有话语权与覆盖面[5]。

合久必分。到了魏晋南北朝时，儒家克己复礼的谦谦姿态在乱世动荡中失去了作用，于是淡出历史舞台了。

分久必合。由隋至唐，大一统的王朝到来了，儒学重新回到文化主导地位。

不过由于长久不在社会上宣贯，加上魏晋南北朝时期整个社会上佛、道二教的高度繁荣，使得儒学一时之间难以占据绝对主导地位。韩愈向唐宪宗提出抑制佛、道二教，重新把儒学放到尊位上来的建议[6]。虽然当时没得到皇帝的肯定，韩愈还因此一度被贬，但总体上儒学还是兴旺的。韩愈声称，自孔孟至当下，复兴儒学的重担就来到他身上了[7]。

问题是，唐朝瓦解后，整个社会陷入了血雨腥风的五代十国阶段，到处都是刀光剑影，城头变幻大王旗。儒学再次显示了其脆弱的一面：只有在大一统的太平盛世才有说服力。

于是儒学又退隐。

由后周到北宋，全国统一了。宋太祖赵匡胤鉴于五代十国武人专政之弊，全面实行"扬文抑武"，儒学在告别主流社会近七百年后，终于迎来了复兴。田舍郎通过以儒学知识为科目的科举考试便可登天子堂，于是人人都以学儒学、参加科举而高中皇榜为生平最幸福的事，正所谓：书中自有颜如玉，书中自有黄金屋。

---

[1] 刘婧妍. 孟荀人性论比较分析[J]. 广东社会科学, 2023(1): 277-285.
[2] 李有梁, 黄冰清. 董仲舒的民本思想及其理论渊源[J]. 原道, 2022(1): 71-80.
[3] 公羊传 榖梁传[M]. 杨龙, 校点. 郑州: 中州古籍出版社, 2015, 4: 4.
[4] 邓红. 董仲舒与汉武帝——儒政关系中的君臣离合[J]. 孔子研究, 2022(4): 58-68+158.
[5] 刘蹦娇. 以文致太平——略论秦汉之际的政治走向和文化选择[J]. 学术探索, 2015(11): 22-31.
[6] 王中江. 儒学的新开展与公共实践：韩愈的典范性[J]. 中州学刊, 2021(11): 97-103.
[7] 张明. 韩愈"道统"建构与荀孟地位变迁——中晚唐儒学之变革及结局[J]. 孔子研究, 2020(3): 126-135.

儒学讲的就是修身、齐家、治国、平天下，这就要到朝廷中施展才干，从而报效国家。有别于世袭或者荐举等狭窄的专用通道，"科举"这条通道在出身要求方面是零门槛的，这给了知识分子无限的希望。

儒家讲究入世，就是要见诸事功，否则就去学佛、道，出世去好了。从孔子开始，儒家学者就千方百计把皇帝纳入儒家的框架中来，他们要求皇帝必须具备相应的仁义道德。儒家的政治理想就是：君圣相贤。

问题是，儒家缺乏有效手段对皇权加以限制，而只是通过各种说教来让君圣相贤。一旦君王不圣明，他们只有一个办法：其默足以容。说简单点就是干瞪眼，当然，还有在宫门外嚎哭的。

董仲舒用"天人感应"来规劝皇帝[1]。"天人感应"思想认为国君做了坏事老天就发怒，国君做了好事老天就高兴。这个说法现在还在用，只是把"国君"改成"人类"，"老天"改成"大自然"。通行的说法是，人类如果盲目行事而不计后果，大自然就会报复、就会有惩罚；人类如果妥善行事，大自然就友好地与人类和谐相处。

但古代那些强硬的皇帝，并不惧怕儒家说教里的威胁，依旧我行我素，现在很多人也一样不惧怕大自然的报复。宋代的很多儒家学者就试图从佛家、道家学说中寻找力量，或者说，想借鉴他们的传道方法。

这里要提及一本书，名叫《易经》。通俗地讲，《易经》就是记录了八卦的重叠演变且生生不息。对《易经》的运用，道家可以说是相当精通，丹炉、道袍上都有画着八卦图的。同时《易经》又是儒家的《五经》之一，孔子学易留下了"韦编三绝"这个成语，可见孔子的用功程度。这就是儒道互补的根基。

儒家讲"入世"，道家讲"出世"，儒家如同市镇、道家如同山野，相得益彰。自先秦至今，一直绵绵不息，"易为主干，儒道双翼"。佛教传入我国后，很快就和我们的本土文化发生了兼容。在《西游记》《封神演义》等故事里，道家和佛家的神仙们各就其位，一起扶危济困。儒家学者中就出了很多儒、道、佛兼修的人物，阳明先生就是其中一位。总体上看，还是儒学为体、道佛为用的。

从佛教的演变看，尤其是禅宗，很是耐人寻味[2]。"身是菩提树，心如明镜台；时时勤拂拭，勿使惹尘埃"，这类似儒家的"加法"。惠能大师说"菩提本无树，明镜亦非台；本来无一物，何处惹尘埃"[3]，这又与道家的"减法"相合。当然，从佛家修持而言，由色入空是一个层次，但修持还是要进入"色不异空，空不异色；色即是空，空即是色"的更深层次。

阳明先生在他的成长过程中，出入于儒、道、佛之间，寻找他苦苦追求的道，也有苦恼，也有困惑，并不是生来就啥都明白的，这才是有血有肉、活生生的人。

粗粗看阳明先生的"知行合一"，大约有些像月亮。月亮大家都很熟悉，有时候就挂在树梢上似乎触手可及，但即使你爬到山巅上，月亮还是够不着，并且初一、十五看上去还不一样。事实上它本身是一样的，只是你在不同的时候看，因境遇不同而有了不同的表象、感触和收获。一些带有哲学性的话题，在茶余饭后闲聊大可哈哈一笑，但真要琢磨了就要有些基础准备，就像直接跟一个小学生说微积分他就有些不明白，继而不耐烦。大道固然至简，但你一旦学进去又会有高山仰止的感觉。

学习研究阳明先生的"知行合一"，离不开儒家经典。儒家诸多经典中，最核心的或者说最基本的就是《四书》，《四书》则

---

[1] 徐慧敏. 行权者、当权者与判定者——从主体视角考察董仲舒经权观[J]. 中国哲学史, 2022(4)：81-87.

[2] 李满. 禅宗美学思想之解密[J]. 南昌师范学院学报, 2022(2)：51-56.
[3] 雷茜之. 从《坛经》看禅宗思想的"体用"[J]. 中国佛学, 2020(2)：191-206.

首推《大学》，这是儒家入门级课本，又是品味无穷的经典。在贵州龙场，阳明先生在他自己纷繁浩瀚的知识库中返璞归真，回到了他儿时就会背的《大学》，悟道了。

后来阳明先生写了一本书，叫作《大学问》。并不是他觉得自己学问大了，就给自己的书起名"大学问"，而是指"大学之问"，就是针对弟子们关于《大学》的疑问，进行答疑解惑，进而授业传道。

《大学》有言[1]："古之欲明明德于天下者，先治其国；欲治其国者，先齐其家；欲齐其家者，先修其身；欲修其身者，先正其心；欲正其心者，先诚其意；欲诚其意者，先致其知。"

《大学》如果展开来讲就太多了，引用这一段就是让大家知道"心"和"知"在儒家学说里的重要位置。《大学》反复强调的就是通过以"知"的提高为根基，从而把"心"修炼到超凡入圣的境界，由内而外修"身"，这才有基础实现大学之道：在明明德，在亲民，在止于至善。

《大学》本意就是大人之学。按照儒家一贯的逻辑，一个人若下定决心做小人，那是完全没必要费力气去学《大学》的。问题是，古往今来很多人，知《大学》之道，行小人之实，跻身儒门投机钻营。阳明先生就是针对当时一些人满嘴仁义道德却尽谋一己私利的现象，开出"知行合一"这剂良药，以达到正心、修身的疗效。

儒家强调"入世"，强调学习是要"治国、平天下"的。而要干这样的大事，关键在于"修身"，这是你内心的外显，是家人、国人以至天下人都会效仿的，所以要达到"民俱而瞻"的效果。至于你有什么具体技术特长，那倒是次要了。"国不以利为利，以义为利也"，所以读圣贤之书就是要修身，就是要在仁义礼智信方面超乎常人，这样才能"民法之"，用现在的话说就是这样才能团结大家一起前进。

那么你这个展示给外部的"身"，就是要靠你的"心"来支撑了。别人看不见，你自己是知道的。"心"若不正，那么就谈不上"修身"，那么"齐家治国平天下"就无从说起。所以儒家一再强调"君子必慎其独"。君子与小人的重要衡量指标，就在于其"心"是否正。

自古以来，凡是万民景仰的人，都有很高的境界。境界不高的人、贪婪算计的人，没有一个能成大事的。就算他取得了一时的荣耀，经过一段时间的洗刷，就会显出其本来面目，遭到后人的唾弃。小到个人成败、大到王朝兴替，莫不如是。"以身付天下者，方能以天下付之"；同样地，以身付单位者、方能以单位付之。有的人退休了，就算无权无势，别人就是惦记着他。无他，唯"心正"尔。

接着说如何正其"心"。《大学》里讲得很清楚，就是先要"致其知""诚其意"。问题是曾参写了一句"致知在格物"就没多讲了，能看到的则是朱熹的补文："欲致吾之知，在即物而穷其理也。盖心之灵莫不有知，而天下之物莫不有理，唯于理有未穷，故其知有不尽也。""一旦豁然贯通焉，则众物之表里精粗无不到，而吾心之全体大用无不明矣。此谓物格，此谓知之至也。"[2]

我直接摘录这些句子，一方面是因为这些句子并不拗口，另一方面是翻译后原文辞的味道没了。

古时大儒，文辞必定了得。"半亩方塘一鉴开，天光云影共徘徊；问渠哪得清如许？为有源头活水来。"朱熹的文采，由此可见一斑。关键是他的诗文深处，还会与"天理"联系起来，不是一般的了得："胜日寻芳泗水滨，无边光景一时新；等闲识得东风面，万紫千红总是春。"举重若轻、含义隽永。

朱熹十九岁就高中进士，集儒学之大成，著述等身，后官拜焕章阁侍制兼侍讲，给皇帝讲学。尤其是《四书章句集注》，更

[1]（宋）朱熹. 四书章句集注[M]. 北京：中华书局出版社，2012，2：3.

[2]（宋）朱熹. 四书章句集注[M]. 北京：中华书局出版社，2012，2：7.

成为钦定的教科书和科举考试的标准。阳明先生就是看朱熹的这些文字,而笃信程朱理学的。

《大学》全文,把儒家的追求、儒家"八目"(就是上面提到的从格物到治国、平天下)都写得很清楚,甚至在最后引用孟献子语句"畜马乘,不察于鸡豚;伐冰之家,不畜牛羊",把怎么当领导都具体说明了。意思说,你如果是总司令,就不要惦记带着尖刀排去抢攻山头了;你若是公司总经理,就不要抢着去打扫卫生了,你的职责就是让各个岗位的人胜任其岗位并各尽其职。

但是,《大学》偏偏就没有讲清楚怎么"格物"。朱熹的补文解释了几句,吊起了包括阳明先生在内的后生的胃口,但也是语焉不详。

有研究者说,怎么"格物"的法门是后来失传了,但在其他差不多同时期的诸多文献中,没有任何记载。

一直到几百年之后,"即物而穷其理"形成了《物理》。相应地,1857年在上海出版的刊物《六合丛谈》发刊号的"小引"说"西人之学此者,精益求精,超前轶古,启明哲未言之奥,辟造化未泄之奇。言物各有质,自有变化,精诚之上,条分缕析,知有六十四元,此物未成之质也",遂成《化学》[1]。

所以我们现在"格物"的法门,不是《大学》,而是科学。

科学很快带领大家上九天揽月、下五洋捉鳖。问题是科学突飞猛进一百多年之后,且不说双刃剑带来的生态破坏、环境失衡等问题,单就宇宙认识方面,发现很多问题还是没法解释。不是说科学家再钻研若干年,就能都解释清楚了,而是发现研究越深入,未知领域也相应在增大。

人们在自己无法解释一些自然现象或者问题的时候,求助于神学,这在人类历史上很多见,即便是科学家也会如此。不要说别人,即便是科学界的旷世奇才牛顿也是如此,1687年《自然哲学的数学原理》问世,当时很多人就把牛顿当作神来看待了。

1727年牛顿去世被安葬在威斯敏特教堂,他是人类历史上第一个获得国葬的自然科学家,法国的伏尔泰观看了葬礼的全过程,说这就是科学的力量。问题是,牛顿解释不了第一推力的问题,他相信了上帝的存在。

比牛顿早两百年的阳明先生,当时就非常困惑。"格物"具体怎么"格",怎么才能"豁然贯通",他一直没搞明白,当然那个时候也没人能教他。1492年,阳明先生中举了,他下定决心要朝"吾心之全体大用无不明"的境界攀登,一定要找个具体的物来"格",他选择了竹子[2]。问题是他"格竹"的办法就是盯着竹子看,期待"豁然贯通"的出现,坚持"格"了几天几夜,累昏了过去[3]。等他被家人救醒后,他倒不是为自己身体状况难过,而是对程朱理学产生了怀疑,并有一种无所适从的失落感,以至于他就去研究佛、道之学了。

我们现在可以说,阳明先生当时"格"的方法不对,但在五百年前,他不知道还有显微镜之类的东西会发明出来,他只是意识到,以前的尧舜禹等圣人绝对不是这样"格物"之后才成为圣人的。

1498年,阳明先生又回到朱熹这座理学高峰的前面,回到《大学》之道的起点。是什么促使他回归了?是因为他看到了朱熹理论著作之外的一句话。其实,当今或者将来的学者攀登某一研究领域的高峰,可能发现的是:有古贤先哲已经等候多时了。

欲知后事如何,且听下回分解。

---

[1] 姚远,杨琳琳,亢小玉.《六合丛谈》与其数理化传播[J]. 西北大学学报, 2010(3): 550-555.

[2] 阳明先生说:"众人只说格物要依晦翁,何曾把他的说去用?我着实曾用来。初年与钱友论,做圣贤要格天下之物,如今安得这等大的力量?因指庭前竹子,令去格看。"参见:(明)王阳明. 传习录[M]. 第二版. 于自力,孔薇,杨骅骁,注译. 郑州: 中州古籍出版社, 2008, 1: 385.

[3] (明)王守仁. 王阳明全集【三】[M]. 陈恕,编校. 郑州: 中州古籍出版社, 2016, 9: 258.

第 四 回

师承与理学渊源

图 4-1 千枝万叶茂,总是一条根

粗粗看阳明先生的知行合一,大约有些像月亮。月亮大家很熟悉,有时就挂在树梢,似乎触手可及,但即使你爬到山巅上还是够不着,并且初一、十五还不一样。其实它本身是一样的,只是你在不同的时候看,因境遇不同而有了不同的表象、感触和收获。

上回说到《大学》之道，讲阳明先生对格物致知的困惑，讲他在儒道释之间游走探索。这里有必要说一下阳明先生的师承问题，千枝万叶，总是一条根（图4-1）。师承分析不是要讲他的私塾老师或者他的状元父亲对他的教导和督促，而是指在儒学这个大体系里面他是怎么继承和发展的。就与阳明先生的关联密切度而言，要从宋朝的周敦颐开始说[1]。

大家都知道周敦颐，大多是因为他写了《爱莲说》，"出淤泥而不染"一句可谓家喻户晓，引用率极高。这里着重说到他，是因为此人就是精通"儒、道、佛"三家学问的宋代大儒。

周敦颐以道家的语境写了一本书，叫《太极图说》[2]，他在书中首次提出了"无极"这一概念，并明确了"无极"就是万物之由来，同时还决定了万物生成与发展的规则。但周敦颐在儒家体系里最大的成绩，应该是教出了程颢、程颐两位学生。

程家兄弟又经过苦心钻研，从《太极图说》的"无极"理论中抽出"理"和"道"的概念，自成一家，这就是北宋理学的框架，也是"理学"这一名称的由来。特别强调一句，"理学"并非别家学说，而是儒学在特定历史阶段的一种表现形式。

理学认为，在超现实、超社会之上存在一种标准和机制，它是天地万物和人们一切行为的规范和制约者，周敦颐称之为"无极"，二程称之为"天理"。并且二程明确了"天理"的对立面就是"人欲"，就是人们不合理和不正当的行为和欲望。每个人读书的目的以及一生的事业，就是去寻觅和遵循"天理"，从而祛除自己内心的"人欲"。

总而言之，就是要"存天理，灭人欲"。大家可能觉得"天理"和"人欲"的界限很难划分，这确实比较难解释，只能用类比来大致解释。比方说，冷了要穿衣服，这就是"天理"，但非要穿绫罗绸缎就是"人欲"了；饿了吃饭是"天理"，但非要吃山珍海味就是"人欲"了。如果冷了就是不穿衣、饿了就是不吃饭，这也是"人欲"。虽然这样不属于不合理的欲望，但却属于不合理的行为，因为这样违反了人的生理规律。

由此可知，在理学体系中，"天理"对于每个人而言，就是满足个体生存所需的最低适宜配置。不符合该基本配置的，无论是"过"还是"不及"，都是"人欲"。这就像烹饪一样，多一分则咸，少一分则淡，就是要掌握"度"。

理学家说，这个基本"度"就是"天理"，而"人欲"则会每时每刻地蒙蔽天理，影响你对天理的理解和把握，所以要随时警惕，要无时无刻不学习。理学的学习，就是由人出发，去探求社会、乃至天地万物的"天理"。一个人掌握了天地万物的"天理"，彻底驱除了内心的"人欲"，就能让自己的人性达到至善的境界，于是齐家、治国、平天下就水到渠成了。

理学的代表人物张载概括了读书学习的目的是：第一，为天地立心；第二，为生民立命；第三，为往圣继绝学；第四，为万世开太平[3]。用现在的话来讲，就是为整个社会重建精神价值，为广大民众确立其生命意义，为以前的圣人做好文化传承工作并继承他们绝世学说，为以后的千秋万代开拓太平的基业。这就是朝廷把他们的教学讲义当作科举考试大纲的原因。

进一步将理学发扬光大是南宋的朱熹。朱熹创造性地继承了程颐的衣钵，以其无比扎实的理论及文字功底把儒学思想梳理了一遍，把语录式的章句都组织成了系统性的著作，最后形成了程朱理学体系。

归纳而言，理学传承于孟子一派的心性儒学。理学思想认为"理"是宇宙万物的起源，而且是善的，"理"将善赋予人便成

---

[1] 刘舫. 回到理学之前：周敦颐"主静"说的思想史意义[J]. 云南大学学报（社会科学版），2022(6)：80-87.
[2] 王子剑. 始终与中——周敦颐哲学"二分"结构背后的哲学精神[J]. 哲学门，2020(2)：98-111.
[3] 陆永胜，袁久红. 论人类命运共同体的儒学文化基因——基于"横渠四句"的价值基点与价值开展的考察[J]. 学海，2020(6)：57-62.

为"本性"，将善赋予社会便成为"礼"。而人在世界万物纷扰交错中，很容易迷失自己的"本性"。若大家都迷失了本性，整个社会便失去"礼"。所以我们应该时刻注意自己的心，一定要"存天理，灭人欲"。

传统儒学经过理学家们的改造，道德信条式的章句发展成完整的哲学理论体系。它以儒学的伦理道德为本位，与汉代董仲舒儒学相比，理学的重点并不在政治方面，而在伦理道德方面。与先秦儒学相比，理学对伦理道德的阐述更侧重于哲学的表达。

从社会成因来说，理学是儒、道、佛三家思想长期对立融合的产物，带有明显的佛道化的特点：一是吸收了佛道的思维思辨方法，从而弥补了以往儒家思想的一些理论缺陷，重新建构了儒学思想的理论体系；二是借鉴佛、道二教的传教谱系，严格地标识了儒学的传道体系，即儒学的"道统"；三是把佛教的禁欲思想吸收进来，这里所说的"欲"带有泛指的"欲望"之意。

到了朱熹晚年，发生了"庆元党禁"，理学受到重创，直到南宋灭亡都未恢复元气[1]。直到1314年，元朝皇帝让理学又回到显学的位置，把儒家"四书"作为科举考试的内容，并且指定朱熹的《四书集注》作为它的参考书[2]。于是，程朱理学又有了压倒其他思想的权威。明朝的科举在推崇理学的基础上，还细化了八股文的具体规定。总体而言，儒学延绵到程朱理学，理论体系的构建已经是登峰造极了。

然而，理学即便有了一统天下的地位，其自身的一些缺陷始终无法克服。首先，就是"存天理、去人欲"的绝对化，本来还略有弹性的"度"的把握，被细化成极其严苛的强制性条文，造成了"至察无徒"的局面；其次，理学初步成型是在北宋王安石变法时期，倡导理学的大师们因政见问题被遣送到洛阳闲着，他们没有政务在身，在朝政上也说不上话，于是把研究精力都专注在道德建设上。理学家无比坚决地认定，个人道德是个人能力的基石，没有个人道德就谈不上什么能力。

问题是，个人的道德和能力并不完全对等。并且一旦道德的调子唱得太高，其实现的难度就会呈指数级上升，以至于通常的理学家大多难以达到。渐渐地，"存天理、去人欲"变成光说不练、或者用来要求别人的口号。正因为是说给别人听的，所以调子就越高越好。这让人在严苛的道德规定下无所适从的同时，也注定了一些理学家们不能"知行合一"，比如说，自己惦记着名利却耻笑别人讲名利。

早在朱熹时代的南宋时期，就已经有人指责理学家是道貌岸然的伪君子，说一套却做一套，指责理学大师们规定的那些道德要求都是用来要求别人的。但理学思想被确定为朝廷钦定的意识形态后，就成了不可驳辩的真理。理学已经构建了一个严密完整的体系[3]，一切问题都有答案，你不必再去寻找答案，事实上在一个严密完整的体系里也找不到不同的答案。

但最有天赋的思想家，往往就是最大胆的怀疑者。然而你一旦怀疑，你就成了异端、叛逆。尽管阳明先生声称朱熹的思想和他的思想是一致的，自己的心学是在程朱理学这个大方向上的发展。但当时的理学家们不这么看，他们认为，理学经典哪怕就是在注释上改动一个字，就是大逆不道。阳明先生从来不怕成为异端、叛逆，他学习程朱理学，精通理学经典，但他从来不停留在背诵词句，这只是他的基础准备，接着他在此基础上反复揣摩并要自得于心。

对于1492年到1498年的阳明先生来说，他困惑的是格物致知怎么格，佛、道两家并没有给他答案，他依旧困惑。当然，阳

---

[1] 陈劲. 孝宗中兴与庆元党禁视域下的南宋儒学走向——以朱熹与陈傅良交游为中心的考察[J]. 孔子研究, 2020(4): 64-72.
[2] 三浦秀一, 曾睿. "己意"与"绳尺"：元朝南人的科举与朱子学[J]. 科举学论丛, 2020(1): 74-84.
[3] 郑治文. 本体·心性·工夫——"北宋五子"到朱熹的理学范式建构[J]. 齐鲁学刊, 2020(2): 14-24.

明先生下定决心回归儒家，是因为他看到了朱熹的一句话。

1498年，阳明先生在不经意翻看资料时，看到了朱熹一道上疏中的文字，其中朱熹有句话说："居敬持志，为读书之本；循序致精，为读书之法[1]。"就是说，恭敬虔诚地坚持自己志向，是读书的根本；循序渐进而达到精通，是读书的方法。

阳明先生如醍醐灌顶，认识到自己多年来始终不能坚持唯一志向，而是在各个领域间跳来跳去，也没有循序渐进地去研究一个领域，所以什么成果都没有获得。于是，阳明先生潜心研读理学经典，反复体悟、揣摩并化为自心所得。1499年阳明先生高中进士，春风得意，意气风发，一心以中兴儒学为己任。他认为很多理学家不是不知道"理"，而是"知行不一"，并且理学的理论还为这些人的"知行不一"提供了借口。

阳明先生钻研朱熹的理学著作，后来"格竹"失败，觉得朱熹的理论有问题，觉得自己想不通了，就去研究佛、道之学。但道家、佛家等内容学了一圈后还是没有解决问题，又回到儒家的体系里来了。阳明先生在佛家、道家钻研多年，发现无论多么宏大精深的宗教，在人性面前都要俯首称臣[2]。他认为，出家就是逃避"君臣、父子、兄弟、夫妻、朋友"这五伦中他们本应该尽的责任和义务[3]。

1504年阳明先生到山东当乡试主考官时[4]，曾问诸多考生："佛道二教被人诟病，是不是它们本身的问题[5]？"于是众考生各抒己见。而阳明先生的答案是，佛教、道教的修持学说本身并没有问题，"其始亦非欲以乱天下也，而卒以乱天下，则是为之徒者之罪也[6]。"

现在庙观里香火很旺。事实上，绝大部分烧香者并没有看过佛家、道家的典籍，只是将信将疑地觉得自己来庙观烧香了，神仙、佛祖就会保佑他。至于神仙、佛祖是看中他烧的香，还是看中他虔诚的心？为什么就会保佑他、怎么来保佑他？这些倒是没有多想。假如矛盾冲突的双方都去祈求神佛保佑，神佛会保佑哪一方？其实，不论佛教还是道教，都是希望世人在纷纷攘攘的尘世中，能够静下心来，多想一想的。

多年后，阳明先生创建了阳明学，弟子遍天下。阳明学与程朱理学有很大不同，很多人以为他这时要否定程朱理学了，但他却坚持认为，他正是对程朱理学体系的发展。

但阳明先生一再强调学习要"自得于心"。阳明先生和弟子徐爱谈话时，举例子说：子夏和曾子都是孔子的高徒，前者笃信圣人经典，后者读完圣人经典后则反躬自省[7]。假设圣人说的全是对的，那子夏只是在复读，而曾子则是真正学。从外部灌输而得到的学问，远不如自己从内心深处感悟出来的学问真切。

阳明先生认为，每个人都应该成为天地鬼神万物的主宰，而不应该成为他们的奴隶，并坚信这种情况是终生的。若世界上真有神佛，那神佛不存在于别的地方，而是在人心中，那么神佛就是我们自己。我们不必去求神拜佛[8]，因为我们本身就是自己的神

---

[1] （明）王守仁. 王阳明全集【三】[M]. 陈恕，编校. 郑州：中州古籍出版社，2016，9：258.
[2] 弟子陆澄问："释氏于世间一切情欲之私都不染著，似无心矣。但外弃人伦，却似未合理。"阳明先生说："亦只是一统事，都只是成就他一个私己的心。"参见：（明）王阳明. 传习录[M]. 第二版. 于自力，孔薇，杨骅骁，注译. 郑州：中州古籍出版社，2008，1：107.
[3] （明）王阳明. 传习录[M]. 第二版. 于自力，孔薇，杨骅骁，注译. 郑州：中州古籍出版社，2008，1：318.
[4] （明）王守仁. 王阳明全集【三】[M]. 陈恕，编校. 郑州：中州古籍出版社，2016，9：260.
[5] （明）王守仁. 王阳明全集【三】[M]. 陈恕，编校. 郑州：中州古籍出版社，2016，9：244.
[6] （明）王守仁. 王阳明全集【三】[M]. 陈恕，编校. 郑州：中州古籍出版社，2016，9：245.
[7] 阳明先生说："子夏笃信圣人，曾子反求诸己。笃信固亦是，然不如反求之切。"参见：（明）王阳明. 传习录[M]. 第二版. 于自力，孔薇，杨骅骁，注译. 郑州：中州古籍出版社，2008，1：33.
[8] 阳明先生说"亦切尝学佛，最所尊信，自谓悟得其蕴奥。后乃窥见圣道之大，始遂弃置其说""果能以好佛之心而好圣人，以求释迦之诚而求诸尧、舜之道，则不必涉数万里之遥，而西方极乐，只在目前。"参见：（明）王守仁. 王阳明全集【一】[M]. 陈恕，编校. 郑州：中州古籍出版社，2016，9：243-244.

佛，所以在我们的人生中不要做任何人和事物的奴隶，只俯首于自己那颗拥有良知的心。

大家要知道，阳明先生强调的这些是在五百年前，习惯性地匍匐在祖宗定法里的人们当然会极力反对。连当时的朝鲜使团听说了他的这些言论都惊诧莫名，觉得大明帝国怎么容许这样的异端存在。但阳明学正是因这些内涵，称之五百年不落后亦当之无愧。

当时的历任内阁首辅，不论是杨廷和还是杨一清等，对阳明先生的能力都是很欣赏的，但对阳明学则完全不赞同。他们经常感慨，要是阳明先生不搞他的什么学说就好了，但不搞他的学说那就不是知行合一的阳明先生了。和阳明先生同一时代的许多显赫人物，当时比阳明先生权势大多了，并且有的大佬还把阳明先生整得挺惨。但这些人现在已经不大有人记得了，偶尔可能因阳明先生而被提及。

明万历十二年（1584年），阳明先生从祀孔庙[1]，这是中国古代思想文化史和政治史上的大事，这时阳明先生去世已五十多年了。得以从祀孔庙而被朝廷认定为"真儒"，阳明先生的学说和他对儒学经典的诠释也被官方认定为正统之学，并且可以用于各级科举考试的答题上。对于读书而求出仕的学子来说，这不只丰富了他们的儒学阐释内容，也影响了他们对于儒学实质的认知。

从阳明先生本意来说，倡导"知行合一"的出发点并不是为了有可直接转换的好处，而是在于人们心智的启迪和心灵束缚的松绑，现在研究"知行合一"还是要本着这个主张。

但正如阳明先生批评佛、道二教所言及的，提升修养后不能不问世事了，而是要有所作为，要"明明德于天下"，儒家评判圣贤的标准就是：立德、立功、立言。

纵观整个明代，文人被封为"伯"的有十余人。不过作为文臣直接统率千军万马，用兵制胜，整个明代没其他人比得上阳明先生的[2]。并且阳明先生在去世后从"伯"升到了"侯"，终明一代，文臣有如此殊荣，唯阳明先生一人，比开国军师诚意伯刘伯温的爵位还高。诸葛亮如此得刘备器重，刘禅称他为"亚父"，封为"武乡侯"，阳明先生和他是一个级别的。

很多人学习阳明学、研究阳明先生，确实是想从他的成功中汲取经验。有人自刻"一生伏首拜阳明"挂在身上，这和郑板桥自刻"青藤门下走狗"意思是一样的，表示一种敬佩之意。不过从阳明学的教育来说，是把个人道德修养提到最高位置的，这一点理学或者古代先贤也是这样要求的。

但阳明先生确实是立下了莫大的军功，后来获得侯爵的封赏跟他的军功是直接相关的，他被尊为"立德、立功、立言"三不朽，确实是他在这三方面都做到了人所难及。

儒家能够从春秋时期一直延绵下来，历经磨难而不绝，总有其存在的缘由的。作为儒学的传承者，必定要讲"入世"，那么如何看待名利富贵，如何降伏内心的七情六欲，这些问题无法回避，否则就到深山里修道去好了。阳明学既然是系统的儒家学说，自然针对这些问题要给出具体的药方，后面回目中将慢慢道来，但具体的味道还要大家自得于心。

要研究阳明先生的心路历程，还是要从他年轻时候的功课学业、八股文等方面入手。接着我们就看看他年轻时是怎么表述其心志的。

欲知后事如何，且听下回分解。

---

[1] （明）王守仁. 王阳明全集【一】[M]. 陈恕，编校. 郑州：中州古籍出版社，2016，9：9-10.

[2] 张廷玉在《明史》中赞叹："终明之世，文臣用兵制胜，未有如守仁者也。"参见：（明）王守仁. 王阳明全集【一】[M]. 陈恕，编校. 郑州：中州古籍出版社，2016，9：10.

第 五 回

《志士仁人》：立志

图 5-1 大江东去，浪淘尽，千古风流人物

要研究阳明先生的心路历程，还是要从他年轻时候的学业等方面入手。《志士仁人》这篇八股文对仗工整、言简意赅、文辞古雅尚在其次，关键是体会里面蕴涵的心声。阳明先生写该文即是立志之宣言，终身也是按照所立的志向去逐步践行。

上回说到阳明先生年轻时如何表述其心志的问题，这回来分析他写的八股文《志士仁人》。八股文也就是一种作文体裁，至于说对思想的禁锢，跟文体采用八股文还是诗词曲赋之间的关联并非绝对，倒是跟从小读什么书、怎么去读这些书直接相关。

律诗、绝句等对格律、平仄、对仗、音韵等方面的要求也是很严格，词、曲虽相对宽松一些，但同样有其格律限制。只是现在看到的古代诗词曲赋大多都是有感而发、表露胸襟的，而不是八股文这样为了科举而写的命题作文，所以读起来感觉迥异。但不论写八股文还是诗词曲赋，高手写出来，自然有大家风范[1]。

阳明先生八股文：《志士仁人》[2]

〔破题〕

圣人于心之有主者，而决其心德之能全焉。

【解析】：古代圣人之所以在心中能够秉持自己的主见来掌握各种时势变化、应对万事万物，取决于他们心中的德能品行始终保持完备，总揽全局，算无遗策，执行果敢，内外如一。

〔承题〕

夫志士仁人，皆心有定主而不惑于私者也。以是人而当死生之际，吾惟见其求无愧于心焉耳，而于吾身何恤乎？此夫子为天下之无志而不仁者慨也，故言此而示之。

【解析】：大凡志士仁人，都能在心中秉持一贯的主见而不被私欲所迷惑。这样的人即使是面对生与死这样的极端情况，我们只会看到他们如何做到无愧于心，难道还会忧虑自己的身体而患得患失？这就是孔子之所以对那些既无志气又不仁义的人发出感慨的原因，因此针对这个话题进行阐释。

〔起讲〕

若曰：天下之事变无常，而死生之所系甚大。固有临难苟免，而求生以害仁者焉；亦有见危授命，而杀身以成仁者焉。此正是非之所由决，而恒情之所易惑者也。吾其有取于志士仁人乎！

【解析】：可以这样说：天下的事情变化无常，但一个人的生死确实是关系重大。固然有在生死考验关头苟且求自己幸免，试图偷生而损害其仁的；但也有临危献出生命，牺牲自己而成就其仁的。这正是一个人判断是非的立足点，同时也常是一个人情感容易迷惑的地方。我难道不正是应该采取志士仁人的态度吗！

〔起二股〕

夫所谓志士者，以身负纲常之重，而志虑之高洁，每思有以植天下之大闲；所谓仁人者，以身会天德之全，而心体之光明，必欲有以贞天下之大节。

【解析】：能够被称作志士的人，就是那些肩负履行人世纲常的重任、思想情操追求高尚和廉洁、不懈地探索如何培植天下基本行为准则的人；能够被称作仁人的人，就是那些使自身具备上天赋予的优秀德行，并使自己的心体能光明晶莹，并始终不渝地要匡扶天下气节操守的人。

〔过接〕

是二人者，固皆事变之所不能惊，而利害之所不能夺，其死与生有不足累者也。

【解析】：志士和仁人，当然是突发事变不会让他们惊慌失措，而且利害得失不能改变他们的志向和气节。他们的生与死也就不足以对他们的心性和思虑形成牵挂与障碍了。

---

[1] 比阳明先生早些的于谦、陈献章、李东阳等明代八股名家，其共同的特征是文风淳古，他们看题认真，用力不苟，学力富，识见确，思路精深，词锋英爽。他们讲究八股文要取神、取骨、取理、取气，把字、句放在最后。梁章钜在《制义丛话》中，评价他们的文辞"取朴老不取繁艳，取简洁不取淫浮，取典雅不取卑靡，取名贵不取庸陋，取古劲不取冶媚。赖以吐圣贤之语气，而显其须眉也。"参见：八股文汇编[G]. 龚笃清，主编. 长沙：岳麓书社，2014，5：5.

[2] 八股文汇编[G]. 龚笃清，主编. 长沙：岳麓书社，2014，5：106-107.

〖中二股〗

是以其祸患之方殷，固有可以避难而求全者矣。然临难自免，则能安其身而不能安其心，是偷生者之为，而彼有所不屑也。变故之偶值，固有可以侥幸而图存者矣。然存非顺事，则吾生以全而吾仁以丧，是悖德者之事，而彼有所不为也。

【解析】：因此在祸患忽然剧烈暴发时，固然有逃避灾难而保全自己的人。但畏葸地临难自保，只能保全自己的身体而不能使自己心安，这就属于苟且偷生者的行为，志士仁人对此是不屑的。在偶逢变故时，固然有凭侥幸而谋求自己生存下来的。但委屈地顺应事态而存留非义，虽然能够活命，但却丧失了自己的仁，这就属于做了违背德行的事情，志士仁人是不会这样做的。

〖后二股〗

彼之所为者，惟以理欲无并立之机，而致命遂志以安天下之贞者，虽至死而靡憾；心迹无两全之势，而捐躯赴难以善天下之道者，虽灭身而无悔。

【解析】：志士仁人的所作所为，只以天理为依据，个人私欲没有任何可乘之机，至于奉献自己的生命来实现自己的志向并以此树立天下贞正表率的志士仁人，就是赴死也不觉得遗憾。内心理想与现实事态总是有差距，或许不能两全，义无反顾地捐躯赴难来成就天下道义的志士仁人，就是牺牲也不会后悔。

〖束二股〗

当国家倾覆之余，则致身以驯过涉之患者，其仁也！而彼即趋之而不避，甘之而不辞焉。盖苟可以存吾心之公，将效死以为之，而存亡由之不计矣。

值颠沛流离之馀，则舍身以贻没宁之休者，其仁也！而彼即当之而不慑，视之而如归焉。盖苟可以全吾心之仁，将委身以从之，而死生由之勿恤矣。

【解析】：处在国家倾覆的关头，志士仁人必然投身于解救危亡灭顶的受难者，这就是仁啊！他们慷慨赴难而不退避，甘愿担当起责任而不推辞。如果他们觉得这样做能够保持自己的心之大公，那么就会不顾生死地努力去做，自身的存亡就不去计较了。

处在颠沛流离的境地，志士仁人舍弃自身来帮助那些无处安息的群众，这就是仁啊！他们面临穷困潦倒也不畏惧，看待陷入艰难困苦的境地就如同回家一样。如果他们觉得这样做能够保持自己的心之仁，那么就随时准备为此贡献己身，自己的生死就不加顾惜了。

〖大结〗

是其以吾心为重，而以吾身为轻。其慷慨激烈，以为成仁之计者，固志士之勇为，而亦仁人之优为也。视诸逡巡畏缩而苟全于一时者，诚何如哉？

以存心为生，而以存身为累。其从容就义，以明分义之公者，固仁人之所安，而亦志士之所决也。视诸回护隐伏而觊觎于不死者，又何如哉？

是知观志士之所为，而天下之无志者可以愧矣；观仁人之所为，而天下之不仁者可以思矣。

【解析】：因此他们以其"心"为重，以其"身"为轻。那些慷慨激烈而为成就仁的谋划举措，固然是志士们奋勇而为的，同样也是仁人们争先去做的。看那些游移不定、畏惧退缩而苟且保全自己于一时的人，即使活着又有什么意义呢？

他们以保存"心"为活着，以保存"身体"为累赘。通过从容就义来表明自己承担的道义是大公无私的，这固然是仁人的归宿，同样也是志士的抉择。再看那些逃避、袒护、隐蔽、躲藏而只惦记自己不死的人，又怎么能跟他们相比呢？

由此可知，看到志士的所作所为，那些无志的人应该感到羞愧；看到仁人的所作所为，那些不仁的人应该认真反思。

文中的平仄和音律节奏，极具韵味，同时文中许多言外之意还是要大家自得于心的。八股文的产生经过漫长的历史过程，北宋王安石变法，认为唐代以诗赋取士不切实用，于是合并多科为进士一科，一律改试经义，这就是八股文的源头[1]。到了明、清两代，八股文是几乎所有官私学校的必修课，并要求文中必须有四段对偶排比的文字，总共包括八股，所以称八股文。

"股"或称为"比"，是对偶的意思。其实很多东西就像药一样，可以救人，也可以害人。若只是作为一种文学体裁，本无可厚非，但被确立为迈入仕途的门槛之后，就容易成为被批判的对象。天下学子无数，而每三年才一百多人中进士，落第者有成千上万，最多也就朝廷特批举办的恩科再多一点有限的机会。落第者一般不是怪自己，而是责怪八股文，这就像现在一些网球选手把球打出界了就砸拍子一样。

我们现在可以平心静气地、像欣赏诗词曲赋一样欣赏八股文了。看了这篇《志士仁人》八股文，对仗工整、言简意赅、文辞古雅尚在其次，关键是体会里面蕴涵的激情和心声。

对照其一贯的言行，就能明白为什么阳明先生在龙场能够悟道了，悟道或许就是电光火石一刹那间的事情，但积累可是要从小到大几十年的功力。不是一心想悟道追求"心"中之理，而是患得患失的人，即使聪明百倍也是枉然。

悟道需要道德学业的积累，这条，阳明先生具备了；悟道需要看透生死的超然，这条，阳明先生具备了；悟道需要长期的孜孜以求，这条，阳明先生具备了；悟道需要浑然超脱的状态，这条，阳明先生具备了；悟道以后还要能够在后续实践中不断运用和推广，这样才能体现其思考价值而被后人传颂为"悟道"，这条，阳明先生也具备了；……

或许能写出《志士仁人》这样文章的人还有很多，但阳明先生写了，终身也是按照这样写的志向去践行了。心口合一、言行合一都是知行合一显现，是一个系统的身心修养过程（图5-1）。

不过，阳明先生写这篇八股文的时候，还根本没料到他后来会去龙场的。当时他正是春风得意，他正准备秉持志士仁人之心在朝堂上显身手。儒家一直强调"入世"，就是要有所作为，这就会涉及如何看待功业和私欲的问题。

有弟子叹息说，既然我们要祛除私欲，那对于财富的追求肯定是不对的了，因为古人说小人才经常谈利。阳明先生说，我什么时候说过不要争取富贵？只是你争取富贵的时候要凭良知的指引，不能违背良知；光明你的良知，才能在富贵逼人时坦然面对，不被它所控制，而是要控制它，只要你做到用良知去获得富贵就符合天理，谁说君子不能谈利？

按照传统理学的教育，小人才谈利，君子是只谈义、不谈利的，于是就出现了心里想着利、嘴上骂着利的伪君子，这也是面对利益，很多人知行不一的原因。阳明先生明确教导弟子，可以跟"声、色、货、利"打交道，关键是要顺应良知[2]，这实际上是对孔子所说的"君子爱财、取之有道"的回归。

1499年阳明先生初入仕途观政工部，就是在工部见习[3]。不久边关吃紧，边关战事本不关工部什么事，按照常规而言当然是多一事不如少一事，明哲保身但求无过，一般人也就这样过日子了。或者是在工部抓工程建设本身已经焦头烂额了，哪还有心思

---

[1] 明代科举考试最初无八股之设，而是沿用宋、元经义的体式，只要将题旨解说明白即可。到后来，为适应大规模考试阅卷的需要，以及为了培训士人的思维能力、诗赋写作技能，才逐渐形成八股的体式。参见：八股文汇编[G]. 龚笃清, 主编. 长沙: 岳麓书社, 2014, 5: 1.

[2] 阳明先生说："初学用功，却须扫除荡涤，勿使留积，则适然来遇，始不为累，自然顺心应之。"参见：（明）王阳明. 传习录[M]. 第二版. 于自力, 孔薇, 杨骅骁, 注译. 郑州: 中州古籍出版社, 2008, 1: 393.

[3] （明）王守仁. 王阳明全集【三】[M]. 陈恕, 编校. 郑州: 中州古籍出版社, 2016, 9: 259.

管军事上的事情。但写出《志士仁人》的阳明先生显然不是一般人,他从小就有经略四方之志,这时就抓紧向明孝宗皇帝上了一道《陈言边务疏》[1],谈了很多朝廷中需要改观的问题,而且还拿出了一份改变朝廷现状的计划,其主旨是:军事问题首先是政治问题,只要政治清明,军事问题就可迎刃而解。

事实上很多现在的企业管理也是这样,各部门许多具体问题首先就是公司领导的问题。只要公司领导层清明干练,什么政出多门、屡教不改、办事拖拉之类的问题就可迎刃而解。

但阳明先生作为工部的初级官员,对边关军务指指点点,还对整个朝廷现状说三道四,有僭越的嫌疑。好在明孝宗是跟汉文帝、宋仁宗合称我国古代"三大仁君"的皇帝,他看了这道奏疏后觉得阳明先生的心意和文字都不错,于是把他从工部调到了刑部,从管建筑调去管司法了,担任刑部云南清吏司主事[2]。

1500年阳明先生进入刑部大牢时,被大牢的惨象震骇了,属下告诉他这根本不算什么,进锦衣卫大牢才是惨不忍睹、生不如死。几年后阳明先生自己被关进了锦衣卫大牢,继而贬谪贵州龙场。出生入死,各种滋味体会了一番,于是看透了生死,于是没什么放不下的了。当然,这是后话。

1502年阳明先生请病假回浙江老家修养,他的肺部一直不大好,江南的山水和气候比较有利于肺部调养。大家都知道阳明先生是浙江余姚人,这里要提一句的是,明朝的余姚是属于浙江省绍兴府的,并且他们家在1482年就从余姚县搬到了绍兴府。后来阳明先生封爵并修建"新建伯"府第也是在绍兴,只是从籍贯来说他是余姚人,他书信落款也是"余姚王守仁"。

1503年阳明先生在绍兴会稽山上找了一个山洞,名之曰"阳明洞"[3],他号"阳明"就是这个时候开始的,很有些诸葛亮在隆中卧龙岗号"卧龙"的意思。事实上,现在知道明朝阳明先生的人很多,而不太知道王守仁,所以这时期的活动其实在他的人生经历中颇为关键。

1504年阳明先生回到京城,秋天被派到山东主持乡试,接着回京被任命为兵部武选清吏司主事。1505年阳明先生和翰林庶吉士湛若水一见定交,一起开坛讲学,招收学生,共同以倡明圣学为己任[4]。

转眼就迎来了明武宗朱厚照在1506年登基了。本来老皇帝驾崩后小皇帝即位,也是完全正常的流程。问题是明武宗朱厚照登基做皇帝,还带来了一位"立皇帝"刘瑾[5]。历史上掌权的太监有很多,前些年就有王振,再过些年又有魏忠贤,都是名头很响的大太监,但被称为"立皇帝"的只有刘瑾一人。

前面说到阳明先生被关入锦衣卫大牢,他是怎么进去的?因为他跟大太监刘瑾干上了[6]。刘瑾当时可是一手遮天的人物,阳明先生和刘瑾干上了,当然廷杖、下狱、流放的流程就走起来了。

阳明先生在刑部干了这些年,不可能不知道刘瑾整起人来的厉害。如果阳明先生遇上朝廷权贵,也如同大多数人那样搞明哲保身,使出"其默足以容"的套路,那么我们现在完全可以说阳明先生是知行不一的,但阳明先生并没有逡巡畏缩。

下回再来讲阳明先生与太监刘瑾交锋中所体现出来的"志士仁人"情怀,跟他在八股文中所抒发的情怀完全一样,这也是他在朝堂上知行合一的例证。

欲知后事如何,且听下回分解。

---

[1] (明)王守仁. 王阳明全集【一】[M]. 陈恕,编校. 郑州:中州古籍出版社,2016,9:235-239.
[2] (明)王守仁. 王阳明全集【三】[M]. 陈恕,编校. 郑州:中州古籍出版社,2016,9:259.
[3] (明)王守仁. 王阳明全集【三】[M]. 陈恕,编校. 郑州:中州古籍出版社,2016,9:260.
[4] (明)王守仁. 王阳明全集【三】[M]. 陈恕,编校. 郑州:中州古籍出版社,2016,9:260.
[5] 谢鲁. "立皇帝"刘瑾[J]. 戏剧之家,1998(1):26-28.
[6] (明)王守仁. 王阳明全集【三】[M]. 陈恕,编校. 郑州:中州古籍出版社,2016,9:261.

第 六 回
朝堂上知行合一

图 6-1 见龙在田

朝廷斗争在表面上看是一群言官和太监刘瑾作对,实际上这是朝廷中两股势力的较量。对付刘瑾的策略,阳明先生的思考方式与其他大臣们不一样。以他的见解,刘瑾不过是跟在皇帝这个老虎后面的狐狸,想要惩治刘瑾必须要从小皇帝朱厚照那里入手。

上一回说到由于皇帝朱厚照不理政事，动不动就跟太监刘瑾说，这些小事怎么还来麻烦他。所以，政权就渐渐转移到了刘瑾手中¹。这回接着说阳明先生和刘瑾的对抗。

刘瑾也是贫农出身。但他居然从小不知怎么就悟出了"欲练神功，引刀而宫"的心法，葵花宝典没有练成，但总算进入了皇宫。一个能主动要求对自己下这样狠手的人在"忍他人所不能忍"方面的能力必定是毋庸置疑的，刘瑾被老皇帝明孝宗派去照顾小太子，他知道机会来了。

小太子朱厚照继位了，刘瑾通过小皇帝把几个托孤大臣也搞定了，于是刘瑾就处在权力的巅峰了。一些大臣反对，刘瑾采用了廷杖、下狱、处死、流放等诸多手段，清理了异己分子，把自己的朝政人事脉络张罗好了。在此期间当然也是跌宕起伏，这是宫廷戏的常规套路。

无非几位大臣引用祖宗定法来制约小皇帝，并要处决刘瑾等掌权宦官。而刘瑾则网罗了八位太监弟兄摸着小皇帝的心思，最终扳倒了朝廷大臣²。

这里主要有一个问题，就是那些忠臣老觉得自己是忠臣，言语之间老觉得自己是为了国家、为了皇上，很有一些大义凛然的样子。

忠臣们对皇帝经常性搞犯颜直谏，弄得皇帝下不了台，他们还由衷地觉得自己十分之高尚。并且大臣们话说来说去就是那几句，什么不听老臣之言，亡国无日矣！或者看皇帝不采纳，就说他是昏君，说老臣跪死在阶前之类。

总之，这些大臣们搞得皇帝很烦，甚至来个偏不听，看你怎么样。而所谓的奸臣，他确实有自己的利益，但他更关注皇帝的喜好，要干什么都先找准皇帝的思路，总是顺着皇帝喜好来动态地变化自己的策略，然后他就搭着皇帝的顺风车把自己的事给办妥了，比如刘瑾就让皇帝朱厚照觉得很称心。

在皇帝明武宗看来，这些大臣们一个个都板着脸，老是跟他说这个不行、那个不能干，老是说祖宗定法；而刘瑾等人从小陪他玩，事事顺着他的心思，从来不会忤逆他，很多事情他才想起而刘瑾等就猜到甚至办妥了，他有些无法想象刘瑾等这么唯命是从、体贴入微，怎么可能是坏人。

正所谓：周公恐惧流言日，王莽谦恭未篡时；向使当初身便死，一生真伪复谁知？

以明武宗正德元年（1506年）的具体争斗实例看，托孤大臣中的刘健和谢迁³，仗着自己在朝廷中经营了几十年，人脉十分了得，现在又是老皇帝临终拉着手叮嘱要他们照顾小皇帝的，觉得小皇帝怎么可能为了太监而不依靠他们来稳定朝政。于是刘健和谢迁向小皇帝放出了胜负手：以辞职来要挟。

大大出乎他们俩预料的是，小皇帝居然没有苦苦挽留，而是略有些正中下怀的样子来了个批示，表示"准奏"，这下他们从托孤大臣直接削职为民了，不走面子上还挂不住。

当然朝廷中就有人接连上疏，主要以南京的言官们为主，意见很统一，就是说小皇帝不要糊涂，两位托孤大臣走不得，刘瑾是个大奸贼，应该处决以谢天下。这些话小皇帝已经听得不耐烦了，他直接就跟刘瑾说，以后这些事情刘瑾看着办，就不要再麻烦他了。

刘瑾就等这样的命令，于是大臣们就被洗牌了。还在朝廷中干活的官员们于是都意识到，现在谁和刘瑾叫板，那些廷杖、下狱、处死、流放的大臣们就是榜样。于是，万马齐喑的朝廷氛围

---

¹ 当时朝堂上的局面是"武宗初政，奄瑾窃柄。"参见：（明）王守仁. 王阳明全集【三】[M]. 陈恕, 编校. 郑州：中州古籍出版社，2016，9：261.
² 张利，李善洪. 浅析明代"八虎"与宦官干政[J]. 北华大学学报（社会科学版），2016（1）：102-105.
³ 高进. 政治人格与人际生态的张力——以谢迁"余姚人毋选京官"事件为中心[J]. 西南大学学报（社会科学版），2015（6）：168-172.

就形成了，而就在这万马齐喑的氛围中，阳明先生不动声色地登场了。

阳明先生觉得自己必须登场。表面上看，是一群言官和太监刘瑾作对，实际上这是朝廷中两股势力的较量。阳明先生认定这是正气与邪气之争，他当然站在正气这边，所以他必须做一个表态。阳明先生准备上《乞宥言官去权奸以章圣德疏》[1]之前，有人劝他说，当初戴铣、薄彦徽等人动静这么大你没动静，现在胜负已明而你却逆势而行，何必呢？

阳明先生解释说，就是因为当初有那么多正义之士都在跟权奸争斗，所以多他一个不多，少他一个不少。而现在正义之士都被打压了，整个朝廷中的官员们噤若寒蝉，必须要有人来唤醒大家，而他就是要办这件事的。

这就是阳明先生在朝堂上的知行合一。

孔子曾说："真可以称之为人的志士仁人，向来是杀身以成仁，从来不求生以害仁。"阳明先生在《志士仁人》一文中也对此进行讨论。弟子黄省曾问阳明先生，这话该如何理解？[2]

阳明先生说，志士仁人为什么会这样少，就是因为世人将性命看得太重，所以遇到不公正待遇时，内心明明告诉他不要忍受而他却委屈以求保全性命，这就是丧失了天理的表现；一个人如果忍心伤害天理，还有什么事干不出来？如果违背了天理，那就和禽兽无异了，即便在世上苟且偷生千年，也不过做了千年的禽兽。

阳明先生说比干、龙逢就是没有伤害天理的人，说他们看得清楚，因此他们能成就他们的仁。比干因不断规劝商纣王改邪归正而被纣王挖心，关龙逢则因屡次指责夏桀的暴虐而被炮烙，两人都是儒家推崇的圣人。推崇是一回事，而在关键时刻自己能做到又是另一回事。

阳明先生的这些话其实是想告诉人们，人活在世上遇到不公正待遇时，如果不反抗就是伤天害理。因为遇到不公时，他的良知是知道的，每个人违背良知时，自己是知道的，因为他受到不公正待遇而未反抗时心里会很难受，"心"受到了伤害。

由于"心即理"，心受到伤害，天理也就受到了伤害。所以说，你没有按良知的指引去做事，就是没有致良知，没有致良知就是伤害了天理。

留得青山在，不怕没柴烧；退一步海阔天空；……这一类的哲言有很多且流传甚广，其实这里有一个"气节"问题。变节投降者当然也可以罗列很多词句来为他们的行为辩解，但洪常青如果在南霸天的烈火前写了所谓的自白书，那就成王连举了。

还有一个问题就是，如果人人都在面对不公、面对压迫、面对欺凌时采取缩头的态度，那整个社会的后果可想而知。在世界科学史上，很多科学发现和宣传都需要有人凭借良知去抗争，甚至付出生命的代价。1600年2月17日，布鲁诺被烧死在罗马的鲜花广场上，但他崇尚科学、与愚昧无知作斗争、为科学献身的精神一直永存到今天[3]。1889年人们在布鲁诺殉难的鲜花广场上竖立起他的铜像，永远纪念这位为科学献身的勇士。

阳明先生认为，你对不公正的忍让和你杀人放火本质上没有不同，都是在伤天害理。一个拥有良知的人应该是在遇到不公和压迫时，即使面对刀山火海，即使不能成功，也要奋勇向前。这是为你的道、你的信仰、你的良知必须付出的牺牲，这就是"杀身以成仁"和"无求生以害仁"。

---

[1] (明)王守仁. 王阳明全集【一】[M]. 陈恕, 编校. 郑州: 中州古籍出版社, 2016, 9: 240-241.
[2] 弟子黄省曾问"志士仁人"章，阳明先生进行解答，参见: (明)王阳明. 传习录[M]. 第二版. 于自力, 孔薇, 杨骅骁, 注译. 郑州: 中州古籍出版社, 2008, 1: 331-332.
[3] 梁衡. 一位科学家的殉难[J]. 大众科学, 2018(11): 56-57.

所以研究阳明先生的知行合一，只关注从他的成功中汲取经验，那绝非阳明学的本意。只有通过"知行合一"光明自己的良知，才是其心法。

面对气焰熏天的权贵，含垢忍辱、以待时机往往也是很多人的一种斗争方式。问题是，大家都缩头了，而时机又总是不够成熟，总是要有人先领头去捅这铁幕的。

所以很多英雄的故事被一说再说，就是因为英雄毕竟是少数。

至于写出《志士仁人》的阳明先生，显然是不会做沉默的大多数的。所以知道"知行合一"这个道理的人很多，但时刻秉持的人并不多，这也是我们现在说"知行合一"就提阳明先生的原因之一。

由于天地万物和我是一体的，所以当在为自己抗争时，同时也是在为别人抗争，而为别人抗争，很多时候其实就是在为自己抗争。

阳明先生说人反抗不公就是致良知，当然，这样是要做出一定的牺牲。但如果当我们遇到不公正而未进行反抗时，我们的心灵就会受到煎熬，实际上这是良知给你的惩罚。这种代价是高昂的，甚至是一辈子的后悔。很多时候，这样的代价远比你听从良知的命令而即刻做出自己的正确选择要高得多。

阳明先生始终坚持每个人都是自己的主宰，要做一个独立自主的、勇于反抗不公的、致良知的人。

但对付刘瑾，阳明先生的思考方式和戴铣、薄彦徽这些言官们并不一样。以他的见解，刘瑾不过是跟在皇帝这个老虎后面的狐狸，想要惩治刘瑾必须要从小皇帝朱厚照那里入手。

所以阳明先生入手的方式极为独特：隔山打牛。虽说当时没奏效，但这思路还是被杨一清等人看清楚了，反复找机会，几年后也就是照着该思路逮住了一次难得的机会终于扳倒了刘瑾。几十年后，徐阶等人就是照着该思路，依托嘉靖皇帝的取舍定夺来扳倒了不可一世的严嵩。

阳明先生的《乞宥言官去权奸以章圣德疏》，首先就从颂扬皇上下笔：正是因为君仁，臣才直[1]。也就是说，正是因为有朱厚照这样英明的皇帝，才有那些直言敢谏的南京言官，他们如果说得对则皇帝应该嘉奖，如果说得不对则皇帝也应该包容，这样做皇帝才能听到各种不同的声音。

随后，他语句一转：可是皇上您都对他们施以廷杖。对当事人而言，不过就是挨顿打或者被打死，可在外人看来这就是在堵塞言路，将来谁还敢面对奸佞之人慷慨直言？

接着他继续以歌颂的方式替言官们求情：皇上您天纵睿智，不可能不知道南京言官们的指控是虚是实，希望您能施舍您的仁慈让他们官复原职，扩大公无我之仁，明改过不吝之勇，那么圣德昭布，人民都会喜悦[2]。

阳明先生的这道疏，给任何一个在乎自己皇权的皇帝看，都是一剂很好的顺气汤药和一个平衡朝野矛盾的支点。但阳明先生还是没有把握好的就是这个小皇帝这时候实在是根本不在乎什么江山社稷、什么正邪善恶。小皇帝这时候最迫切需要的是：大臣们别骚扰刘瑾了，让刘瑾赶紧安排他的玩乐事宜。

后来阳明先生将这隔山打牛的以文制敌的路数不断总结提高，这在后文中会提到。这也成了阳明学有一个独到之处，就是他反复教导学生的，说服对方的成功率取决于见到什么样的人就知道怎样进行沟通的能力[3]。讲课如此，用兵也是如此，内容就是

---

[1] （明）王守仁．王阳明全集【一】[M]．陈恕，编校．郑州：中州古籍出版社，2016，9：240.
[2] （明）王守仁．王阳明全集【一】[M]．陈恕，编校．郑州：中州古籍出版社，2016，9：240.
[3] 阳明先生说："你们拿一个圣人去与人讲学，人见圣人来，都怕走了，如何讲得行？须做得个愚夫愚妇，方可与人讲学。"参见：（明）王阳明．传习录[M]．第二版．于自力，孔薇，杨骅骁，注译．郑州：中州古籍出版社，2008，1：373.

这样的内容，表述的方式无定法。

当时上了奏疏，阳明先生居然还跑到他和湛若水创建的学堂里继续给学生上课，于是一道圣旨很快到了阳明先生眼前：廷杖四十，下锦衣卫大牢。

阳明先生年轻时虽然练过骑马、射箭和其他武术，更修习过道家导引术，可他天生体质就弱，更没有练过金钟罩铁布衫，所以四十棍把他打昏了过去。直到被抬到锦衣卫大牢后，他才迷迷糊糊醒来，同时也发现他刑部下属当年跟他描述的锦衣卫大牢确实是很恶劣。

根据一些可查证材料可以发现，刚进锦衣卫大牢时，阳明先生由于廷杖疮伤和心理落差，整夜整夜地失眠¹。从一个养尊处优的富家公子一下跌到人间最黑暗的锦衣卫大牢，当然不适应。

或许阳明先生在写那封奏疏时也预料到会有今天，这我们不得而知。他在大狱里慢慢平静下来，于是能理智地判断自己的处境了，他认识到自己在这个地方可能会关很久。大概是和周文王演绎六十四卦时所处的囚居环境有些类似，阳明先生把时间用在研究《易经》上²。

《易经》对于进士出身的阳明先生而言，词句都是烂熟于心了，但在这特定的囚困环境中体会和领悟还是不一样的。当时有一位狱友叫林富，是1502年的进士，同样因得罪刘瑾被廷杖继而下锦衣卫大狱。阳明先生和林富惺惺相惜，一起在狱中展开了关于《易经》的研究和讨论。

后来阳明先生到广西平叛时，林富作为广西地方官积极配合阳明先生的工作。这是后话，暂且按下不表。

《易经》原本分《连山易》《归藏易》和《周易》，但《连山易》《归藏易》已经失传。《周易》是周文王在羑里囚禁时写的一本卦书，从伏羲的八卦演绎出六十四卦并写出了卦辞和爻辞。现在说《易经》就是指《周易》。道家说《易经》蕴含着天地人生玄机，读透了就能趋吉避凶，儒家说《易经》是君子的修身宝典。

《易经》对阳明先生的知识库而言，如水之于江湖³。后来阳明先生在解释致良知时说：良知就是易，其为道也屡迁，变动不居，周流六虚，上下无常，刚柔相济。《易经》本身是作为一个整体系统而存在的，其表达的是一种开放的、动态的、相互影响的、自我平衡的态观。

就像我们的身体和生活本身，虽然不断有内外的因素对我们造成干扰，但总有常态的脉络和轨迹，保持着一种总体上稳定的向性，使之能恢复到一定的均衡态（图6-1）。

出乎阳明先生意料的是，1507年春天他的牢狱生涯居然就结束了，但旧的厄运结束却伴随着新不幸的到来，他被贬到贵州龙场，担任那里的驿站站长。

大凡有点当时的地理常识，就知道贵州龙场瘴疠遍地、蛇虺横行。不过阳明先生却很坦然，他出狱时还曾勉励他的狱友们要保持君子风范，不可忘却圣贤教导⁴。

龙场到底是一个什么样的地方？阳明先生到了龙场后，还能像出狱时这么乐观吗？从事情的演变看，刚到龙场的阳明先生却没有出狱时那么坦然，甚至想一死了之。

欲知后事如何，且听下回分解。

---

¹ 阳明先生狱中《不寐》诗写道："天寒岁云暮，冰雪关河迥。幽室魍魉生，不寐知夜永。"参见：(明) 王守仁. 王阳明全集【二】[M]. 陈恕, 编校. 郑州: 中州古籍出版社, 2016, 9: 196.

² 阳明先生狱中《读易》诗写道："囚居亦何事？省愆惧安饱。瞑坐玩羲易，洗心见微奥。"参见：(明) 王守仁. 王阳明全集【二】[M]. 陈恕, 编校. 郑州: 中州古籍出版社, 2016, 9: 197.

³ 阳明先生狱中《读易》诗写道："包蒙戒为寇，童牯事宜早。蹇蹇匪为节，虩虩未违道。遁四获我心，蛊上庸自保。"参见：(明) 王守仁. 王阳明全集【二】[M]. 陈恕, 编校. 郑州: 中州古籍出版社, 2016, 9: 197.

⁴ 阳明先生狱中《别友狱中》诗写道："累累囹圄间，讲诵未能辍。""行藏未可期，明当与君别。愿言无诡随，努力从前哲。"参见：(明) 王守仁. 王阳明全集【二】[M]. 陈恕, 编校. 郑州: 中州古籍出版社, 2016, 9: 198.

第 七 回
《瘗旅文》与龙场

图 7-1 莫知西东,维天则同

关于贵州龙场当时的状况,以及阳明先生当时的心态,很多研究者都作了各自的描述。我们还是通过他自己写的文章来领略一下究竟。阳明先生为文平易畅达,自成一格,《四库全书王文成全书总目提要》称其"为文博大昌达,诗亦透逸有致"。

惟求其是

图 7-2 贵州龙场阳明小洞天

第七回

《瘗旅文》与龙场

上回说到阳明先生跟大太监刘瑾干上了，给明武宗朱厚照上了《乞宥言官去权奸以章圣德疏》。明武宗跟刘瑾说这些小事就不要麻烦我了。于是，刘瑾就让阳明先生见识一下厉害，阳明先生先被廷杖后下锦衣卫大牢，接着贬谪贵州龙场。

锦衣卫的大牢，显然没有人愿意多待一刻的。"好好色，恶恶臭"是人之本性，《大学》里已经讲得很清楚，属于公理，无需证明的。后来阳明先生反复以此论证"知行合一"就是人的本性："好色"和"恶臭"是知，"好"和"恶"是行，其间不会有停顿的[1]。若有停顿，说明此人另有图谋。

阳明先生从锦衣卫大牢出来的时候，还勉励林富等狱友，要保持君子风范，不可抛却圣贤的教导。问题是他发配去龙场的过程中，还是有过不想去的念头，但他最终还是一步一步地历经艰辛到了贵州龙场。

阳明先生不想去龙场，不是说赖在北京或者浙江老家就可以的，他另外的选择项就是一死了之或者遁入空门。他最终之所以去了龙场，主要原因有两方面。

第一方面，来自他父亲王华。王华其实也是很了得的，首先他就是一位状元，还给太子时期的朱厚照上过课。只是他儿子后来名气太大了，就被定位在"阳明先生之父"这个角色上。阳明先生触怒刘瑾，王华就被调到南京坐冷板凳了。阳明先生出狱后去南京看父亲[2]，王华对儿子说，朝廷既然徙你去龙场，你就去，待刑役期满终能父子相见。

第二方面，来自一位道士朋友。阳明先生当时确实不想去龙场，就跟着商船去舟山，不料台风把船吹到福建，居然遇到了二十年前在南昌铁柱宫结识的道士。针对想一死了之或者遁入空门的阳明先生，道士朋友说他如果在人世间蒸发了，刘瑾及其爪牙就会说他叛逃，这样就会牵连到他父亲和其他的家人[3]。

当然，外因还是要通过内因起作用。阳明先生自己"心"还没死，因为他觉得一直苦苦追寻的"圣贤之道"还没找到，或者说他在《大学》里卡住的"格物之道"还没想通。于是，他一边想着，一边就来到了贵州龙场。到了龙场，其实跟关在监狱里也差不多，只是换了一处囚禁地点，他每日以静坐沉思为主，当然还要提防瘴气、猛兽以及解决食物来源问题（图7-1、图7-2）。

关于贵州龙场当时的状况以及阳明先生当时的心态，很多研究者都做了各自的描述，我们还是通过阳明先生自己写的文章来领略一下。阳明先生到了龙场这个地方，可以用四个字概括其状况：生不如死。

俗话说，好死不如赖活。但活得实在太难了，就会觉得还不如死了算了。阳明先生的这种境遇，甚至连在贵阳城里的官员也知道。《瘗旅文》就是阳明先生自己在龙场写的，这样的文章是描述龙场状况和他自己心境的第一手材料。

就阳明先生个人而言，以前在京城或者江南种种放不下、舍不得的，现在都如烟云一般了。

从时间顺序上说，阳明先生是悟道后才写《瘗旅文》，为了把龙场的场景先描述清楚，所以没按照时间先后顺序来叙述，这回先讲《瘗旅文》，下回再讲龙场悟道的内容。

《瘗旅文》[4]是阳明先生在埋葬了三位客死在龙场附近山野中的行旅之人后所写的一篇祭文。这三人仅为了微薄的薪俸而万里

---

[1] （明）王阳明. 传习录[M]. 第二版. 于自力,孔薇,杨骅骁,注译. 郑州：中州古籍出版社，2008，1：29.
[2] （明）王守仁. 王阳明全集【三】[M]. 陈恕,编校. 郑州：中州古籍出版社，2016，9：261.
[3] 道士朋友说："汝有亲在，万一瑾怒，逮尔父，诬以北走胡，南走粤，何以应之？"参见：（明）王守仁. 王阳明全集【三】[M]. 陈恕,编校. 郑州：中州古籍出版社，2016，9：261.
[4] （明）王守仁. 王阳明全集【三】[M]. 陈恕,编校. 郑州：中州古籍出版社，2016，9：54-55.

奔走，以至于暴死异乡。阳明先生虽与他们素昧平生，但这篇祭文的感情却是诚挚深切。

阳明先生为文平易畅达，自成一格。《四库全书王文成全书总目提要》称其"为文博大昌达，诗亦秀逸有致[1]。"阳明先生从春风得意、名满京师，到廷杖、下狱、贬谪龙场，等于已经死过一回了，哀悼客死之人，也是他借此来抒发自己被贬他乡的凄苦愤懑之情。但阳明先生终于活下来了：心不死，人就会想法活下来；心若死了，神仙也没法让他活。

龙场悟道。儒家体系中的一座新的思想高峰就这样升起来了。

〔原文〕：

维正德[2]四年秋月三日，有吏目[3]云自京来者，不知其名氏。携一子一仆，将之任，过龙场，投宿土苗家。予从篱落间望见之，阴雨昏黑，欲就问讯北来事，不果。明早，遣人觇[4]之，已行矣。

薄午有人自蜈蚣坡来，云一老人死坡下，傍两人哭之哀。予曰："此必吏目死矣。伤哉！"薄暮复有人来，云："坡下死者二人，傍一人坐叹。"询其状，则其子又死矣。明日复有人来，云："见坡下积尸三焉。"则其仆又死矣。呜呼伤哉！

念其暴骨无主，将二童子持畚锸，往瘗[5]之，二童子有难色然。予曰："嘻！吾与尔犹彼也。"二童闵然涕下，请往。就其傍山麓为三坎埋之。又以只鸡饭三盂，嗟吁涕洟而告之。曰：

呜呼伤哉！系何人？系何人？吾龙场驿丞余姚王守仁也。吾与尔皆中土之产，吾不知尔郡邑，尔乌为乎来为兹山之鬼乎？古者重去其乡，游宦不逾千里。吾以窜逐而来此，宜也。尔亦何辜乎？闻尔官，吏目耳，俸不能五斗，尔率妻子躬耕，可有也，乌为乎以五斗而易尔七尺之躯？又不足，而益以尔子与仆乎？呜呼伤哉！

尔诚恋兹五斗而来，则宜欣然就道，乌为乎吾昨望见尔容蹙然，盖不任其忧者？夫冲冒雾露，扳援崖壁，行万峰之顶，饥渴劳顿，筋骨疲惫，而又瘴疠侵其外，忧郁攻其中，其能以无死乎？吾固知尔之必死，然不谓若是其速，又不谓尔子尔仆亦遽然奄忽也。皆尔自取，谓之何哉！吾念尔三骨之无依而来瘗尔，乃使吾有无穷之怆也，呜呼痛哉！纵不尔瘗，幽崖之狐成群，阴壑之虺如车轮，亦必能葬尔于腹，不致久暴露尔。尔既已无知，然吾何能违心乎？自吾去父母乡国而来此，二年矣，历瘴毒而苟能自全，以吾未尝一日之戚戚也。今悲伤若此，是果为尔者重而自为者轻也。吾不宜复为尔悲矣。吾为尔歌，尔听之。

歌曰：连峰际天兮，飞鸟不通；游子怀乡兮，莫知西东。莫知西东兮，维天则同。异域殊方兮，环海之中；达观随寓兮，奚必予宫？魂兮魂兮，无悲以恫！

又歌以慰之，曰：与尔皆乡土之离兮，蛮之人言语不相知兮。性命不可期，吾苟死于兹兮，率尔子仆来从予兮。吾与尔遨以嬉兮，骖紫彪而乘文螭[6]兮，登望故乡而嘘唏兮。吾苟获生归兮，尔子尔仆尚尔随兮，无以无侣为悲兮。道旁之冢累累兮，多中土之流离兮，相与呼啸而徘徊兮。餐风饮露，无尔饥兮；朝友麋鹿，暮猿与栖兮。尔安尔居兮，无为厉于兹墟兮！

---

[1] 纪昀赞誉阳明先生道："不独事功可称，其文章自足传世也。"参见：(明) 王守仁. 王阳明全集【四】[M]. 陈恕, 编校. 郑州：中州古籍出版社, 2016, 9: 160.
[2] 正德是明武宗年号 (1506－1521)，阳明先生一生经历了明宪宗、明孝宗、明武宗、明世宗等四朝。
[3] 吏目，是协助知州等长官掌管文书、刑狱并管官署内部事务的吏，属于基层干部，大多为从八品、从九品或不入流。
[4] 觇，打探的意思，可以看出阳明先生还有试探的意思，看对方是否愿意和他说几句。
[5] 瘗，是掩埋的意思。

[6] 文螭，是带有条纹的、无角的龙。在屈原、司马相如等人的辞章里，也经常表示要乘坐一下文螭。电影《阿凡达》里那些当地土著乘坐的在天上飞来飞去猛兽，大致相当于文螭。

【译文】:

就在正德四年秋天,某月初三,一位吏目声称是从京城来的,不知他叫什么名字,只看见他带着一个儿子和一个仆人,将要上任,路过龙场,投宿在当地的土著苗族人家。我从篱笆缝隙中瞧见他走过。当时正值阴雨昏黑,本想凑上前去打听一下北方的近况,但天色已晚,他们匆匆而去,没能搭上话。

第二天一早,叫人去打探,但他们已经走了。临近中午的时候,有人从蜈蚣坡那边来,说:"有一个年纪较大的人死在坡下,旁边的两人哭得很伤心。"我说:"这一定是吏目死了,可悲啊!"

傍晚时分,又有人来说:"坡下死了两个人,旁边一人坐着哭。"问明具体的状况,看来是吏目的儿子也死了。

过了一天,又有人来说:"看到坡下堆了三具尸体。"

那么,他的仆人又死了。哎呀,令人伤心那!

想到他们的尸骸就暴露在荒野,无人料理,于是我就想带着两个学生,拿着畚箕和铁锹,去把他们埋葬了。两学生的脸上流露出为难的情绪。我说:"唉,我和你们,本像他们一样啊。"两学生同情地流泪了,要求一起去。于是在尸骸边靠近山脚处挖了三个坑,把尸骸埋葬了。接着供上一只鸡和三碗饭,叹息流泪,向死者祭告说:哎呀,令人伤心哪!

你到底是什么人啊?我是龙场的驿丞余姚王守仁。我和你都生长在中原地区,我不知你的家乡是何郡阿县,你为什么要来做这座山的鬼魂啊?古人不会轻率地离开故乡,外出做官也不超过千里。我是因为流放而来此地,理所应当。你又有什么罪过而非来不可呢?听说你的官职,仅是一个吏目而已。薪俸不过五斗米,你领着老婆孩子亲自种田就会有了。为什么竟被这五斗米换去你堂堂七尺之躯?难道还觉得不够,再搭上你的儿子和仆人啊?哎呀,太悲伤了!

你若果真是为留恋这五斗米而到这一带来,那就应该欢欢喜喜地奔走,为什么我昨天瞧见你皱眉苦恼,似乎扛不住那深重的忧虑呢?你从中原一路跋涉而来,常冒着雾气露水,攀援悬崖峭壁,走过了万山的峰顶。饥饿、干渴、辛劳、困顿,筋骨都疲惫了,又加上瘴厉侵蚀你的外表,忧郁攻击你的内心,这样难道还能免于一死吗?我固然知道你必会死在途中,可是没有想到会如此之快,更没有想到你的儿子和仆人也会这么快死去啊。这其实都是你自找的呀,还能说什么呢?我本不过是怜念你们三具尸骨无所归依,才来埋葬,但现在却引起我无尽的感伤。

哎呀,悲痛啊!纵然我不来埋葬你们,那幽暗山崖上成群的狐狸,阴森山谷中粗如车轮的毒蛇,也一定能够把你们葬在腹中,不致长久地暴露山野。你已经没有知觉了,但我又怎能安心呢?

我自从离开父母家乡来到这里,两年了。历尽瘴毒而能勉强保全自己的生命,主要是因为我想开了,如今没有一天怀有忧戚的情绪啊。今天忽然如此悲伤,其实是我原先已经把生死看轻了,现在因你的死又把这个问题想重了。我不应该再为你悲伤了!

我且来为你唱歌,你请听了!歌唱道:

连绵的山峰高接天穹啊,飞鸟不通;怀念家乡的游子啊,不知西东;不知西东啊,顶上的苍天却是相同;纵然在异他乡啊,但都在四海环绕之中;练达冲和的人啊,四海为家,又何必非守在那旧宅巷弄?魂魄啊魂魄,不要悲伤,不要害怕惶恐!

再唱一首歌来安慰你:

我与你都是离乡背井的苦命人啊,土著人的语言谁也听不懂啊!生死不可预期,假如我也死在这地方啊,那你就带着儿子和仆人,来跟着我的灵魂啊!我们一起遨游嬉戏,驾着紫色虎,乘坐五彩龙啊;登高望故乡,共同放声叹息啊!假如我有幸能生还故乡啊,你还有儿子和仆人在身边随从啊,不要以为无伴侣而悲痛啊!道路旁边坟冢累累啊,大多是中原来的流转离散的人啊,与他们一起纵情长啸，一起漫步闲游啊！餐清风，饮坠露，莫愁腹中饥饿啊！清早和麋鹿为友，晚上再与猿猴一起栖息啊！你要安居守分啊，可不要变成鬼怪到村寨去啊！

【解读】：

第一，阳明先生贬谪到贵州龙场，从原先的一名工部、刑部京官，变成边远郡州深山的一个驿丞了。这大约相当于林冲发配到沧州，去看守大军草料场。

第二，龙场驿站，显然没有新龙门客栈好。过往的官员是到当地的土著人家去借宿的。阳明先生开始是住在山洞里的，主要有两个，一个现在叫"阳明小洞天"，另一个叫"玩易窝"，他研读易经一直没有停。这两个山洞现在都是贵州修文的著名景点。

第三，对于京城来的官员，阳明先生其实是很想聊几句的，也借此了解京城的近况以及一些亲朋故旧的信息。但京城来的官员，即使只是一名吏目，可能就不一定想跟他亲近。

第四，至于吏目等三人为什么这么快就死了，阳明先生没仔细写，一直有很多猜测。或许被野兽袭击了，或许吏目本人是心情忧郁且劳累过度而死。但他儿子和仆人可能本来跟着吏目还有个盼头，虽然吏目这官职很小，但好歹是个官员。现在变得没盼头了，再叫他俩沿着原路回家去显然不可能，就彻底绝望了。

第五，二童子到底是什么人，阳明先生没细说。推测一下应该就是陆续到龙场来跟着他学习的小青年。这时候阳明先生已写了《教条示龙场诸生》来指导前来的求学者。当然，按照科举制度，没考取秀才的，不管年龄大小，一律称之为童生或者儒童。看样子他们对埋葬陌生死人开始还不愿意，阳明先生就引发他们内在的恻隐之心，于是他们就流泪还主动要求去了。

第六，在这之前，阳明先生已经声称不再沉迷辞章了。但文笔的基本功在那里，不是说他不搞辞章就不会写了，写出来依旧天高云淡。

第七，对这名可能不大想跟他搭腔的吏目，阳明先生依旧去埋葬他们，并对他万里求官而死表示了充分的同情。恻隐之心显现，引发二童子内在的恻隐之心，这就是他的良知以及良知教育。

第八，阳明先生这个时候已经经历过人生最低潮的时期，已经悟道了，已经从心灵的桎梏中解脱出来了，看轻了生死。但中原来的吏目等三人死了，他还是很难过地想到了生死的问题，好在很快解脱出来。所以，修养是一个需要不断巩固的过程，知行合一永远是一个终身的历程。

文贵真。真情实感，朴实隽永。唯真情，方能感人。借他人之酒杯，浇自己之块垒。他人与己，己与他人、与天地万物，皆为一体。最后两首歌，一首是通过"通、东、同、中、宫、恫"的韵律，一首是采用离骚的文体，信笔写来，哀而不伤，洒脱隽永，余音不绝。

第一首歌也可以这样来品味：连峰际天，飞鸟不通；游子怀乡，莫知西东；莫知西东，维天则同；异域殊方，环海之中；达观随寓，奚必予宫；魂兮魂兮，无悲以恫。

就是诗经四言诗的韵味，吟唱起来句末当然要加语气词和尾音。无豪言壮语，亦未图稿费或学术影响力，心中有感便付诸笔端，文章本天成，妙手偶得之。生死之间，已然无拘束。

龙场的环境介绍了，接着就讲在阳明学中具有里程碑意义的龙场悟道。介绍阳明先生的文献，都会讲到龙场悟道，讲到龙场悟道则必定说到八个字：圣人之道，吾性自足[1]。这八个字到底是什么意思？怎么就解决了阳明先生的"格物"之惑？怎么就通晓了圣人之道？跟心即理、知行合一、致良知是什么关系？

欲知后事如何，且听下回分解。

---

[1] （明）王守仁. 王阳明全集【三】[M]. 陈恕, 编校. 郑州：中州古籍出版社，2016，9：262.

第 八 回
龙场悟道明格物

图 8-1 红日初升,其道大光

龙场悟道是阳明学的重要环节,其核心是"圣人之道,吾性自足"。实际上是阳明先生对朱熹解释的"格物致知"的重新解析,由此悟通了"心即理"的心学法则。一定的压力、温度、作用时间等因素都是促进某种飞跃的前置条件。

上回通过阳明先生所写的《瘗旅文》，描述了贵州龙场当时的环境状况和阳明先生的心境。贵州龙场的物质环境之艰苦自不待言，对阳明先生而言，更艰苦的是精神层面。

风华年少，名满京师，忽然廷杖、下狱、流放，千里迢迢到了龙场，瘴疠肆虐，蛇虺横行，但阳明先生都扛住了。对一个人的成长而言，外部环境是一种必然存在的作用力，就像化学反应的诸多必备条件一样。不过这作用力还分为顺境中春风化雨、花团锦簇的推拥等正作用力，和逆境中烈焰焚烧、冰霜浸骨的锤炼等反作用力。

总之，反应需要一定的温度、湿度、作用力和作用时间。在很多时候，反作用力才是一个人成长关键步骤中的最直接、最有效的动力。这回来讲龙场悟道的具体内容，这在阳明学中是很重要的环节。

从种种文献来解读和对照，似乎龙场悟道在刹那间。很多电影里有这样的场景，树枝上的茧忽然破开，蝴蝶美丽的翅膀倏忽闪现，很惊艳，正是破茧的艰辛成就了化蝶的美丽。

1508 年春天的一个夜晚，阳明先生在睡梦中突然醒来[1]。他豁然通晓了以下关于圣贤之道的诸多环节：

第一，道之本源：圣人之道，吾性自足。尧、舜、禹、孔子以及其他的古代圣贤，不可能先把万事万物都"格"清楚了才成为圣贤；道正是从我们自己心中求取的，从前通过枝枝节节去推求外界事物的原理，真是大谬。

第二，道之运作："格物"之"格"就是"正"的意思，正其不正，便归于正。

第三，道之对象："物"者"事"也，心外无"事"，即心外无"物"。浅近而言，人能"为善去恶"就是"格物功夫"。

第四，道之本体："物格"而后"知致"，"天理"是道之本体，即是心的本体，所有诸相皆是"天理"之用。见父知孝，见兄知弟，见孺子入井自然知恻隐，这便是"天理"，不假外求。

第五，道之外显：倘若"天理"勃发就没有私意障碍，就可以充足人的恻隐之心，恻隐之心充足到极致，就是"仁"。羞恶之心充足就是"义"，辞让之心充足就是"礼"，是非之心充足就是"智"。

第六，道之法门：对常人而言，会有私意障碍，所以才要"格物致知"，要用"知行合一"去胜私复理，去"事上练"，达到心的"天理"没有障碍，这才是真正"致知"。"知致""意诚""心正"一气贯通，这样推上去，可以直到"治国""平天下"。

想到这里，阳明先生觉得"豁然贯通焉，众物之表里精粗无不到，而吾心之全体大用无不明矣"。接着他将心中默记的《五经》来对应，觉得莫不吻合[2]。

若干年后，阳明先生提出"良知"说，点出了人心中的"天理"就是"良知"，只是在龙场时还点不出这两个字[3]。

《易经》中从"乾卦第一"到"未既卦六十四"，再循环往复，直如心中气血周流循环往复。"乾：元亨利贞"[4]，正是心体之脉动：元即无善无恶之元始，亨即意念展开之亨通，利即良知明鉴之利和，贞即允执厥中之贞正。

这就是阳明学的开篇"龙场悟道"。1516 年阳明先生被朝廷派去巡抚南赣时，他的弟子已达一千多人；在他 1529 年离开人世时，他的弟子已是数以万计；在他去世至今的近五百年中，真

---

[1] （明）王守仁. 王阳明全集【三】[M]. 陈恕, 编校. 郑州：中州古籍出版社, 2016, 9: 262.

[2] （明）王守仁. 王阳明全集【三】[M]. 陈恕, 编校. 郑州：中州古籍出版社, 2016, 9: 262.

[3] 阳明先生说："吾'良知'二字，自龙场已后，便不出此意，只是点此二字不出，于学者言，费却多少辞说。"参见：（明）王守仁. 王阳明全集【四】[M]. 陈恕, 编校. 郑州：中州古籍出版社, 2016, 9: 184.

[4] （宋）朱熹. 周易本义[M]. 北京：中华书局出版社, 2009, 11: 29.

心实意地把他当作精神导师的伟大人物不胜枚举。

  1513 年日本人了庵桂悟把阳明学书籍带回日本[1]，三百多年后日本开展了举世瞩目的"明治维新"[2]。孙中山对日本的明治维新与其近代化进程进行过研究[3]，曾评价说，五十年前维新诸豪杰沉醉于中国哲学大家王阳明的知行合一说。

  阳明先生能有龙场悟道，全因为他对朱熹解释的"格物致知"的怀疑和对"圣贤之道"的追求。"龙场悟道"实际上是阳明先生对朱熹式"格物致知"的重新解析，进而悟通了"心即理"的理论基点。事实上，陆九渊是第一个提出"心即理"的。而阳明先生则认为他悟出的"心即理"与陆九渊的理论不一样，不一样的核心就是"知行合一"。

  阳明先生从小就沉浸在程朱理学中，遵循"格致诚正、修齐治平"之道，龙场悟道就是通晓了"格物之道"。"格"是正的意思，"物"就是事、是意之所在[4]。换个通俗的说法就是，我们意识到一件事时，就要存一种好的想法，格物就是正念头。如果念头不好，马上改掉，如"恶恶臭"；念头好，就要维持，如"好好色"。继续保持这种意识，进而"致知"。

  "致"就是达到的意思，《易经》中说到"知至至之"，"知至"就是知道了，"至之"就是要达到。"致知"并不是扩充知识的意思，而是指达到我"本然"之知，这就是孟子说的"恻隐之心，人皆有之"的那种知性。当然阳明学也有一个发展深化的过程，"良知说"是阳明先生后来在江西经历了更大的磨难后才能点出来的，"致知"就进一步发展成"致良知"。

  再来回顾阳明先生在龙场的沉思过程。

  阳明先生在龙场通过长时间的默想发现，历史上的圣人都是没有办法改变外部环境的，他们只是适应所处的环境。正如他自己在龙场，刚来时面对这样恶劣的环境，加上种种精神上的打击，曾想一死了之。

  可现在，不还是活下来了？其实大家所谓的怕死，怕的并不是"死"，而是大家对"生"还有所眷恋而已。当然，哲学层面的思考如果离开了"生与死"的问题，那就失去很多意义了。

  那么让自己活下来的缘由是什么？就是他觉得一直苦求索的"圣人处此，更有何道？"还是没有答案。朝闻道，夕死可矣；然未得道，死有不甘。

  但等阳明先生把其他一切患得患失的困扰都抛开了，就剩下这一个问题时，忽然发现：找到了。

  阳明先生发现，没有神佛来拯救他或者提示他，他觉得在外界的神佛是不存在的，神佛若存在，必定存在于自己的心中。他发现，一切事物都来自认知和对认知的传达，心之听发窍于耳，心之视发窍于目，心之言发窍于口，心之动发窍于四肢，由此明确了"心"对"耳、目、口、鼻、四肢"的主宰作用。

  那么怎样"格物致知"呢？在所有认知和对认知的传达的过程中，有一个执行思考的"主宰"，这就是"心"，阳明先生称之为"本心"，亦不专是那一团血肉[5]。正因有了"本心"，于是作为主体的"我"是必要的，这个"我"正是承载着"本心"的主体。

  正是通过"本心"而主宰"眼、耳、口、鼻、四肢"，由此而知"万事万物"乃至"天理"，阳明先生豁然认识到"圣人之道，吾性自足，向之求理于事物者误也"[6]。

---

[1] 杨晓维，秦蓁. 了庵桂悟使团与阳明学之初传日本——基于《送日东正使了庵和尚归国序》真迹实物与文本的研究[J]. 史林，2019(5)：86-91+219.
[2] 韩前伟. 晚清洋务人士对明治维新的评议探析(1870-1880年代)[J]. 社会科学论坛，2022(6)：109-122.
[3] 章扬定. 近代中国向西方学习思潮中的孙中山与日本明治维新[J]. 广东社会科学，2004(5)：129-134.
[4] (明)王阳明. 传习录[M]. 第二版. 于自力，孔薇，杨骅骁，注译. 郑州：中州古籍出版社，2008，1：34+174.
[5] (明)王阳明. 传习录[M]. 第二版. 于自力，孔薇，杨骅骁，注译. 郑州：中州古籍出版社，2008，1：141.
[6] (明)王守仁. 王阳明全集【三】[M]. 陈恕，编校. 郑州：中州古籍出版社，2016，9：262.

进而，以此为理论基点，以"知行合一"为途径，再后来提出了以"致良知"为目标，构建了完整的阳明学体系，这就是阳明先生"立言"的功夫了。

在 1508 年这个春天夜晚之前，一直困惑着阳明先生的就是如何"格物致知"。

现在他悟通了《大学》所说的身体、心灵、意念、认知、事物就是修身用功的条理之所在，虽然它们各有自己的内涵，而实际上说的只是一种东西。而格物、致知、诚意、正心、修身，就是在现实中运用条理的功夫，虽然它们各有自己的名称，而实际上说的只是一件事情[1]。

知道要止于至善的道理，自己的志向才得以确定，确定了志向身心才能安静，身心安静才能安于目前境遇，安于目前境遇才能虑事精详，虑事精详才能到至善的境界。知道至善就在自己"本心"中，而不用向外面去寻求，这样意志就有了确定的方向，从而就没有支离破碎、错杂纷纭的弊病了。没有支离破碎、错杂纷纭的困扰，那么心就不会妄动而能安静。

心不妄动而能安静，那么在日常生活中就能从容不迫、闲暇安适，从而安于目前的处境。能够安于目前的处境，那么只要有一个念头产生，只要有对某事的感受出现，它是属于至善还是非至善就由"本心"来判断。"本心"则会以详细审视的本能对感受进行精细的观察，因而能够达到虑事精详。能够虑事精详则分辨就没有不精确的，处事就能恰当。

心的本体原本没有不正的，但是自从有意念产生之后，心中有了不正的成分。所以必须在意念产生时去加以校正，为善去恶使得意念诚，心也就可以得正了。此后我们的心才会愉快坦然而没有其他遗憾，从而真正做到为人谦虚，心中产生的意念才没有自欺的成分，才可以说我们的意念真正诚实无妄了，这就是正心的功夫。所以，这样理解格物之道，就完全理顺了《大学》中所说的：系于事上的心端正后，认知自然就能充盈；认知得以充盈，意念也就变得真诚；意念能够真诚，心灵就会保持平正；心灵能够平正，本身的行为就能合乎天理[2]。

虽然修身的功夫和条理有先后次序，然而其心的本体却是始终如一的，确实没有先后次序的分别，在生活中保持心的本体的精诚纯一是不能有一丝一毫欠缺的。只有让自己的"本心"正常运转，那就能做到定、静、安、虑、得。基于"本心"之知，进而必须要知行合一，要到事上磨炼。

由此可以验证，格物、致知、诚意、正心这一学说确实阐述了尧舜传承的真正精神，也是孔子说的心印之所在。阳明先生把他对格物之道的思辨理顺后，他的世界就光明了起来。

超凡，便入圣。一念放下，万事俱轻。看山还是山，看水还是水。一定的压力、温度、作用时间等因素都是促进某种飞跃的前置条件（图8-1）。

阳明先生悟道后，心情好了，就惦记着做事情了，就不想着死了（图8-2~图8-4）。但是，平衡是相对的，不平衡才是绝对的，新矛盾总是随着旧矛盾的化解而产生。

阳明先生的新朋友和新敌人来了，比如龙场附近思州府等处的官僚们，就有一些想法了。官僚们怎么惩治阳明先生？阳明先生怎么应对？阳明心学能否在平衡新矛盾中起作用？换言之，这时候如何"知行合一"？

欲知后事如何，且听下回分解。

---

[1] （明）王阳明. 传习录[M]. 第二版. 于自力, 孔薇, 杨骅骁, 注译. 郑州: 中州古籍出版社, 2008, 1: 250.

[2] （明）王守仁. 王阳明全集【三】[M]. 陈恕, 编校. 郑州: 中州古籍出版社, 2016, 9: 67-72.

惟求其是

图 8-2 贵州龙场现状

图 8-3 龙场悟道情境模拟　　　　　　　　　图 8-4 贵州龙场阳明祠

第 九 回
知行合一的起点

图 9-1 薪火相传

悟道后的阳明先生完全恢复了先秦儒学所具备的阳刚雄健人生姿态，恢复了儒家本有的"大丈夫"风采：富贵不能淫，贫贱不能移，威武不能屈。阳明先生很清楚，跟强盗、恶霸讲四书五经，讲仁义礼智信，那是一点用也没有的。

上回讲了阳明先生龙场悟道，这回接着讲悟道后的情况。自古英雄多磨难，纨绔子弟少伟男。纨绔子弟经历磨难，能够挺住而不倒下就成了英雄，眼前自然有新的境界，阳明先生在龙场悟道后就是如此（图9-1）。

阳明先生的一些学生们认为，1504年阳明先生在京城的时候离创立"阳明学"已是近在咫尺，只是被刘瑾迫害延误了他悟道的时间。这些看法有些想当然，当然，历史没有假如。几年前在京城时，阳明先生虽然学识过人，但他尚无自己的思想系统。且不论时人惊呼"真儒复出"的陈献章、直接点拨阳明先生"圣人必可学而至"的娄谅，就说在京城和他志同道合一起招学生的伙伴湛若水，其理学造诣和悟性禀赋一点都不逊于阳明先生，为什么没创立具有原创意义的、泽被后世的学说？

有人认为，阳明先生能够创建阳明学是苍天注定的，因为他天生就不是凡人，对此还列举了许多事来证明。这样的桥段在我国传统小说中很常见，就差讲他是哪颗星宿下凡了。实际一点的人则说，就是因为阳明先生天生睿智，但在人类漫长的历史上天生睿智的人实在是太多。

于是有人说，阳明先生能在龙场悟道而创建其阳明学，是因为经历了一次严酷的流放洗礼。的确，人类历史上任何一位伟大的圣贤，不管是被动还是主动，都经历过非比寻常的磨难，释迦牟尼、孔子等人都曾历尽艰辛。但古今中外在逆境中含恨而死的人不可胜数，更谈不上什么成就了。

若要作一个类比，应该说阳明先生等人就类似于超导体。超导体过了特定的临界态后不是被破坏了，而是电阻完全消失[1]，电流经过时不发生任何热损耗，可以毫无阻力地在其中形成强大的电流，从而产生超强磁场。龙场悟道，可以类比为精神超导现象。

与其去寻找阳明先生悟道的机缘，不如用心来学习他悟道后怎样运用。机缘不可拷贝，但阳明学是有指导意义的，这应该是我们研究阳明学以及"知行合一"的意义。

孙中山先生在《建国方略》一书中描绘了"心理建设""实业建设"与"社会建设"的系统建设蓝图[2]。《心理建设》为《建国方略》之首篇，文中阐述心理建设的重要性，其内容折射出阳明学的影响。"心为本"论，是心理建设的理论基点[3]。孙中山提出"是以建国之基，当发端于心理"，又提出"夫心也者，万事之本源也""心之用大矣哉""万物森然于方寸之间，满心而发，充塞宇宙，无非此理"。

孙中山认定"吾心信其可行，则移山填海之难，终有成功之日；吾心信其不可行，则反掌折枝之易，亦无收效之期。""君子一心足以开万世[4]。"从中，可以看到阳明学的影响。

就阳明先生在龙场心路历程看，可以这样类比。比如一个人在江河中随波逐流，在周边稻草、泡沫等簇拥中，且沉且浮也觉得挺好，避过了一些风浪还自鸣得意，却忽然遭遇激流险滩、雷霆风暴被击沉了。这时大致有三种情况：

一是就此沉没了，这种情况是最多见的，此人就淹没在历史在长河里了；

二是居然能挣扎着回到水面上，然后继续随波逐流，直至被更大的风浪淹没并挣扎不上来了，这种情况有的，较少些，最后同第一种情况；

三是沉到河底后，彻底清醒了，且能认清方向，这时他不是挣扎出水面或者顺着河流的流向行动，而是沿着河床横向移动、

---

[1] 杨频，罗遵度. 影响超导体临界温度的某些结构因素[J]. 低温物理，1980(3)：188-192.

[2] 吴光. 论孙中山《建国方略》对中国现代化的启示[J]. 浙江大学学报（社会科学版），1994(4)：11-15.

[3] 王静，霍涌泉，宋佩佩，张心怡，杨双娇，柏洋. 孙中山的心理建设思想及其现实意义[J]. 心理学报，2019(11)：1281-1290.

[4] 孙中山的心学不仅坚定了民主革命的信念，还丰富了他本人的其他理论。参见：陈尧. 试论孙中山之心学及其意义[J]. 学术交流，2014(2)：28-32.

并顺着河堤爬上岸，等他到了高坡之上，就看清了河流前方的礁石、漩涡等危险情况，也明白了原先的稻草、泡沫等都是不能安身立命的，这时他就能指引还在河流中且沉且浮的芸芸众生避开前方的危险。

第三种情况最少见，正所谓：五百年方有圣人出。

距现在五百多年前，阳明先生在龙场悟道了。悟道后的阳明先生很快碰到的一个新情况就是有了新朋友，也有了新敌人。

阳明先生的新朋友就是原先在丛林里对他虎视眈眈的各山头土著，他们对中原人一直是心存戒备的，但阳明先生不断跟他们联谊、搞座谈会，老惦记着把刚悟出来的"道"传授给他们。

语言不通的问题很快被阳明先生解决了，一来二去就有交情了，土著人还解决了阳明先生吃了上顿没下顿的问题。作为龙场当地教学的一个标志，当地人在龙场建起了龙冈书院[1]，阳明先生从教学到生活都有了全新的局面。学校本来就是一名学子心中理想化的概念，高堂广厦可以教与学，茅庐草舍也可以教与学，现在贵州修文县龙场的龙冈书院依旧吸引着世界各地的研究者来游学和研讨（图9-2）。

阳明先生的新敌人就是贵州一些官僚们，比如思州府就派了一群差役来到龙场。这样的场景，在一些电影里是很常见的。这些人训斥阳明先生不识好歹，并作势要揍阳明先生，叫阳明先生跪拜，其实也就是想羞辱一下阳明先生。

阳明先生本人丝毫不动声色，但他的新朋友、当地的土著们却怒了，把这些来寻衅闹事的海扁一顿。官僚们火冒三丈，他们完全没想到这些土著人居然已经跟阳明先生团结起来了。这下派几个打手去是没用了，至于调动军队对付阳明先生，但又觉得这时的阳明先生不值得这样大张旗鼓，也怕激起民变。

官僚们无非就是要把这个犯官羞辱一下，派几个差役去反而吃亏了，现在想让阳明先生低个头。于是官僚们就走起了官场流程，事情就到了贵州按察副使毛科那里。官僚们说阳明先生参与殴打官差，影响恶劣，阳明先生必须就此赔罪道歉[2]。

这里要介绍一下毛科这个人。从某种意义上讲，在每个人的成长中，其个人因素当然是主要的，但有能人的指点、辅助，也是很重要的，阳明先生也不例外。毛科对阳明先生帮助很大，这就是《易经》中所说的：利见大人。

毛科字应魁、号拙庵[3]，浙江余姚人，是1478年的进士，历任山东按察司副使、徐淮兵备副使、云南布政司左参议、云南参政、贵州按察司副使兼提学副使、授亚中大夫。

毛科是阳明先生严格意义上的同乡和前辈。古人尤其注重乡里情谊，毛科中进士比阳明先生早21年，比阳明先生的父亲还早一届，一直也是关心这个才华出众的小老乡的。现在毛科作为贵州司法主管，阳明先生也属于辖区内一个小犯官，毛科对阳明先生的耿介秉性不是不知道，但是怕由此惹下更大麻烦，命令阳明先生道歉，这也是一种保护阳明先生的思路[4]。

阳明先生陷入沉思，这不是小喽啰来寻衅闹事的问题，而是要想好怎么对付贵州官僚群体的计策。反复思考后，他给毛科回了封信。请注意，他知道这封信是会让官僚们看到的，这就是阳明先生隔山打牛的招数了，这就有了广为流传的阳明先生《答毛宪副》书[5]。

---

[1] （明）王守仁. 王阳明全集【三】[M]. 陈恕，编校. 郑州：中州古籍出版社，2016，9：262.

[2] 思州守遣人至驿侮先生，诸夷不平，共殴辱之. 守大怒，言诸当道. 参见：（明）王守仁. 王阳明全集【三】[M]. 陈恕，编校. 郑州：中州古籍出版社，2016，9：262.

[3] 赵永刚. 阳明《答毛拙庵见招书院》笺释[J]. 古典文学知识，2016(5)：19-24.

[4] 毛宪副科令先生请谢，且谕以祸福. 参见：（明）王守仁. 王阳明全集【三】[M]. 陈恕，编校. 郑州：中州古籍出版社，2016，9：262.

[5] （明）王守仁. 王阳明全集【二】[M]. 陈恕，编校. 郑州：中州古籍出版社，2016，9：290-291.

这里略解释一下"宪副"这个关于毛科的称谓，"宪副"是官名"左副都御史"的简称。明朝监察机构叫"都察院"，原名为"御史台"，也称"宪台"，所以"左副都御史"也就简称"宪副"了。明代初年沿元朝旧制设置御史台，1380年罢御史台，后于1382年设都察院，都察院设左右都御史、左右副都御史、左右佥都御史及浙江、江西、福建、四川、陕西、云南、河南、广西、广东、山西、山东、湖广、贵州等十三道监察御史一百余人。

当时毛科就是以左副都御史被委派为贵州按察副使兼提学副使的，后来席书接任贵州提学副使。这样，贵州这几个和阳明先生关系密切人物的身份就介绍清楚了。

阳明先生在给毛科的《答毛宪副》书中说，这些差人到龙场闹事，完全是这些差人挟势擅威，并非是思州知府指使的。而龙场土著人与他们斗殴，这也是土著人愤慨不平，并非他指使的。

阳明先生说，但是思州知府没有羞辱他，他也没有对知府傲慢，哪里说得上什么得罪或者说谢罪？至于下级向上级行跪拜之礼，本是下级官员的常分，不足以为辱，然而也不应该无故而行之。不当行而行，与当行而不行，才是为人处事的取辱之由。作为流放的小官，即便面对死亡也要秉持的就是忠信礼义而已，若又弃此而不守，人生的大祸莫过于此了。

阳明先生接着说，他在恶劣的龙场什么没有遇到过，几乎是一日三死，再大的风暴对他而言也不过是虫豸，然而他能够居之泰然，是因为死生对他来说已不足以扰动内心，他不会因为一时的祸患就改变终生信守的原则。

这正是阳明学的灵魂：人人都有尊严，不可侵犯。悟道后的阳明先生完全恢复了先秦儒学所具备的阳刚雄健的人生姿态，恢复了儒家本有的"大丈夫"风采：富贵不能淫，贫贱不能移，威武不能屈。这也是阳明先生知行合一的起点。

官僚们看到这封并非是给他们的信后，大为震惊[1]。从事实上看，这些人没有再来惹阳明先生。人必先自侮，而后人侮之；人若自尊，他人方敬之。

阳明先生深知凭几句义正辞严的话是吓不住对手的，官僚们能够一步步熬上来也不是吓大的，整起人来也是有狠手段的。对付强势的敌人若讲几句大义凛然的真话就管用，那么公平和正义的阳光早已温暖全球，人世间就不会有这么多战火和硝烟了。这也是每逢乱世，儒家就束手无策的原因。

因为跟强盗、恶霸讲四书五经，讲仁义礼智信，那是一点用也没有的，这也是阳明先生在给毛科回信前沉思的内容。

悟道，已经使阳明先生解脱了心灵桎梏；沉思，无非是他斟酌了应对之策。所以他后来在剿匪、平叛等过程中，反间计、离间计以及种种虚虚实实诱敌之计全用了出来，一点心理障碍也没有。这正是阳明先生与腐儒的区别。

以正合、以奇胜，正是阳明先生知行合一的变化之一。

至于官僚们不再找阳明先生麻烦的缘故，一方面是阳明先生的攻心之效，另一方面则是毛科周旋的结果，这就是阳明先生的感染力了。毛科本是个颇有正义感的人，在收到阳明先生的回信后，他先觉察出里面蕴涵的力量。假如阳明先生诚恐诚惶、奴颜婢膝，毛科或许就轻视阳明先生了，问题是他发现的是渊停岳峙、威而不怒、引而不发，就对这位敢于对抗刘瑾的小老乡益发敬重起来。

在毛科这位朝廷大员的调和以及暗示下，官僚们很容易判断出这件事再闹下去成本太高。首先是阳明先生不怕死，其次是就算把阳明先生整死了对他们没有任何好处，反而可能背上政治包袱。龙场群殴事件就这样不了了之，于是，阳明先生的敌人退却

---

[1] (思州)守惭服。参见：(明)王守仁. 王阳明全集【三】[M]. 陈恕, 编校. 郑州：中州古籍出版社，2016，9: 262.

了，毛科则成了他的忘年至交。但当时悟道的欢乐恐怕只有阳明先生自己能享受，其实是他挣脱了自己心灵桎梏的欢乐。

当时在贵州龙场，除了当地人外，并没有其他一直跟随在阳明先生身边的弟子。许多弟子来了，或许是有别的事，又或许是忍受不了龙场的艰苦生活环境，所以就离开了。阳明先生在《诸生》诗中叹息说："人生多离别，佳会难再遇。如何百里来，三宿便辞去？""嗟我二三子，吾道有真趣；胡不携书来，茆堂好同住[1]。"当然，阳明先生是不会硬要弟子们跟他一起在龙场搞学术研究的，来了他欢迎，弟子们走了也不强留，临别拱拱手，叫他们以后有空、有兴趣了再来。

所谓学术自由，首先就是要让大家有选择的余地，可以来也可以不来。现在有些单位举办学术会议或者讲座，即便把人叫来了，他的心在别处也是枉然。

虽然如此，毛科的赞誉使得阳明先生声明远播，前来拜访他的人多了起来，龙场看上去不再是个闭塞之地。于是阳明先生结识了一位当地军界政要，此人就是贵州宣慰司宣慰使安贵荣，是彝族人，彝名布局直罢，明顺德夫人摄贵州宣慰使奢香夫人的第八代孙。贵州的各个驿站，就是他的祖上为明帝国免费创建的。

安贵荣觉得自己屡屡率彝家子弟征战平乱，出生入死，战功赫赫，而朝廷、督抚仍是心存介蒂。安贵荣对此非常郁闷，就要求朝廷裁减贵州通往中原的驿站数量作补偿，他听说了阳明先生的大名，就写信言及敬仰之情和自己内心纠结[2]。

阳明先生回信说，贵州境内的驿站，其实是朝廷控制贵州的烽火台，你撤驿站会给朝廷造成你企图弱化朝廷对贵州控制力的印象，后果如何则不必我说[3]。安贵荣大悟其理，深感虑事不周险酿大祸，遂入督抚衙门主动撤出奏纸。从此，安贵荣十分敬重阳明先生，视其为良师益友而眷顾有加。

但这件事不久，宋然属下两个酋长阿贾、阿扎发生叛乱，安贵荣的军队毫无动静。阳明先生判断，宋然与安贵荣在工作上略有分工，而这两个酋长是安贵荣的老部下，他们叛乱和安贵荣的不作为显然有直接关系，安贵荣的军队对此毫无动静明显是在看宋然的笑话。但叛乱一起，生灵涂炭。

阳明先生就给安贵荣写信说，阿贾、阿扎两人叛乱是在你的军事管辖区，你就眼睁睁地看着他们这样胡闹？朝廷怎么想？即使不追究你的失职，如果调动其他省的军队来镇压，你的颜面何在？播州有土司杨爱，恺黎有杨友，湖南酉阳、保靖有彭世麒等人，他们就等朝廷下令而发兵[4]。

安贵荣看了这封信后，如醍醐灌顶，他马上出兵，轻松平定了叛乱。这些事，总是显示阳明先生的文字攻心与教育之能。

这段时间里，阳明先生还应安贵荣之邀写了《象祠记》。象祠是为纪念虞舜的同父异母弟"象"而修建的祠堂。根据古代传说，象在其母怂恿下曾多次谋害舜，皆未得逞，其后被舜所感化，舜后来封象为有庳国的国君。在传统观念中，象是一个被否定的人物，不过阳明先生认为天下无不可化之人，象最后受到感化正说明舜的伟大，从而说明君子修德的重要性。

《象祠记》草书书帖章法空灵神动，运笔奔放激扬，顿挫极有张力，字形变化多端，线条遒劲多姿，是阳明先生传世草书的精品。《象祠记》书帖到底是怎样的？

欲知后事如何，且听下回分解。

---

[1] （明）王守仁. 王阳明全集【二】[M]. 陈恕, 编校. 郑州：中州古籍出版社, 2016, 9：214-215.
[2] （明）王守仁. 王阳明全集【三】[M]. 陈恕, 编校. 郑州：中州古籍出版社, 2016, 9：262.
[3] （明）王守仁. 王阳明全集【二】[M]. 陈恕, 编校. 郑州：中州古籍出版社, 2016, 9：291-292.
[4] （明）王守仁. 王阳明全集【二】[M]. 陈恕, 编校. 郑州：中州古籍出版社, 2016, 9：292-293.

惟求其是

图 9-2 贵州修文县龙场的龙冈书院现状

第 十 回
《象祠记》：墨化阴阳

图 10-1 吾道有真趣

  阳明先生在龙场书写《象祠记》时刚经历了龙场悟道，草书章法空灵神动，运笔奔放激扬，顿挫极有张力，字形变化多端，线条遒劲多姿。该文目的是使人们知道：不善良者即使跟"象"一样亦能改正；君子修养到了极处，即使别人跟"象"一样凶暴亦能感化。

惟求其是

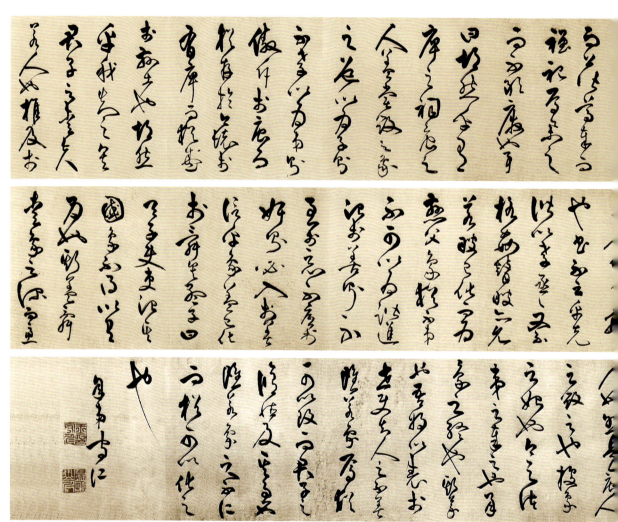

图10-2 《象祠记》书帖模拟件

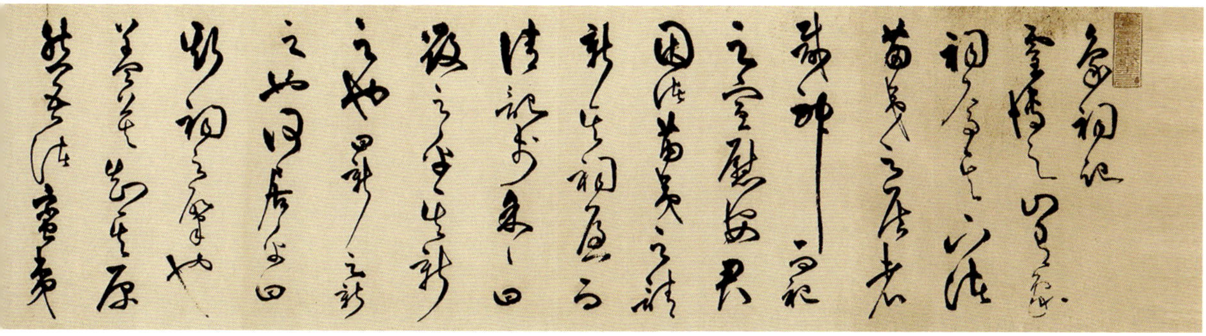

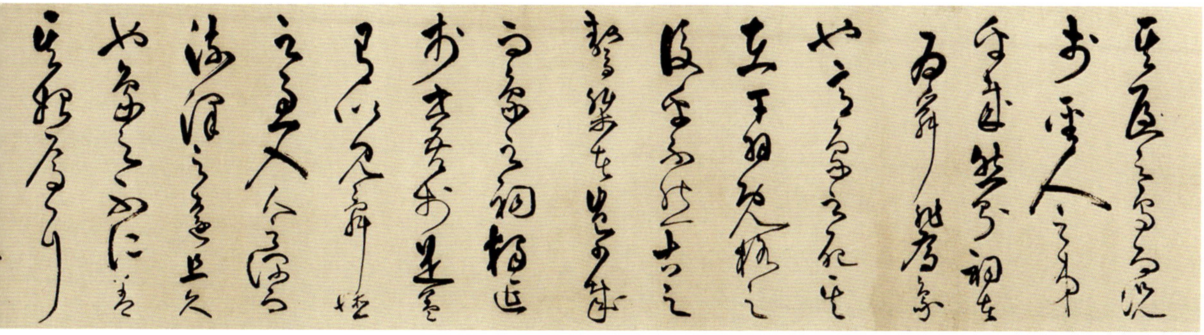

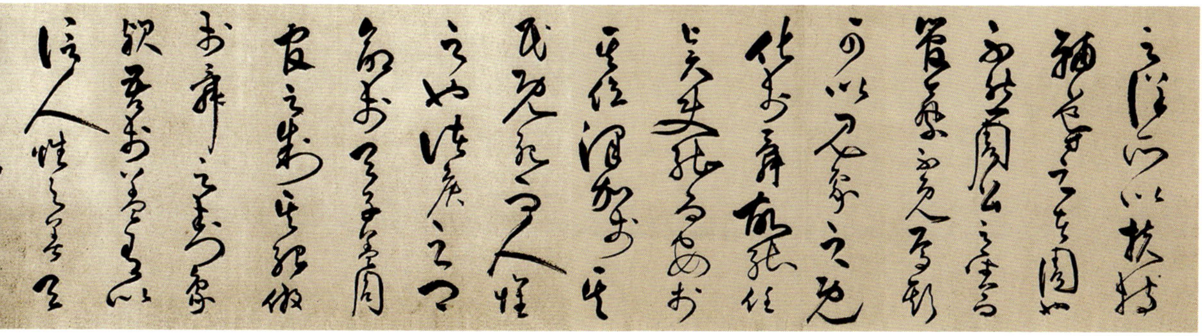

上回说到悟道后的阳明先生在当地土著人的帮助下，修筑了龙冈书院并开始讲学。当地世袭的宣慰使安贵荣仰慕阳明先生才学跟他多有往来，《象祠记》[1]就是应安贵荣所托而写，文辞和书法均为不可多得的传世珍品，这回就跟大家介绍《象祠记》。

阳明先生书写《象祠记》时刚经历了龙场悟道，悟道后心绪积郁之处豁然贯通（图10-1），体现在该书法作品中，章法空灵神动，运笔奔放激扬，顿挫极具张力，字形变化多端，线条飞扬洒脱。正是：墨化阴阳，凤翥龙蟠。模拟件如图10-2[2]所示。

阳明先生在文中首先指出，人们之所以为象立祠，其实是为了纪念舜，即"爱屋及乌"之意。就阳明先生的观点而言，没有讲不通的人，只有会讲与不会讲。

通常提到阳明先生，大家都会想到他是教育家、军事家、哲学家、文学家等称谓，事实上，他还是一位书法家。只是他在其他方面太出色了，以至于他的书法成就被掩盖了。

阳明先生的楷书沉着刚劲，端庄高雅，蔚然庄严；行书神采苍秀，笔势隽逸，豪放舒展；草书遒劲坚挺，狂放不羁，顾盼生辉。特别是《象祠记》行笔疾如风雨，矫若游龙，纵横跌宕，变化万端，确是神韵超逸、气势如虹的珍品。阳明先生无意于书而其书却矫矫不群，这是他的道德学问修为自然而然渗透于书法的体现。阳明先生说："专于弈而不专于道，其专溺也；精于文词而不精于道，其精僻也。夫道广矣大矣，文词技能于是乎出。而以文词技能为者，去道远矣[3]。"这段话揭示出道与技的关系：以道立于心中，则技亦自然高妙；反之，道不专，则技亦流乎寻常。

---

[1] （明）王守仁. 王阳明全集【三】[M]. 陈恕, 编校. 郑州：中州古籍出版社，2016，9：7.
[2] 类别：纸本（拓片）草书；创作时间：明正德三年（1508年）；尺寸：309mm×7000mm（拓片合计之总长）；馆藏：拓片（共计24张）现藏台北故宫博物院。根据文献中插图整理。参见：中国书法全集 第52卷 唐寅、王阳明、莫是龙、邢侗、陈继儒[G]. 刘正成，主编. 北京：荣宝斋出版社，2005，11：120-143.
[3] （明）王守仁. 王阳明全集【一】[M]. 陈恕, 编校. 郑州：中州古籍出版社，2016，9：191.

【释文】：灵博之山，有象祠焉。其下诸苗夷之居者，咸神而祀之。宣慰安君，因诸苗夷之请，新其祠屋，而请记于余。

余曰："毁之乎？其新之也？"曰："新之。""新之也，何居乎？"曰："斯祠之肇也，盖莫知其原。然吾诸蛮夷之居是者，自吾父、吾祖，溯曾高而上，皆尊奉而禋祀焉；举之而不敢废也。"

予曰："胡然乎？有鼻之祠，唐之人盖尝毁之。象之道，以为子则不孝，以为弟则傲。斥于唐，而犹存於今；坏于有鼻，而犹盛于兹土也，胡然乎？我知之矣。君子之爱夫若人也，推及于其屋之乌，而况于圣人之弟乎哉？然则祠者为舜，非为象。意象之死，其在干羽既格之后乎？不然，古之惊桀者岂少哉？而象之祠独延于世。吾于是盖有以见舜德之至，入人之深，而流泽之远且久也。象之不仁，盖其始焉耳。又乌知其终之不见化于舜也？《书》不云乎：'克谐以孝，烝烝乂，不格奸。'瞽瞍亦允若，瞍已化而为慈父；象犹不弟，不可以为谐。进治于善，则不至于恶；不抵于奸，则必入于善。信乎，象盖已化于舜矣。《孟子》曰：'天子使吏治其国，象不得以有为也。'斯盖舜爱象之深、而虑之详，所以扶持辅导之者周也。不然，周公之圣，而管、蔡不免焉。斯可以见象之既化于舜，故能任贤使能，而安于其位。泽加于其民，既死而人怀之也。诸侯之卿，命于天子，盖《周官》之制，其殆仿于舜之封象欤？吾于（是）盖有以信人性之善，天下无不可化之人也。然是唐人之毁之也，据象之始也；今之诸夷之奉之也，承象之终也。斯义也，吾将以表于世，使知人之不善，虽若象焉，犹可以改；而君子之修德，及其至也，虽若象之不仁，而犹可以化也。"年弟守仁。

【译文】：灵博山上有象的祠庙，山下住着的许多苗民都把他当作神来祭祀。宣慰使安（贵荣）君，顺应苗民的请求，把祠庙的房屋重新修整，同时请我做一篇记。

我说："是拆毁后的重建呢，还是进行修整呢？"

宣慰使说："是进行修整。"

我说："进行修整，是因什么缘由呢？"

宣慰使说："这座祠庙的创建，大概没有人知道它的起源了。然而我们居住在这里的苗民，从我的父亲、祖父，一直追溯到曾祖父、高祖父及以前，都是尊敬信奉，并诚心祭祀，常年举办祭奠而不敢荒废。"

我说："为什么会这样呢？有庳那地方的象祠，唐朝人就把它毁掉了。从象的为人来看，作为儿子属于不孝，作为弟弟属于傲慢。对于象的祭祀，在唐朝就受到斥责，可还是存留到了现在；象的祠庙在有庳一带被拆毁，可是在这里却一直兴旺。为什么会这样呢？我知晓了！君子爱这个人，便推广到爱他屋上的乌鸦，更何况是对于圣人的弟弟呢！既然这样，那么维修祠庙是为了舜，不是为了象啊！我猜想，象的去世时间，大概是在用干舞和羽舞感化了苗族之后之么？如果不是这样，那么古代凶暴乖戾的人难道还少吗？可是唯独象的祠庙却能传到今世。"

"我从这里能够看到舜的品德确是高尚，及其感化人心的深刻效用和德泽流传的绵远且长久。象的凶暴，在开始的时候确实是的，又怎见得他后来不被舜感化呢？《尚书》中说'舜能够用孝使全家和睦、安定，淳厚善良，不至于作奸犯科。'瞽瞍也能听从，那么他已经被舜感化成为慈祥的父亲了，如果象还不尊敬兄长，就不能够说是全家和睦。象能够上进向善，就不至于仍是恶，不走上邪路就说明已经渐渐向善了。象已经被舜感化了，确实可信啊！"

"《孟子》中说：'天子派官吏治理他的国家，象不能如以前那样做坏事了！'这大概是舜爱象爱得深，并且考虑得仔细，所以用来扶持辅导他的办法就很周到。从这里能够看到象被舜感化了，所以能够任用贤人，安心地处于他的封地，把恩泽施给他所管辖的百姓；因此在象死了以后，人们还怀念他。诸侯的众卿，由天子任命，是《周官》中规定的制度，这也许是仿效舜封象的

办法吧！"

"我因此有理由相信：人的本性是善良的，天下没有不能够被感化的人。既然这样，那么唐朝人拆毁象的祠庙，只是根据象开始的行为；现在苗民祭祀他，是信奉象后来的表现。就这个意义而言，我将以此向世人讲明，使人们知道：人的不善良，即使跟象一样，还能够改正；君子修养自己的品德，到了极点，即使别人跟象一样凶暴，也还是能够感化他。"年弟守仁。

此文文辞优美，文意深邃，被收入《古文观止》[1]。

舜的老爹名叫瞽瞍，舜的母亲因病去世，瞽瞍再娶。瞽瞍第二个老婆生了个儿子，取名叫象，舜就有了同父异母的弟弟。舜把后妈当亲妈一样对待，小心谨慎，不敢有半点懈怠，但瞽瞍在老婆的挑唆之下对舜非打即骂，可舜总是神色平静。很多百姓愿意追随舜，后来尧对舜经过了多番考察与试用，这考察过程其实很复杂，简言之，就是舜如果没有足够的能力则在考察过程中就已经失败了。尧最终确认舜的确是一个好人、能人，就决定把天下传给他。舜接管了天下后，回到故乡看望父母，还像以前那样孝顺。到了这时瞽瞍才有些悔悟，也认为自己以往所作所为太不公正了。象应该也是受到震慑了，总之有了改变。看到象有些向善了，舜就让象去管理一个叫有庳的地方。象从此渐去恶习，在地方上做了不少好事，算是一个好官[2]。舜对其弟弟象的长期潜移默化的改造，终于收到了效果。

阳明先生写该文，本意不是书法创作，而是一篇在龙场悟道后表述如何教化民众的思想心得，他以象祠之由来与渊源，抒发了风俗教化的道理。该文的目的是使人们知道：君子修养品德到了一定的境界，即便对方跟"象"一样凶暴，照样可以感化。

---

[1] 中国书法全集 第 52 卷 唐寅、王阳明、莫是龙、邢侗、陈继儒[G]. 刘正成，主编. 北京：荣宝斋出版社，2005，11: 302.
[2] （汉）司马迁. 史记[M]. （宋）裴骃，集解；（唐）司马贞，索隐；（唐）张守节，正义. 北京：中华书局出版社，2005，3: 17-33.

就是在龙场这样偏僻的地方，阳明先生开始了教学。十里八乡的老百姓奔走相告，在崎岖的山路上，背着铺盖卷来龙场的学子络绎不绝。其间当然有各种变数，阳明先生所强调的就是俯首于自己的心。所以，碰到风暴雷霆不要先着急、害怕、蛮干，在问心无愧的基础上坦然应对各种变数，放低姿态，不亢不卑，脚步和追求如故。

关于阳明先生说的"心即理"，弟子们总觉得有些不妥。有弟子就问，心即理，不需外求，我孝顺父母的种种行为还是要去外界去学习吧，三岁的孩子怎知道那些孝顺父母的礼节？

阳明先生的解释是，如果你真有孝顺父母的心，就会去做孝顺父母的事，天冷了会给父母盖被，天热了会给父母打扇子，孝顺这个道理就在你心中[1]。

我们也可以用另外的事理来说明。比如说，你能够明确分辨红色、绿色，那么只要在事上练，就是面对一朵花跟你讲明白红花和绿叶，你自然就能分辨红花绿叶，对没见过的各种各样的花都会相应地加以分辨，因为分辨颜色之"理"本在你心中，而不是外部所能加给你的。再强调一下，阳明学的心，并非指一块血肉脏器[2]，而是主宰一个人"耳、目、鼻、口、四肢"的"本心"。

儒家伦理中最基本、也是最重要的"孝道"该如何表现，可以通过阳明先生对傅凤的教导来说明[3]。傅凤刻苦读书希望能有一官半职来养活父母和弟弟，但他因为日夜不息地学习且心情焦虑就生病了。朋友们都劝慰他，傅凤很苦恼，于是请教阳明先生。

阳明先生说，你虽志在孝亲，可已陷入不孝的深渊了。傅凤问，难道我不追求俸禄仕途，就是孝了吗？阳明先生说，你追求俸禄仕途，把自己的身体搞垮了，你说是孝吗？你这个状态能求得俸禄仕途吗？

傅凤自己也知道这样是无法求得俸禄仕途的。阳明先生开导他说，要保存精力不要丢了生命，端正情绪不要让父母亲因为你的不理智行为而脸上无光彩，尽职尽责而不要因为事业上的得失让父母替你担惊受怕，安于当下而不要因为追逐外物而丧失了本性，这样才是尽孝道。

阳明先生关于孝道的教导，其核心就是不让父母担心，孝顺父母的终极目的是让他们心上安宁，物质条件还在其次。这其实就是感应，人世间所有父母希望的其实是儿女平安，与儿女平安相比，儿女赚多少钱、当多大官并不重要。那么，将心比心，子女希望的其实也是父母平安，心平安则身平安。

宇宙无时无刻不在变化，世事也在变幻，但未被私欲遮蔽的心对于孝道的追求却是亘古不变的。想要真孝顺，做到五个字就可以了，这五个字是"让父母心安"。不用搬出民族大义、传统美德这样高大上的口号来宣贯，只是简简单单的五个字却直指人心。真正知道了这五个字并知行合一，即是孝道。

在龙场，阳明先生给弟子们提出了四点学习准则：第一是立志，就是要打定主意，下定做圣贤的决心；第二是勤学，学习必须勤奋，以提升品德；第三是改过，有错就要改，绝不姑息；第四是责善，也就是在朋友之间要以相互批评的方式劝善[4]。

一般说来，一个人影响力大了，就会有人请他出去讲学，阳明先生也不例外。那他会去哪里讲学？他会怎么上课？

欲知后事如何，且听下回分解。

---

[1] 阳明先生说："譬之树木，这诚孝的心便是根，许多条件便是枝叶，须先有根然后有枝叶，不是先寻了枝叶，然后去种根。"参见：(明)王阳明. 传习录[M]. 第二版. 于自力,孔薇,杨骅骁,注译. 郑州：中州古籍出版社, 2008, 1: 26.

[2] (明)王阳明. 传习录[M]. 第二版. 于自力,孔薇,杨骅骁,注译. 郑州：中州古籍出版社, 2008, 1: 390.

[3] (明)王守仁. 王阳明全集【一】[M]. 陈恕,编校. 郑州：中州古籍出版社, 2016, 9: 224-225.

[4] (明)王守仁. 王阳明全集【三】[M]. 陈恕,编校. 郑州：中州古籍出版社, 2016, 9: 73-74.

第 十 一 回

人情练达即文章

图 11-1 世事洞明皆学问

世事洞明皆学问,人情练达即文章。就一个人能取得多大成就而言,聪明、技能之类还在其次,关键是人格和气度。人格是内在的而气度是外显的,两者是合一的。五百年前的阳明先生,无疑就是具备折服人的人格和气度的。

贵州龙场是大地深处的一个角落，讲述了很多龙场是如何蛮荒的场景，但这是相对于京城、江南的繁华而言的。阳明先生之所以被发配到龙场，是因为龙场有一个驿站，有点类似"新龙门客栈"的那种感觉，只是更残破一些。

阳明先生在龙场，开始很痛苦，环境不适应还在其次，主要是因为他的心一下子没有想通。其实他作为贬谪官员，还是有个官方身份的：即驿丞。说得现代一些，是龙场驿站站长。

只是这个站长不大有人搭理，阳明先生自己住在山洞里，过往的官员宁可到当地的土著人家借宿。这可以参见阳明先生在龙场所作《瘗旅文》，他本人描写的环境和心态应该是最原始的记录。还好阳明先生的境遇在经过一番痛苦的心灵洗礼后发生了大转变，他不是作为一名站长，而是作为一名老师而备受推崇，上回说到他的朋友越来越多，声名渐振。

这回接着说有人来请阳明先生出山了。请他的人，正是贵州按察副使兼提学副使毛科，按现在说法就是贵州省主管司法兼教育的副省长。毛科作为阳明先生的老乡与前辈，他听了阳明先生用悟道后的语境讲解儒家经典，别开生面且博大精深，于是他邀请阳明先生去省城贵阳讲学。

阳明先生委婉拒绝。他说，他本就体弱多病，瘴疠肆虐更让他身体差了，他长期没有用功阅读和研究经典，所以没有资格去讲课，毛科作为前辈和领导给他这样的荣誉，让他着实汗颜[1]。

阳明先生这番托词背后，其实另有一层意思：在阳明先生看来，他讲授的并非科举辅导课，不是指导学生去参加科举的。但提学副使的工作职责就是要他到贵阳去讲学，培养出一批科举应试高手到京城去拿名次，以展示贵州的教育成果，这和阳明学的

思路不一致。1509年夏天，席书接任贵州提学副使[2]，毛科叮嘱席书说王守仁学识渊博，应请到贵阳来讲学。

席书上任不久，就到龙场来听阳明先生的讲课。课后，他请教阳明先生，朱熹和陆九渊二人的思想有什么不同？阳明先生说这个话题太深，作为晚辈暂时还没有资格来谈。席书是一直沿着程朱理学门庭成长的，虽然阳明先生所说的让他很感兴趣，但他对此是否正统表示怀疑。席书后来又一次来请阳明先生能否讲一下朱熹和陆九渊的不同，或者是讲一下他自己和陆九渊的不同，阳明先生于是稍作解释。阳明先生从"知行"的角度来说明他和朱熹、陆九渊的不同[3]。

阳明先生说，朱熹倡导的是通过经典书籍得到天理，然后去实行；陆九渊则是通过静坐默想得到天理，然后去实行。这二人理论体系中，虽然在得到天理的方式上不同，但都是认为"知与行"是有先后次序的。而他却认为，知与行是合一的，知是行的开始，行是知的成效，二者实为一体。

席书又问，阳明先生也提倡静坐，和陆九渊的静坐有什么区别？阳明先生说，陆九渊静坐是希望从心中得到天理，而他提倡静坐是因为现在的人大多心浮气躁，静坐能让心沉下来，他并没有让人一味静坐去获取真理。席书问，阳明先生从哪里获知天理？阳明先生说天理虽在人心中，但必须去事上练，只有这样才能真正地领会天理，而且这两者是不可分的，正是知行合一。

席书这回心悦诚服，马上部署修葺改建了贵阳文明书院，并亲自率领贵阳的秀才们来到龙场，以师礼请阳明先生到贵阳[4]。席书此举，跟我们现在见面时称对方"老师"是完全不同的。古人

---

[1] 阳明先生在《答毛拙庵见招书院》诗中写道"野夫病卧成疏懒，书卷长抛旧学荒。岂有威仪堪法象？实惭文檄过称扬。移居正拟投医肆，虚席仍烦避讲堂。范我定应无所获，空令多士笑王良。"参见：(明) 王守仁．王阳明全集【二】[M]．陈恕, 编校．郑州：中州古籍出版社, 2016, 9: 217.

[2] 毛科退休将回浙江, 阳明先生还专门写了《送毛宪副致仕归桐江书院序》。参见：(明) 王守仁．王阳明全集【二】[M]．陈恕, 编校．郑州：中州古籍出版社, 2016, 9: 323-324.

[3] (明) 王守仁．王阳明全集【三】[M]．陈恕, 编校．郑州：中州古籍出版社, 2016, 9: 262.

[4] (席书) 往复数四, 豁然大悟, 谓："圣人之学复睹于今日；朱陆异同, 各有得失, 无事辩诘, 求之吾性, 本自明也。"参见：(明) 王守仁．王阳明全集【三】[M]．陈恕, 编校．郑州：中州古籍出版社, 2016, 9: 262.

讲究的是"一日为师，终身为父"，"天、地、君、亲、师"是有着绝对权威的。作为一个主管教育的副省长，对一个贬谪犯官如此礼遇，足见其诚。尤其值得注意的是，这时候刘瑾还在北京当大明帝国的立皇帝，事实上席书此后也是终生支持阳明先生而不计祸福。由此，阳明先生离开了他的涅槃重生地。

所以，就一个人能取得多大成就而言，聪明、技能之类还在其次，关键是人格和气度。人格是内在的，气度是外显的，两者是合一的。比如古今中外的许多圣贤哲，同道者愿意追随他，敌人也愿意跟他进行谈判，就是因为他们内在的人格呈现出一种外显的气度，从而具备了感染力和信任度。五百年前的阳明先生无疑就是具备折服人的人格和气度的。

1509年阳明先生在贵阳文明书院正式讲学，讲的主要内容就是"知行合一"。当时的读书人仍然按照朱熹的思路，想把一切天理都掌握，然后再去实践。长此以往，许多读书人都呈现出嘴上功夫十分厉害，而一旦要其动手，则百无一用是书生。

阳明先生的"知行合一"，实际上是他"心即理"在事上练的组合运作。阳明学和朱熹理学、陆九渊心学的一个重要区别就在此，这也正是阳明学的核心。阳明先生的"知行合一"在初始阶段主要体现了三层涵义：

首先，知中有行，行中有知，"知行"属于一体之两面。这是"知行"关系的认识基点，两者无法隔离。换言之，有什么样的知，就会有什么样的行；有什么样的行，就说明此人有什么样的知。阳明先生认为"知行"的实现过程互为表里，真切笃实的"知"就是"行"，这样的"知"方不虚妄；明觉精察的"行"就是"知"，这样的"行"才不盲目。

其次，真知必行，不去行或不能行的均非真知，讲究躬行实践。这是"知行"平衡提升的必然途径和评判、检验的标准。阳明强调真知即所以为行，不行不足谓之知，真正的"知"必须付诸实行，没有"行"的"知"就不是"真知"。

第三，以知促行，行从知引，为善去恶，强调自律自觉。这是"知行"提升的目的，即如何在具体事项中运用。阳明先生认为"一念发动处便是行"，视起心动念就是"行"，所以应该对"善恶"有高度自觉，防微杜渐。

龙场悟道之前的阳明先生，并非不知道"知行合一"的重要性，但其理论体系尚未完成原创性的建构，龙场悟道正是他在理论上实现了第一次自我超越。阳明先生此时论"知行合一"，是因为他在龙场彻悟了这样一个道理：即人的"本然之知"是内在于人心的，要使人的"本然之知"升华为"自为之知"，只需向内用功而无须向外求得。阳明先生认为朱熹"格事事物物之理"不对，而他用所悟"吾性自足"证诸五经而莫不吻合。从"本然之知"到"行"，即"致的功夫"，再到"自为之知"，构成了阳明先生"知行合一"学说的最初框架。

阳明先生在贵州时的"知行合一"学说，主要是作为一种功夫而提出来的，尚未具备本体的意味。但他很快认识到把"知行合一"单纯解释为一种功夫而忽视本体的弊端，于是将"知行"关系从本体与功夫相统一的角度作了新的解读。

本体既是功夫的前提，又是目的。本体指引着功夫，使功夫显得有价值和意义，本体则在功夫的作用下实现其由可能向现实的转化。自此，阳明先生不仅克服了前贤在"知行关系"问题上的局限，而且使他的"知行合一"学说真正实现了对前人以及对此前自我的超越。

阳明先生最终提出"良知"和"致良知"，"知行合一"就上升到将良知贯彻到人作为主体所能关联到的所有实践之中，于是阳明先生"知行合一"学说就解决了如何"内圣外王"、如何"明明德于天下"等关乎儒家思想体系的根本问题。

这里要特别说明一下阳明先生的教材问题。很多关于阳明先生的研究在表述中，似乎是阳明先生创立阳明学后便彻底否定了程朱理学，给学生讲课似乎是自己搞了一套教材。其实他无论是在龙场的龙冈书院，还是贵阳的文明书院，乃至回到京城和后来在江浙赣闽桂一带，所用的教材依旧是传统的《四书五经》，只是在经文释义上给出了新的内涵。但阳明先生的这些经文解释，在当时的科举考试中并不被官方认可。一直到 1584 年，阳明先生从祀孔庙后，他的学说和对儒学经典的诠释才被官方认定为正统之学，才可以用于各级科举考试的答题上。

如果阳明先生一直在贵州教书，这样当然也是传播学说的方式，但明显跟阳明先生的真实发展线路是不一样的。事实上，阳明先生是经贵州众多官员保举重新走上了仕途，回到朝廷的视野中，再接着有了发挥其多方才能的平台。

要知道，如果你只知道自己遁世、玩清高，这些官员们是不会保举你的。只有善于沟通，让他人认可你，才能获得他人的帮助。儒家讲究"明明德于天下"，就是要"入世"与人沟通的。

阳明先生在贵阳文明书院开始讲"知行合一"，他的学生开始逐渐聚集，他的声望已今非昔比，人人都认为他应该不仅仅是教育家，还应是思想传播者。

阳明先生在贵州期间写了很多文章。除了受安贵荣之请为彝族百姓修复的象祠作《象祠记》[1] 之外，为按察副使毛科写《远俗亭记》[2]，为总兵施怀柔写《气候图序》[3]，为阳朔知县杨尚文写墓志铭[4]，为监察御史王济《重刊文章轨范序》[5]。从阳明先生这一时期的很多信函来看，其实已是贵阳文化圈的核心人物了。

研究阳明先生的心路历程，他的书札也是一种重要线索，不是说光研究其中的布局谋篇或者笔墨章法，而是从字里行间看他的待人处世。非常明显的是，阳明先生敢于对抗刘瑾这样权倾一时的人物，但他绝对不是一个莽汉或者腐儒，而是一位情商极高的人。世事洞明皆学问，人情练达即文章（图 11-1）。

这里着重提及的人就是王济。王济字汝楫，号欹润，江苏丹徒人。1507 年朝廷派王济巡按贵阳，他于 1508 年农历正月抵达贵阳，后于 1509 年农历五月即奉诏返京，虽说在贵州的时间不到一年半，但他为贵州做了许多有益之事。

侍御，即监察御史，隶属于都察院。前文已大致介绍了明代的都察院。都察院设左右都御史、左右副都御史、左右佥都御史以及全国十三道监察御史共计一百余人。后来阳明先生出任南赣巡抚的时候，也是先被任命为都察院左佥都御史后才委派他去地方上巡抚的，这里暂且按下不表。

监察御史掌管着监察百官、巡视郡县、纠正刑狱、肃整朝仪等事务，在明代为正七品官衔。品秩虽不高，但因内外官吏均受其监察，故权限甚广，在京师及地方的百官中影响力甚大。当时王济就是贵州道监察御史，阳明先生在贵州没有继续受到刘瑾势力的迫害，与王济、毛科、席书等人的作用是分不开的。

阳明先生除了给王济的《重刊文章轨范序》作序外，还给《恩寿双庆诗》[6] 也作了序，可见阳明先生与王济交情颇深，也反映了阳明先生当时的处境已大为改善。

在 1510 年农历三月，阳明先生三年的贬谪期限结束，在贵州多名官员的推荐下他被任命为江西吉安府庐陵县县令。

很多机遇和平台，自己有相应的能力是一方面，同时也要积

---

[1] (明) 王守仁. 王阳明全集【三】[M]. 陈恕, 编校. 郑州: 中州古籍出版社, 2016, 9: 7.
[2] (明) 王守仁. 王阳明全集【三】[M]. 陈恕, 编校. 郑州: 中州古籍出版社, 2016, 9: 6.
[3] (明) 王守仁. 王阳明全集【二】[M]. 陈恕, 编校. 郑州: 中州古籍出版社, 2016, 9: 322-323.
[4] (明) 王守仁. 王阳明全集【三】[M]. 陈恕, 编校. 郑州: 中州古籍出版社, 2016, 9: 123-124.
[5] (明) 王守仁. 王阳明全集【二】[M]. 陈恕, 编校. 郑州: 中州古籍出版社, 2016, 9: 325-326.
[6] (明) 王守仁. 王阳明全集【二】[M]. 陈恕, 编校. 郑州: 中州古籍出版社, 2016, 9: 324-325.

极去创造、去争取。若只是一味地孤傲，纵然满腹经纶也只能在愤世嫉俗中蹉跎岁月。所以说，建功立业者多虚圆之士，偾事失机者必执拗之人。

后来有弟子问阳明先生，圣人应变而无穷尽，是不是他们事先都研究并做好了准备？

阳明先生回答，圣人的心是面明镜，物来则照，物不来也不去强求，比如尧、舜没有制作礼乐只是因为他们那个时代还不需要，周公制作礼乐只是因为当时制作礼乐这件事刻不容缓[1]。

在某些领域，就会有特定的人，在特定的时候，觉得某项工作已经刻不容缓，于是就做起来了。阳明先生当时觉得倡导"知行合一"已经是刻不容缓了，就大力倡导。

阳明先生在教学中反复强调，人的良知永远不可能消失。即使是盗贼，你喊他贼，他也不爱听[2]，这是良知永存的体现。至于那些不肯致良知的人，只是良知被物欲所遮蔽，并不是说他没有良知了。正如乌云遮蔽了太阳，不能说太阳消失了。

阳明先生从来没有不让学生去获取"名和利"，他强调的是获取"名和利"要符合心里的良知。他认为，在良知的调度下去经世济物而获得相应的地位与报酬，这正是每个儒家学子应该去努力的。但是，为了获取"名和利"而违背自己的良知，则是应该唾弃的。

换言之，每个学子通过知行合一的学习修养过程，就是要不断光明内心的良知。对违背良知的名利可视若浮云，为了光明良知，即便火海刀山，亦当奋勇向前，只问是非而不计利害[3]。

阳明先生努力中兴儒学的目的，是为了辨是非、明道理，是为了修养身心，而科举只是顺带的，及第坦然、落第不忧，但这个观点倡导起来难度很大。广大的寒门学子觉得，穷苦人刻苦读书就是为了科举和仕途，只求朝为田舍郎而暮登天子堂。现在的很多学生也是一样，勤奋用功就是为了将来找个好工作。

你对学生说读书学习的目的是为了辨是非、明道理，是为了求是、求真，是为了获得心灵上的自由，而不能只把读书学习当作晋升、赚钱的台阶。这些话，无论是阳明先生那个时代还是现在都是应者寥寥，或者说口头响应者甚众而行动响应者寥寥。

阳明先生认为知道诸多道理，而不去践行是没有用的，一定要"事上练"，一定要"知行合一"才是真知。对普通人而言只要时时叩问自己是否"知行合一"即可，但对阳明先生这样以天下为己任的人而言，他更关注的是整个社会是否"知行合一"。

从阳明先生那个时代到现在，已经过去五百多年了，整个社会对很多问题的认识还是依旧，这也是在现阶段、在各个领域提倡"知行合一"的意义。假如大家都已真正"知行合一"了，就不必特意提倡了。

庐陵县令显然和当年京官是不同的。那么阳明先生作为县令是怎样"知行合一"的呢？当时的江西庐陵一带，瘟疫肆虐，哀鸿遍野。县令的职务低而杂事多，要直接面对灾民和盗贼，还要应对多层上级官员的刁难，不是这么好当的。在此之前阳明先生从来没有基层工作经验，讲课讲得头头是道，在基层第一线的工作中能否"知行合一"呢？

欲知后事如何，且听下回分解。

---

[1] 阳明先生说："是知圣人遇此时，方有此事。只怕镜不明，不怕物来不能照。讲究事变，亦是照时事。然学者却须先有个明的功夫。学者惟患此心之未能明，不患事变之不能尽。"参见：(明)王阳明. 传习录[M]. 第二版. 于自力, 孔薇, 杨骅骁, 注译. 郑州：中州古籍出版社, 2008, 1: 57.

[2] 阳明先生说："良知在人，随你如何，不能泯灭，虽盗贼亦自知不当为盗。唤他作贼，他还忸怩。"参见：(明)王阳明. 传习录[M]. 第二版. 于自力, 孔薇, 杨骅骁, 注译. 郑州：中州古籍出版社, 2008, 1: 298-299.

[3] 阳明先生说："若违了天理，便与禽兽无异，便偷生在世上百千年，也不过做了千百年的禽兽。学者要于此等处看得明白。"参见：(明)王阳明. 传习录[M]. 第二版. 于自力, 孔薇, 杨骅骁, 注译. 郑州：中州古籍出版社, 2008, 1: 332.

第 十 二 回
静处庐陵待时变

图 12-1 虽有智慧，不如乘势

  儒家教育就是希望学子修养达到一定程度后，念虑澄澈，能胜任各种岗位和境遇。从阳明先生的经历看，京官、县令、统兵等工作，都拿得起；监狱、蛮荒、富贵，都扛得住。要知道山路怎么崎岖，到山路上走就知道了；要知道饭菜的味道怎样，吃了饭菜就知道了。

上回说到阳明先生贬谪期满，经贵州众多官员联名保举，阳明先生就任江西庐陵县令。这回就说阳明先生当一名基层的县令时，是怎样"知行合一"的。

阳明先生从初登仕途的风华正茂、仗义上疏，到廷杖、下狱后贬谪龙场，继而豁然悟道、苦尽甘来，总体时间不算长，但变化多端。从阳明先生的经历看，京官、县令、统兵等工作，都拿得起；监狱、蛮荒、富贵，都扛得住。其间所能秉持的，就是自己的"心"。儒家教育就是希望学子修养达到一定程度后，念虑澄澈，能胜任各种各样的岗位和境遇。

阳明先生刚到庐陵县就任，下属就把当地百姓全是刁民这个情况告诉了他，并且特意提醒对这些刁民不能姑息养奸，只能采取高压政策。阳明先生将心比心地分析说，自古以来民间就有"民不与官斗"的生存智慧，如果民总是和当官的过不去，那只能说明他们的权益受到了官府的侵犯。下属认为庐陵是多省通衢，鱼龙混杂，人受外界环境的影响所以都成了刁民。

但阳明先生仍然坚信普通平民在什么时代都是弱势群体，弱势群体不被官吏欺压高兴都来不及，哪有心思找官府的麻烦，如果他们真反常地时常找官府麻烦，那肯定是官府有问题。至于说庐陵因地处要道而导致盛产刁民恶棍，阳明先生是不同意的，历代庐陵人中就出了不少文学大师。

很快，一千多名百姓就向新来的父母官投诉，声称他们绝不会缴纳葛布的税。阳明先生看了状纸和案宗，当时庐陵的赋税中确有一项是关于葛布的，但问题是庐陵不产这种东西。对根本就没有的东西收税，百姓当然不干了。阳明先生确认这是一项莫须有的税收，于是他答应百姓会请上级政府取消这个葛布税。

这种承诺说起来容易，做起来难。阳明先生知道征税是上级摊派下来的，下级唯一能做的就是保证完成任务而不得推诿。但有的赋税是不合理的，强行征收则百姓一定有抵触情绪，如果处置不当很可能激起民变。阳明先生是一个会为民请命的人，否则他就不是"知行合一"的人，但他绝不是莽撞的人。

阳明先生找下属们详细询问庐陵赋税的来龙去脉，这些人就把经过告诉了他。三年前庐陵的赋税还没有这样高，自从吉安府来了位朝廷税务镇守太监后，庐陵的赋税逐年往上翻。

阳明先生马上意识到这个太监就是罪魁祸首，搞定此人庐陵县不该缴纳的赋税就会取消，给百姓的承诺才能兑现。于是阳明先生给吉安府长官写了《庐陵县公移》[1]，他知道那位太监肯定会看，所以该公函的内容其实是写给这位镇守太监看的。

请注意，阳明先生以文制胜、隔山打牛的文字功夫又使出来了。这功夫1506年阳明先生用来对付刘瑾，没打倒人家反而被对方的反作用力打倒了，庭杖、下狱、流放来了个全套。阳明先生在贵州不断总结提高，在与思州官僚、安贵荣等人打交道的过程使了该功夫均取得重大成效。从阳明先生后来的经历看，尤其是在军事上加以运用，该功夫十分了得。

阳明先生在公函中说，我在看庐陵的税收记录时发现，原先庐陵年赋税总额是三千四百九十八两，可今年增至一万余两，比之原派几乎是三倍了。不过我又仔细看了赋税名录，发现有些东西在庐陵根本不存在，却还要收税。我现在疑惑的是这些赋税是朝廷的规定吗？还是吉安府规定的？交税的日子马上要来了，可最近这里发生了旱灾，疾疫大作。如果再强行收税，我担心群众情绪忿怨会激起民变。他最后恳请上级部门垂怜弱小百姓的贫穷困苦，也体察当下时势的艰难，特赐宽容，给予减免。他说如果认定这件事中有延迟违逆等罪责，就追究他一人，可以马上将他解职归田，作为对不作为官员的惩戒。

---

[1] （明）王守仁. 王阳明全集【三】[M]. 陈恕, 编校. 郑州：中州古籍出版社，2016, 9: 121-122.

太监看到这封信，慌了。如果这封信不是阳明先生写的，那他不会慌。比如他并不在意原来庐陵县令辞职，因为想当官的人还是多的。但阳明先生是一个不怕刘瑾的人，而且在龙场这种地方都挺过来了，此时阳明先生虽然只是个县令，但他的弟子已经遍布全国，朝廷里也有他的旧知新友。太监对吉安府长官说，他看这庐陵的赋税是有问题，暂时免了吧，以后再作计较。

葛布的税收取消了，庐陵人都感激阳明先生，觉得他确实是为民做主的父母官。阳明先生趁势发布告说：你们打官司，我不反对，但我看你们之前的诉状啰唆冗长，今后你们如果再告状要遵守以下几点要求：首先，一次只能上诉一件事；其次，内容不得超过两行，每行不得超过三十字；最后，你认为和对方可以自行解决的事，就不要来告状；如果有违反这三条的，本县不但不受理，还要给予相应的惩罚[1]。

这份告示贴出时，百姓们还沉浸在减免税收的感动中，所以一致认为动不动打官司不对，今后要改。他们其实没有体会到阳明先生已经在实施教化了，就是那种润物细无声的潜移默化。

教育，有时候就是"解扣"一样，不是由着自己的热情去硬干。人家都不爱听了，还只是在自己的立场上抱怨，说我投入这么多精力准备了，这些人真不知好歹。在很多情况下，先要把一些附属捆绑松开，在大家都相对自由放松的状态下，看清楚症结所在后及时解开则事半功倍，虽有智慧，不如乘势（图12-1）。

阳明先生趁热打铁，继续对群众的"心"进行启迪。针对当时瘟疫肆虐、人心惶惶的现实，阳明先生设法调剂用药，同时写了布告，说瘟疫无法避免，所以我们要适应它、设法克制它，并且在这过程中感悟天理；你们怕传染，就把得了病的亲人抛弃于荒野，表面上看他们是因瘟疫而死，实际上是死于被抛弃；瘟疫并不可怕，通过对症下药可以控制，可怕的是人心；一旦你们的心被恐惧侵袭，就会让你们做出没有天理的事来，大家须顾念自己的骨肉，不要背弃，洒扫房屋，准备汤药和饘粥；贫困而无法自理的，官府来给药。

阳明先生承认，道德虽然是每个人自己的问题，可有些人的道德被多年来世间的俗气所污染，已不能自发地流露。所以必须要树立道德楷模，以此来唤醒他们内心被蒙蔽的良知。他恢复了申明亭和旌善亭"两亭"制度，要求庐陵县的各乡各村都要设立这"两亭"。旌善亭是扬善榜，凡是乐于助人、为官家和乡里做了贡献的人，在该亭表彰以树立榜样。申明亭是戒恶榜，凡是当地偷盗、斗殴或被官府定罪的人，在此亭中公布以警戒他人[2]。

在阳明学中，良知包括了恻隐之心、羞耻之心、辞让之心和是非之心等诸多方面。这些"心"是每个人与生俱来的，这一点孟子已经论证过了。这就是说，每个人的良知是与生俱来的，良知会受到俗气污染蒙蔽，但永远不会消失，这就像太阳会被乌云蒙蔽但永远不会消失。

考证阳明先生自龙场悟道以后的各种经历，不论是教学、作战，还是审案、劝诫，他都是围绕"心"来展开的。在庐陵当县令的时候，虽然还没点出"良知"二字，但事实上已在提炼、运用或者说在进行"良知"学说的准备了。

阳明先生将良知以知行合一的方式运行于县令工作中，事实上就是用良知来提升自己的行政能力。所谓行政能力，无非是一个人平衡、组织、整合各种关系的能力，主要就是应对各种人际关系。

就庐陵县令这个职务本身而言，首先就要处理好和上级的关系，这样才能保住官职；其次是要搞好和下级的关系，这样才能

---

[1] （明）王守仁. 王阳明全集【三】[M]. 陈恕, 编校. 郑州: 中州古籍出版社, 2016, 9: 118-121.

[2] 张佳. 彰善瘅恶，树之风声——明代前期基层教化系统中的申明亭和旌善亭[J]. 中华文史论丛, 2010(4): 243-274+400-401.

把自己的意志通过他们来实现；第三，更须关心的就是他和百姓的关系，因为百姓是他实际上的利益共同体。

通常情况下，官员大都热衷于和上级处理好关系，偶然会用心于下级关系的维护，但很少会把主要时间和精力用在处理和百姓的关系上。原因分析起来也简单，百姓不是官职的任命者，上级才是、皇帝才是。但阳明先生会在他良知的调度下平衡好各种关系，尤其是着力处理好县令和百姓的关系。他在处理这层关系时，首先就是先让百姓有道德感，也就是唤醒他们向善的心。

同时，阳明先生从各个方面为百姓解决实际问题。比如他发现庐陵房屋的建造材料都是木材，街巷狭窄且无砖墙相隔，一旦失火将是灭顶之灾。于是，他就发布命令要那些南北夹道居住的房屋各退进三尺作为街，东西相连接的房屋各退二寸形成巷，每户出一钱银子帮边巷房屋建砖墙，以在必要时隔离火势[1]。

当时有些老百姓开始对旧房改造有抵触情绪，但阳明先生态度坚决、恩威并施，完成了旧房改造，完成后老百姓就会体到好处了。所谓爱民如子，当然不是色厉声严、作威作福，也不是纵容娇惯，而是既体察其难处、又能加以教化引导。

就像大人对自己的小孩一样，打骂只能显示父母的无能，而一味地溺爱而没有原则也会害了小孩。简言之，就是时刻把握"宽与严"的平衡，允执厥中。

总之庐陵的老百姓都看得出，阳明先生是一位好父母官。于是口碑就传开来了，这为他日后在这一带剿匪、平叛打下很好的群众基础。但我们知道，阳明先生在此之前从未有过在基层工作的经验。按理学家的说法，你没有工作经验，就不可能知道这份工作的道理，那你就必须先通过读书或者培训班来"格"出你工作的道理，才能胜任这份工作。问题是，很多"格"出工作道理

---

[1] （明）王守仁. 王阳明全集【三】[M]. 陈恕，编校. 郑州：中州古籍出版社，2016, 9: 120.

的人却眼高于顶，小事不屑干、大事干不来。那些坐而论道、纸上谈兵、一败涂地的人大抵如此。

阳明先生不仅是个高超的教育家和战略谋划家，还是个能灵活处理具体事务的技术型官员。阳明先生绝非迂腐的学究，处理实际问题他从来都是灵活多变的，审案、作战都是一样。而这些具体问题的具体应对，又是理学大师们不屑为之的，其中就体现了阳明先生一再宣贯的"知行合一"修行之道。

要知道山路到底怎么崎岖，到山路上走就知道了，要知道饭菜的味道怎样，吃了饭菜就知道了，"格物"原本就在过程中进行。居敬持志，循序致精，终身如此，不可松懈，而不是学而不做或者学来的无法做。这也不是"知行"能解决特定问题就行了，而是永无止境的不断修行。

其实很多事情的关键就是用心。比如，只要县令用心为百姓好，就能想到为百姓做任何好事的道理，然后去做就是了。阳明学的"心即理"，更注重在"用心"二字上，县令心中有为百姓做事的道理，不"用心"去"事上练"、不去"行"，依旧不是真知。这"事上练"的见解，正是阳明先生不认同陆九渊心学的关键所在。从后来阳明先生的经历和做法来看，他不会被皇帝、内阁首辅等人的意见所左右，而是秉持自己的良知，这也是他屡屡被剥夺功劳的缘故，但受惠的老百姓对他的感激是剥夺不了的。

"存乎一心"正是他克敌制胜的法宝，不论是有形的、还是无形的敌人，也不论是行政上、军事上还是教学上。任庐陵县令只是阳明先生在江西的一段小故事，与他日后光芒万丈的功业相比，实在是可以忽略。但无论怎样的工作，无论大事小事，阳明先生都用心对待。他所能秉持的还是自己的"心"，而不是什么既有程式。

就在阳明先生作为基层县令在践行知行合一的时候，京城里的局势正在发生着变化。从历史上看，很多天翻地覆的变化，似

乎没有想象中那样困难，比如，不可一世的刘瑾忽然就倒台了。

且看刘瑾的结局如何：刘瑾于1510年农历八月在北京被凌迟处死，诛九族[1]。

刘瑾这个人在很多阳明学研究文献中多有提到，主要就是因为他把阳明先生发配去了贵州龙场。阳明先生的龙场悟道是他一生中、或者说是他思想发展历程中的重要环节，于是就形成了这样的链接：说阳明先生，必定说到他的龙场悟道，说龙场悟道就会说阳明先生怎么去龙场，于是，就会提到发配阳明先生去龙场的、当时大明帝国的实际大当家：刘瑾。

其实像刘瑾这样的人，在历史上是很多的。比如春秋时期的屠岸贾、费无极，秦朝的赵高，宋朝的秦桧，以及比刘瑾迟一点的严嵩、魏忠贤等人。这些人掌权时飞扬跋扈，肆意妄为，最后毕竟都是逃脱不了挫骨扬灰的下场，且一直被后人唾弃。

这也验证了一句老话：多行不义必自毙。这些人在红极一时的时候，基本是采用顺我者昌、逆我者亡的招数，看谁不顺眼就处死、下狱、流放。厉害是很厉害了，但也埋下了一样东西，这东西叫仇恨，或者说得禅意一些叫祸根。

仇恨是一种很有意思的东西，就是两个本身不相容的人因为有了共同的仇恨就会紧密地团结在一起，这就叫同仇敌忾。当一个人总是到处埋下仇恨的时候，他的仇人们在某些特定的机缘中会结成同盟，这就是仇恨种子发芽的时候。

另外也有一些人，比如屈原、岳飞、于谦、文天祥等人，他们为了家国的利益，虽然死了，但千百年来老百姓就是会纪念他们。即便是他们当时的敌人，也是敬佩他们的。这其实就是孟子一再强调的"人性"之一，也就是孟子强调"人之所以为人"的根本之所在、性本善的理论依据之一：恻隐之心。

一个无论怎样的人，看见弱小被欺凌，看见小孩子要掉到井里了，就会不由自主地、下意识地产生一种揪心的感觉。他会采取什么行动先不说，但这种揪心的感觉是必定有的，这就是恻隐之心。佛家说，人性即佛性，人人皆能成佛，就是因为人人都有恻隐等善心，修养到大慈大悲、普度众生，就能成佛了。

阳明先生所坚持的人人皆圣贤，也就是传承从孔子、孟子这里一直流传下来的思路。就是说，仁义礼智等儒家主张，是人性固有的，并非外界强加的。恻隐之心，仁之始也。恻隐之心、羞恶之心、辞让之心、是非之心等，是一个人的良知显现。

现在大家端午节纪念屈原等行为，其实就是众人心中的良知在共鸣。但像刘瑾这样的人，不是说他本身没有良知，而是他的良知已经彻底被他诸多的人欲蒙蔽住了。

1506年朱厚照登基了，长期持有朱厚照这支"股票"的刘瑾跟着发达了，还搞定了刘健、谢迁等托孤大臣，这在前面的回目中已经介绍过。阳明先生也就是这个时候被刘瑾发配去贵州龙场。

当时连几个托孤大臣都奈何刘瑾不得，这让刘瑾更加无所顾忌地到处树敌。只是刘瑾的敌人们，还想不出什么办法来扳倒刘瑾，作了一些尝试全被刘瑾解决了。但阳明先生的《乞宥言官去权奸以章圣德疏》还是给了大家一个启发，比如杨一清就认识到要扳倒刘瑾，试图通过列举刘瑾的缺点、或者说什么宦官不能干政之类的老规定是没有用的，只能想办法让皇帝来解决刘瑾。

只要有人惦记，机会是会来的。1510年夏天甘肃的安化王朱寘鐇宣布造反，朝廷急忙派人去甘肃镇压。朱寘鐇反叛的消息传到北京后，朱厚照要兵部推荐平叛军统帅，兵部里在职的人都不愿意去，所以就想到了曾在兵部任职的、后因没给刘瑾行贿而被革职杨一清[2]。杨一清则是接到通知就马上到任，没有任何推诿。

---

[1] 刘浪. 多行不义必自毙——明太监刘瑾之死[J]. 领导文萃, 2010(24): 100-103.

[2] 梁磊, 胡克诚. 刘瑾迫害杨一清事件原因探析[J]. 长春师范学院学报（人文社会科学版），2009(7): 57-60.

平叛军的监军名叫张永。张永本是宫中二号人物，地位仅次于刘瑾，但他目前和刘瑾不和。原先刘瑾为了对付诸多大臣，网罗了一批党羽，张永就是主要骨干，但刘瑾自扳倒刘健、谢迁等托孤大臣之后，就有些一手遮天的意思，并未把跟着他的人当成兄弟，而只是当成马仔。杨一清知道张永和刘瑾的关系别扭，所以在去甘肃的路上对张永不断地搞些推心置腹的沟通。当他们还在半路时，朱寘鐇这个无能的王爷已被假装投靠他的宁夏将军仇钺活捉，于是两人就带着队伍去甘肃押解朱寘鐇回京。

鉴于朱寘鐇叛乱所用的由头是"太监刘瑾专权"，杨一清在断定他和张永已到了关系极铁的程度时就跟张永说，现在外患已除而内患仍在。张永作沉吟状。

杨一清说，只要公公肯用心，搞掉刘瑾的机会就在眼前。根据杨一清的分析，这次回京献俘之后，皇帝必定摆宴犒劳，汇报如何活捉朱寘鐇是次要的，主要的事情是等刘瑾不在皇帝跟前时拿出事先写好的关于刘瑾要谋反的奏折给皇帝，大事就成了。

其实张永在押解朱寘鐇回京途中，自己已经意识到他这次立功恐怕会引起刘瑾嫉妒，而刘瑾嫉妒了就会找机会对他不利，于是张永就成了扳倒刘瑾的关键人物了[1]。非常怪异的是，这件事真的就极顺利地成了，如同推敲一场海啸的起因，似乎只是因为一只蝴蝶扇了下翅膀。很多大事件的发端，居然微小得令人惊诧。

话说犒劳宴中，刘瑾半途离席了。张永马上拿出奏折给皇帝朱厚照，皇帝开始不看，张永就跪在他面前，捶胸顿足地说刘瑾要造反。皇帝问刘瑾为何要造反，张永回答说刘瑾要做皇帝。别人这么说，皇帝不当一回事，但宫中二号人物、皇帝一向觉得是刘瑾死党的张永这么说，皇帝觉得不对头了。

这时候的朱厚照不再是15岁的小皇帝了，他已经知道如果他从帝位上被推下来，朱寘鐇的结局也就是他的下场。朱厚照确实非常地不着调，但他在位的时候能平定两个王爷的叛乱，能处决人称史上第一贪官的刘瑾，后来能在王琼保举阳明先生的时候同意给"便宜行事"权限还不派太监去当监军，这些，都是能显示出他的决策能力的。

总之，皇帝看了张永的奏折，御林军就冲进了刘瑾家，从刘瑾的密室里搜出了大量管制刀具和一件龙袍，同时居然还搜出了多到令皇帝都瞠目的金银珠宝。朱厚照开始还是不忍心对刘瑾下狠手，这下怒发如狂，刘瑾很快被定罪：凌迟处死、诛九族。

事实上，在整个过程中，以李东阳为首的朝廷大臣都是想方设法配合这次抓捕、抄家、审判等一系列行动，所以想不顺利也不行。以前各路想扳倒刘瑾的人马，都是因皇帝护着刘瑾而功亏一篑，这次主要是让皇帝的"心"一动，那刘瑾的覆灭就如汤浇蚁穴一般了。刘瑾到最后是把人都得罪光了，连跟着他混的兄弟也被他赶到敌对阵营去了，那他的倒台就是朝夕之事了。

那些被刘瑾发配、革职的，这下有拨云见日的感觉；在朝廷里被刘瑾压制着的，这下欢欣鼓舞；就连刘瑾的爪牙也纷纷转作污点证人，争取立功。皇帝这时听到的全是歌功颂德之声，并且是朝野中诸多有识之士发自肺腑的，同时没收了刘瑾的财物使得国库大为充盈，总之，龙颜大悦。

孟子反复强调：仁者无敌。司马迁写《史记》不时加一段"太史公曰"，司马光写《资治通鉴》不时加一段"臣光曰"，文字里都在强调一个"仁"字。确实，以奸诈无耻取得一时之显赫，永远不可能和流传万世的仁义之举相提并论。刘瑾这样的人，以前有，以后也还有，但临死悔悟就太迟了，所以还是要时时以良知来自我观照，以事后之悔悟破临事之痴迷。

刘瑾倒台了，那么阳明先生作为当年捅刘瑾这层铁幕的主力人物之一，又会有什么变化？

欲知后事如何，且听下回分解。

---

[1] 李洵. 明武宗杀刘瑾（下）[J]. 紫禁城，2009(10)：74-77.

第 十 三 回
治学上知行合一

图 13-1 坐看云起时

关于"朱陆同异"之辩,是儒学发展历程中的一场大争论。当时学者普遍认为,陆九渊侧重修养,朱熹侧重学问。阳明先生则认为,修养和学问本就是一回事,正如"知行"是一回事,不可分割。

上一回说了刘瑾的覆灭，这回接着讲当年被刘瑾发配出去的阳明先生，扛住了各种磨难回到京城。但对阳明先生而言，他无论是在龙场、在贵阳、在庐陵还是在京城，甚至后来在各地转战期间，他始终没有中断他的教学。教学，确实是阳明先生最主要的工作，或者说是一种使命。

但一直到了晚年，阳明先生还是不无遗憾地说，由于不是每个人都自发地去致良知，所以由众人组成的这个社会不是真诚澄澈的，而是充满了客套和虚伪，这些就构成了良知的蒙蔽物。而每人心中的良知，才是安身立命的"灵明"[1]。

于是每日修养的关键是，不断反省自己的良知是否被诸多人欲所蒙蔽，不只是今天、明天在做这个功课，而是——每一天。

接着说 1510 年农历十一月，阳明先生回到了北京，在兴隆寺里等待新的任命[2]。阳明先生惊喜地发现，北京城不再像几年前他离开时那样死气沉沉，而是焕发着新的气象。北京的弟子们和仰慕者纷纷来拜见阳明先生，兴隆寺里则是谈笑有鸿儒、往来无白丁。

其实像刘瑾这样的弄权者，包括后来的严嵩、魏忠贤等，从来凭借的就是铁腕打压，使逆己者亡，这样就如同用一张无形的大幕压制了所有的反对者，死气沉沉就难免了。等反对者齐心协力刺破了这张大幕，也就是刘瑾这样的人倒台之时。闷在众人头顶的大幕被打开了，肯定是生机勃勃的气象。阳明先生作为一位坚定地捅这大幕的人，当时就被流放了。现在阳明先生又回来了，就是无形中的一名功臣。

1510 年农历十二月，朝廷发布任命，阳明先生由庐陵县令升迁为南京刑部四川清吏司主事，1511 年农历正月调北京任吏部验封清吏司主事，农历十月升任文选清吏司员外郎，1512 年农历三月升任考功清吏司郎中，农历十二月升任南京太仆寺少卿，就从北京回南京，同时请假回浙江省亲。1513 年农历十月阳明先生到滁州任督马政，1514 年农历四月升任南京鸿胪寺卿[3]。

这段时间里阳明先生在北京、南京、浙江都开展讲学，总体上在南京一带的时间比较多。当时南京为留都，各机构官员与京师品级相同而定员较少，较为清闲。阳明先生在职事之余，就致力教学，阳明学也是在这段时间内，经受了诸多的不解、责难并不断成熟。学识积淀渐趋丰厚，便可坐看云起时（图 13-1）。

阳明先生的教学过程中，总是会面对很多争论。一方面是外部的质疑，另一方面则是弟子们的困惑与质疑。1511 年，阳明先生的两个弟子争起来了，争论的内容不是阳明学，而是关于朱熹理学和陆九渊心学的是非问题。这就引出了"朱陆同异"的大话题了，这在儒学发展的历程上是一场大争论。问题是，很多争论都会涉及"站队"的问题，往往会从学术延伸到某人到底是"哪一派"的问题。弟子王舆庵读陆九渊的书觉得自己心领神会，读朱熹的书则味同嚼蜡，他认为陆九渊心学是圣学而朱熹理学则是偏门。另一位弟子徐成之则相反，他认为朱熹理学是圣学，陆九渊心学是与儒家无甚关联的枯禅。两人辩论许久，彼此不服，于是请阳明先生来裁判[4]。

阳明先生高度评价了两位弟子的学术研讨热情，接着他指出学术辩论本来是要明理，但你们二人的辩论中充满了意气，你们是在分胜败，并非是在明理。阳明先生说，你二人各执一端，无论是对朱熹还是对陆九渊，都没有全面领会，所以就是争论出个胜败来，也毫无意义。

---

[1] （明）王阳明. 传习录[M]. 第二版. 于自力, 孔薇, 杨骅骁, 注译. 郑州: 中州古籍出版社, 2008, 1: 398.
[2] （明）王守仁. 王阳明全集【三】[M]. 陈恕, 编校. 郑州: 中州古籍出版社, 2016, 9: 264.
[3] （明）王守仁. 王阳明全集【三】[M]. 陈恕, 编校. 郑州: 中州古籍出版社, 2016, 9: 264-269.
[4] （明）王守仁. 王阳明全集【三】[M]. 陈恕, 编校. 郑州: 中州古籍出版社, 2016, 9: 265.

阳明先生对弟子们的执着很欣赏，但对这个话题的分辨不是几句话就能讲清楚的，他也只能慢慢引导。在龙场的时候，阳明先生曾经从知行合一的角度，给席书分析了阳明学与朱熹、陆九渊两人学说的不同。但直接在儒学理论上，评判朱熹、陆九渊两人的学说，还是需要慎重周全地统筹的，因为阳明先生觉得万事万物都不是非此即彼的。

根据阳明先生的心路历程可以确定，阳明学是从朱熹理学的大框架里发展并得以突破而自成一体的。他在龙场悟出的"道"就是对朱熹"格物致知"的突破，可以说，没有朱熹理学就不可能有他的阳明学。阳明学和朱熹理学的区别，就是"心即理"与"性即理"的区别，但当他创建了阳明学提出"心即理"的理论基点后，却发现这一思想早被陆九渊定型了。

阳明学和陆九渊心学同有"心即理"一说。但事实上，阳明学的"心即理"和陆九渊所说的"心即理"是不同的，正如他所说的，陆九渊在"心"上是用过功夫的，只是粗些[1]。

如果他说朱熹是对的，这就难以解释他的学说和朱熹学说已经大相径庭的事实，但如果他说陆九渊是对的，那就会被人误会为他也是禅。针对弟子们的困惑和不满[2]，阳明先生反复思量，还是决定就"朱陆同异"这个话题给弟子们做一个评判和引导。

阳明先生分析道，一直以来大家都把侧重修养和侧重学问分割开来，实际上二者是一体的。

大家普遍认为，陆九渊侧重修养，朱熹侧重学问。但陆九渊未尝不让人读书穷理，所以说他是坠入虚空的禅，这样说很不妥当。而朱熹本意也未尝不侧重修养，只是理学之士把大部分时间都用到了学问上，修养的事被相对忽略了。这也是现在很多理学家知行脱节的原因之一。从根本上说，无论是陆九渊、朱熹还是阳明先生自己，在学习目的上都是相同的，即成为圣人。只不过朱、陆二人在方法的侧重上都有所失衡，而阳明先生则主张修养和学问是一回事，就如"知行"是一回事，不可分割。

阳明先生说，他对朱熹老夫子是相当崇敬的，朱熹的理学也无需他来抬高，他遗憾的就是陆九渊被世人曲解为禅，竟然没有一个人站出来为其主持公道。

阳明先生不否定朱熹，是认为他的学说和朱熹内心真实的想法相一致。他的这种想法，应该是真情实意的，毕竟他从佛、道家回到儒家阵营，一直在朱熹理学的路上走。按常理推测，既然他不否定朱熹，那他对朱熹的论敌陆九渊就应该完全否定了，可他仍然没有这样，他认为陆九渊也没有大错。这就是阳明先生在治学上知行合一的显现，并不是考虑怎么说符合宣传自己学说的需求。

关于"朱陆同异"，阳明先生最大的希望就是弟子们不要为古人争长短。在后来他给弟子周道通的信中[3]，他说，为朱、陆争是非是枉费心力，各人只反省自己的是非，不要议论朱、陆的对错，用语言诽谤人是肤浅的，若自己不能身体力行，而只是听一听、传一传，整天嘀嘀咕咕，这就是用行动诽谤自己，这种诽谤是很严重的。但凡现在全天下议论他的人，假如能够从中得到益处，那么都是在跟他砥砺切磋，对他来说也正是警惕反省、增加品德的过程，古人说"攻我短者是吾师"，老师难道是可恶的人吗？

阳明先生的这些理论，是建立在孔子经孟子一直延绵下来的儒家"心性不二""性本善"的基础上的，割裂了前面的儒家基点，断章取义地理解他的观点，就是觉得太过"狂妄"。当然，"超

---

[1] （明）王阳明. 传习录[M]. 第二版. 于自力, 孔薇, 杨骅骁, 注译. 郑州：中州古籍出版社, 2008, 1: 296-297.
[2] 弟子徐成之就表示不满，说阳明先生"漫为含糊两解。"参见：（明）王守仁. 王阳明全集【三】[M]. 陈恕, 编校. 郑州：中州古籍出版社, 2016, 9: 265.
[3] （明）王阳明. 传习录[M]. 第二版. 于自力, 孔薇, 杨骅骁, 注译. 郑州：中州古籍出版社, 2008, 1: 208-209.

狂入圣"正是阳明先生后来的一种豁达胸襟[1]。

从阳明先生的经历可以知道，作为一个春风得意的富家子弟历经廷杖、入狱，再流放到了龙场那个地方，几乎就是死过一回了。在他濒临绝境时，他发现没有任何神佛来救他，也没有任何古代圣贤可以救他。能够让他不死的，还是他自己的"心"，所以他对"心"的领悟就非常深切笃实了。

在阳明先生那个时代，比他显赫、比他有权势的人实在太多了。但大浪淘沙，很多人也就是历史的匆匆过客，或者有些人后来因阳明先生而被顺带提一下，而阳明先生却被反复传颂和学习并且还将继续被学习下去。

阳明学以"心即理"为基点，以"知行合一"为途径，以"致良知"为目标。无时无刻不在学习、修养，在朝野非议、或千军万马中，只如闲庭信步，存乎一心，故无往不胜。

"知行合一"原本就是体现在生命中的点点滴滴。起居、言谈、信札等都是知行合一的体现，并非一定要惊天动地的大事才行。

弟子舒国裳是一位状元，他请阳明先生帮他写一幅字，内容是"拱把桐梓"一章，以便时时诵读反省。"拱把桐梓"一章出自《孟子·告子上》，大意是说人们对桐树、梓树的幼苗都晓得如何培养，却不晓得如何做自我修养，难道人们爱树苗胜过爱自己不成？但阳明先生写到自我修养那一句时，忽然放下笔对在座的弟子们笑道，国裳读书中过状元来，岂不知道自我修养，难道还需要靠这幅字时时警醒自己吗？[2]

舒国裳选孟子这段话来做座右铭，似乎怎么看都是一件很正常的事情，状元也需要修养，勉励自己修养用个座右铭似乎没有问题。问题是，《孟子》是读书人必学必背的功课，"拱把桐梓"一章对当时的所有读书人而言都不陌生。而四书循序渐进，从《大学》《中庸》《论语》一路读到《孟子》，儒家君子的自我修养之道早已经是读书人熟得不能再熟的内容，更何况对于舒国裳这位状元。熟得不能再熟的内容居然还要请老师写了贴起来，以此来警醒自己，这就是阳明先生觉得遗憾的缘由。用现在的情况类比就是数学博士还要先生写一张九九表贴在书房里，这就很怪，所以阳明先生在说舒国裳的事情时，弟子邹谦之等都大受教益，这也是阳明先生时时刻刻体悟着"知行合一"的一个例子。

阳明先生经常跟弟子们强调，"知行合一"要在人情事变上下功夫。从他与贵州官员的相处等诸多经历看，乃至从后来剿匪平叛等全局协调的能力分析，他本身是人情练达的。

阳明先生在龙场来回之际，学问上有悟道前后之别，但跟亲友往来，依旧是一个活生生的人。1514年阳明先生在南京写了《别妻侄诗》，模拟件如图13-2[3]所示，书贴的平和简静中寓微妙的节奏变化，字句摇曳生姿而整体一气贯通。

【释文】：

予妻之侄诸升伯生，将游岳麓，爱访舅氏，酌别江浒。寄怀于言。

风吹大江秋，行子适万里。万里岂不遥，眷言怀舅氏。朝登岳麓云，暮宿湘江水。湘水秋易寒，岳云夜多雨。远客虽有依，异乡非久止。岁宴山阴雪，归桡正迟尔。

正德甲戌十月初三日，阳明居士伯安书于金陵之静观亭。至长沙见道岩，遂出此致意也。

---

[1] 阳明先生曾跟弟子们说"我今才做得个狂者的胸次，使天下之人都说我行不掩言也罢。"参见：(明) 王阳明. 传习录[M]. 第二版. 于自力, 孔薇, 杨骅骁, 注译. 郑州: 中州古籍出版社, 2008, 1: 372.
[2] (明) 王阳明. 传习录[M]. 第二版. 于自力, 孔薇, 杨骅骁, 注译. 郑州: 中州古籍出版社, 2008, 1: 404.
[3] 类别：纸本行草书；创作时间：明正德九年（1514年）；尺寸：928mm×353mm；馆藏：现藏台北故宫博物院。模拟件根据文献中插图整理。参见：中国书法全集第52卷 唐寅、王阳明、莫是龙、邢侗、陈继儒[G]. 刘正成, 主编. 北京: 荣宝斋出版社, 2005, 11: 144+303.

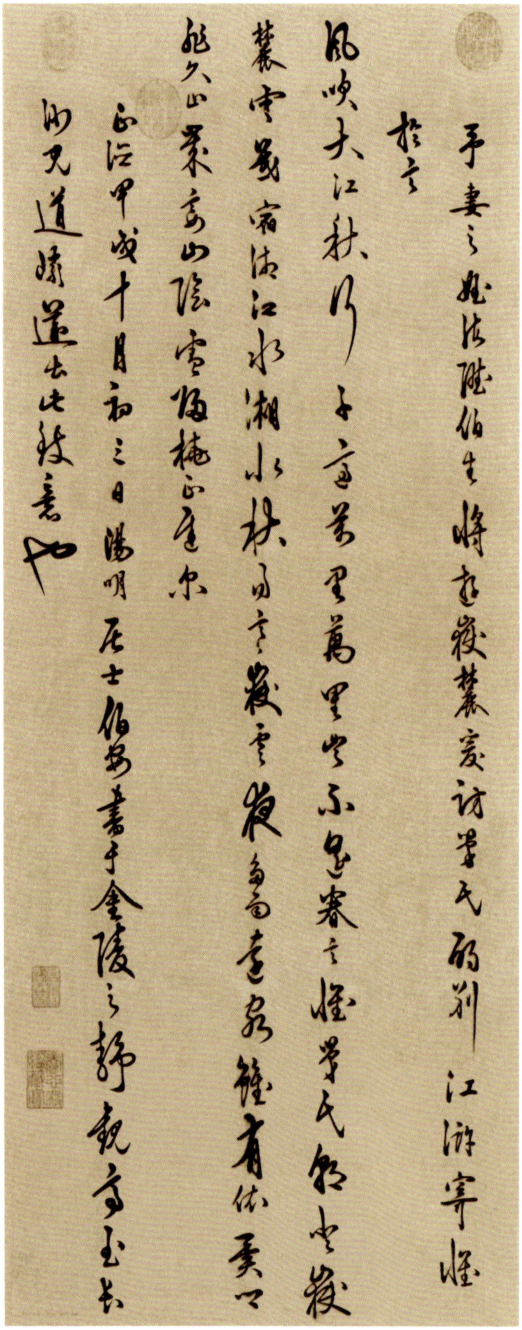

图13-2 《别妻侄诗》书帖模拟件

《别妻侄诗》书帖用笔清奇遒劲，结字瘦紧绵密，并有欹侧之势，字字独立而行气畅达[1]。全文119字，用笔含蓄蕴藉，绵里裹铁，精气内敛。书帖中字字之间开合呼应，章法上错落层次与行与行之间的布白相得益彰。也有锐利的笔锋和遒健的笔力，如文中"行""也"等字。阳明先生曾说："学射则必张弓挟矢，引满中的；学书则必伸纸执笔，操觚染翰；尽天下之学，无有不行而可以言学者，则学之始固已即是行矣[2]。"

儒家之所以总是在大一统的时代才显示其作用，而在乱世中则退而隐，不是因为儒家才俊没有能力，而是很多应变能力被窠臼束缚住了。这就像一句现代诗句所表述的那样：卑鄙是卑鄙者的通行证，高尚是高尚者的墓志铭。

而阳明先生则进退由心。与高尚者可以砥砺论道，遇卑鄙者则洞察其心，并对其中顽固不化者实施霹雳手段。就儒家认定的圣人之评判标准"立德、立功、立言"来说，历代大儒中能够"立功"的比较罕见。机遇是一方面，能不能有这样的权变能力则是更重要的一个方面。阳明先生有这样的权变能力，能突破窠臼且能始终秉持自己内心的良知而不背离正道，故能成就"真三不朽"。

中国历史上发生过两件事，曾让活在常规窠臼里的儒生大为伤脑筋。第一件事是舜没有通知父母就娶了老婆，另一件事是周武王未处理完老爹的丧礼就去征讨商纣王。这些人很困惑，舜和周武王都是圣人，怎么可以不遵守当时的规矩，并且孟子认为舜和周武王做的是对的。

有弟子就问阳明先生，孟子说舜和周武王做的是对的，那两人肯定遵循了当时另外的规矩吧。阳明先生说，难道舜和周武王

---

[1] 中国书法全集 第52卷 唐寅、王阳明、莫是龙、邢侗、陈继儒[G]. 刘正成, 主编. 北京：荣宝斋出版社，2005，11：303.
[2] （明）王阳明. 传习录[M]. 第二版. 于自力，孔薇，杨骅骁, 注译. 郑N：中州古籍出版社，2008，1：170.

能够考证于某某经典、向某某人咨询才这样做？还是他根据心中的良知权衡轻重利弊，迫不得已才这么做？假使舜的心中不是真的怕没有后代，周武王心中不是真的要救民于水火，那么不告诉父母而娶妻和不安葬父亲而兴师伐纣就是最大的不孝不忠[1]。

阳明先生一再强调，良知对于随时而变的具体情况，就像规矩尺度对于方圆长短一样。随时而变的细节不能事先确定，好比世上的方圆长短无穷无尽，所以确立了规矩尺度，天下无穷无尽的方圆长短不管怎么变化，在规矩尺度前面是方是圆、是长是短将十分明了[2]。

有弟子向阳明先生请教说，《论语》上说君子对于天下的人和事，没有出于私利的厚薄亲疏，只是按照"义"去做，世间的每件事都可以这样吗？阳明先生回答，做之前需弄清"主宰"才不会拘泥固执，"义"就是良知，就是"主宰"，例如，接受别人的馈赠，有今天应接受而改天不该接受的情况，也有今天不该接受而改天应接受的情况，你若固执地认为今天该接受的就统统接受，或者今天不该接受的就统统不能接受，又怎能称作"义"？

比如后来阳明先生在战场上的用计，完全是虚虚实实、变幻莫测，什么离间计、反间计、诱敌之计，使出来一点心理障碍也没有。对死不改悔的匪首则毫不犹豫地枭首示众，因为他觉得这些人的心已经如破碎的镜子，无法修补了，有他们存在则当地的老百姓无法安生。

这也是阳明先生被很多理学家诟病的地方。这些人指责阳明先生，说圣人门徒怎么能使用奸诈的诡计，说打了而不打、说撤军了又去突然袭击，完全不是君子所为，君子就是要言必行、行必果。至于杀了这么多土匪，他们觉得阳明先生太残忍了，学圣人之道应该想办法感化土匪，而不是杀戮。阳明先生当然觉得这些腐儒的思路非常可笑，龙场悟道有一个很大的作用就是让他挣脱了原先的心灵枷锁，不再被那些窠臼束缚了。

阳明先生说人人都可以成为圣人，良知就在每人心中。现在很多人也是想当自己的主宰的，但为名利计，以至于自己怎么想是不重要的，领导怎么想、业主怎么想，才是他最关心的。若遇上称心的领导、业主，自然是皆大欢喜，但世上事大多都是不如意的，于是时常处在违心的状态中，一边献媚讨好、一边转脸抱怨。在阳明先生看来，这样的状态，纵然锦衣玉食亦只是他人提线之木偶，他人要你忧就忧，他人要你烦就烦，与乞讨无异。阳明先生每次成就大功之后，都没有邀功炫耀、借此谋求升官，这种定力就是"知行合一"的成效。

不论古今，学识创新与传承往往不是非此即彼的关系，不是一刀两断就能分清的。学习阳明先生《大学问》《传习录》会发现里面全是《四书五经》里的引用和摘句，所以学习阳明学要有传统儒家经典学问作基础。

同样的，只会像复读机一样背诵传统儒家经典的人，是无法理解阳明学的，因为复读机是没有思想突破的能力的，也没有"事上练"的能力。

阳明先生非常推崇《易经》，他说良知即《易经》之理，随时随地而变化、变通[3]，如此才是真正拥有智慧的人。

不论在滁州还是南京，阳明先生是经常到山中去居住的。南京的职务属于闲职，他有足够的时间讲学、思辨。阳明学的修养需要放下那些复杂的包袱，秉持一种坦荡的心情，放下那些纠缠

---

[1] (明)王阳明. 传习录[M]. 第二版. 于自力, 孔薇, 杨骅骁, 注译. 郑州: 中州古籍出版社, 2008, 1: 180.
[2] (明)王阳明. 传习录[M]. 第二版. 于自力, 孔薇, 杨骅骁, 注译. 郑州: 中州古籍出版社, 2008, 1: 179.
[3] (明)王阳明. 传习录[M]. 第二版. 于自力, 孔薇, 杨骅骁, 注译. 郑州: 中州古籍出版社, 2008, 1: 403.

不清的声色货利，还人生一场空灵自在，在艰难中能够从容，在辛酸中能够温暖。1514 年阳明先生的《题灌山小隐七言绝句》，模拟件如图 13-3[1]所示，显示出一种"不动心"的状态，本幅草书写得洒脱奔放，笔势萦回多变，多有连笔飞白，线条挺劲圆润，别有出尘之致。

【释文】：
一自移家入紫烟，深林住久遂忘年；
山中莫道无供给，明月清风不用钱[2]。
守仁书。

事实上，他一年多后就去巡抚南赣。任凭刀光剑影、千军万马，他依旧"不动心"，直如闲庭信步。

"知"认为"不动心"，"行"便是"不动心"，浑然一体。

阳明先生的"知行合一"，一方面是表述知行之一体性，另一方面就是要随时将自己的良知贯彻到所有的实践中。

当时朱熹理学和陆九渊心学的门徒正相互攻击，阳明先生的诸多弟子也有些困惑。在"朱陆同异"的辩论中，他不是去考虑怎么评价对自己学说的发展有利，而是立足于自己的良知，实事求是地评判。当时就导致一些追随者分道扬镳了，但阳明先生显然不会因此而影响自己的评判。

关于"朱陆同异"的辩论多少还带有学术讨论的性质，但还有很多人直接就上纲上线开始攻击了。阳明先生如何应对？

欲知后事如何，且听下回分解。

---

[1] 类别：纸本草书；创作时间：明正德九年（1514 年）；尺寸：845mm×196mm；馆藏：现藏上海博物馆。模拟件根据文献中插图整理。参见：中国书法全集 第 52 卷 唐寅、王阳明、莫是龙、邢侗、陈继儒[G]. 刘正成，主编. 北京：荣宝斋出版社，2005, 11: 145+303.
[2] （明）王守仁. 王阳明全集【二】[M]. 陈恕，编校. 郑州：中州古籍出版社，2016, 9: 240.

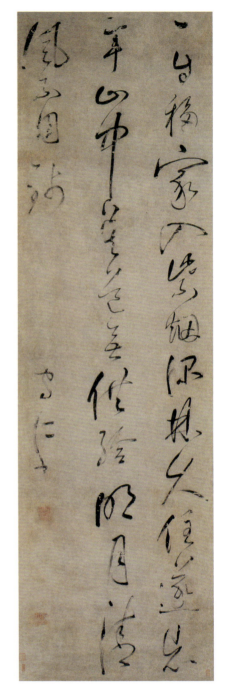

图 13-3 《题灌山小隐七言绝句》书帖模拟件

第十四回

应对不解与责难

图 14-1 大不自多,海纳江河

阳明学是一门要人自信的学问。自信,就不会受到外来毁谤的侵蚀,而做到自信必须时刻光明良知,让自己由内而外地充盈着道德和智慧。做到不以私意来衡量外物时,就不会受到外物的限制和支配,就可以把握自己,使自己的心灵得以安宁。

上回说到阳明先生的弟子关于"朱陆同异"进行了辩论，阳明先生也加以引导和解说。这回讲针对很多人对阳明学的不解和责难，阳明先生是如何应对的。从阳明先生讲学的经历看，有很多责难就上纲上线了，考虑到事件本身的代表性，在此把几年后的责难先拎出来讲了。

御史程启充、给事毛玉突然给皇帝上疏提出禁止阳明先生讲学，他们认为阳明学说会让程朱理学这官方认定的圣学蒙尘。阳明先生的弟子陆澄当时是刑部主事，马上上疏反驳。

阳明先生得知这件事后，给陆澄写信说，从来没有靠辩论制止诽谤的事，如果有人说你的学问是邪道你就去辩驳，那会把你累死，况且学问的好坏岂是自己辩出来的？[1]

这封信表面上是让陆澄专心于学问而不是去辩驳，实际上是阳明先生暗示弟子陆澄千万不要卷进朝廷斗争中，御史程启充和给事毛玉明显是秉承宰辅的意思在操作，一旦争辩必然会使问题升级。阳明先生最大的希望就是自己的学说能普及天下，但不希望被卷进朝堂的漩涡中。

但责难还是不断。随着阳明学传播的发展，责难也升级。

进士《策问》的考题就问：朱熹和陆九渊的学说是泾渭分明的，但现在有学者却认为二者殊途同归，这是贬低朱子学说；这个学者现在到处售卖其私见，是不是应该把他的书烧掉、把他的思想禁止掉？显然，"这个学者"指的是阳明先生，这是一道直接攻击阳明先生的考题。阳明先生弟子们看到这道考题时，有人放下笔走出考场而主动落榜，有人就用阳明学主旨回答了这个问题，总之弟子们大多表示愤愤不平，阳明先生对此却大喜过望。

弟子们困惑不解。阳明先生说，连进士的考题都质问他的学说，岂不表明他的学说现在已被天下士子们了解了吗？表面上是在攻击他，实际上却对他的学说起到了推广作用。如果他的学说是错的，那经过这样的质疑肯定有人会找出对的学说，如果他的学说是对的，那必将被有识之士认可[2]。

弟子们对老师这种乐观态度表示钦佩，并自愧不如。也正是进士考试的考题等高级别责难，让阳明学风靡全国乃至国外。针对不解和责难，阳明先生在做出相应解释的同时，坚持凡事都要从自己身上找原因，从自己身上找原因首先就要有海纳江河的气度（图14-1）。

在大家日常遇到的恶行中，毁谤是最流行、也最让人无法忍受的一种。有弟子问阳明先生，《论语》中记载叔孙武叔诽谤孔子，大圣人怎么也免不了被人诽谤？

阳明先生说，毁谤是从外来的，圣人也无法避免，我们虽然无法控制外来的毁谤进攻，但可以在无声无息中消灭它，这个方法就是注重自身修养来克制自己；若一个人的确清白方正，纵然世人都毁谤他，又能将他怎么样？这就如同浮云遮日，如何能损坏太阳的光辉？若自己是个外貌岸然而内心空虚无德的人，纵然无人说他坏话，他隐藏的恶终有一天会暴露无遗；只要能加强自身修养，外来的毁誉算得了什么？[3]

阳明先生反复强调通过自身内心的修为来抵制毁谤。弟子陆澄向阳明先生抱怨说，平时无事的时候觉得自己的修为很好，心境也不错，可一遇到事情就不同了，心乱导致手忙脚乱，什么事都做不成。阳明先生告诉他，这是因你只知静养，而没有在实际事情上用"克己"的功夫，只知静养就会养成好静的毛病，这样

---

[1] 阳明先生说："无辩止谤，尝闻昔人之教矣。况今何止于是。四方英杰，以讲学异同，议论纷纷，吾侪可胜辩乎？"参见：(明) 王守仁. 王阳明全集【三】[M]. 陈恕, 编校. 郑州：中州古籍出版社, 2016, 9: 309.

[2] 阳明先生说："吾学恶得遍语天下士？今会试录，虽穷乡深谷无不到矣。吾学既非，天下必有起而求真是者。"参见：(明) 王守仁. 王阳明全集【三】[M]. 陈恕, 编校. 郑州：中州古籍出版社, 2016, 9: 309.

[3] (明) 王阳明. 传习录[M]. 第二版. 于自力, 孔薇, 杨骅骁, 注译. 郑州：中州古籍出版社, 2008, 1: 332.

面对突如其来的事情，心态就会乱，事情就会处理不好。所以人必须通过做事来磨练自己的心志，这样遇事时心才不会乱，处理事情才能从容不迫，才能做到"静时心也定，动时心也定"[1]。

把阳明学视为枯禅，是当时反对阳明先生的一个主流。阳明先生说他的学问和禅学的区别就在于实践，他说我们每个人的心像一面镜子，你只需要时刻保持着它的一尘不染。为了保持一尘不染，禅宗说要勤擦，也就是在心上擦。而阳明先生也说必须勤擦，但要以实践为指导，认为我心没有恶念了、认为我内心强大了，还必须去实践中验证一下，如果不去实事中"用心"就会流入枯禅的境地。

弟子陆澄问他，平日里什么才算是用心呢？比如，读书就一心在读书上用功夫，待客就一心在待客上用功夫，这能否称为用心呢？阳明先生反问，若迷恋美色就一心在女色上下功夫，若贪爱财物就一心在财物上下功夫，这能算是用心吗？陆澄吃惊地问那算什么？阳明先生说这叫"逐物"，而人最应该追求的是追求天理，心外无理，用心就是追求良知的光明[2]。

我们之所以在平时端坐如圣人，说起话也头头是道，是因为我们未遇事时情绪始终处在平静状态，但一遇事变情绪就会发生波动。在这个时候，如果你能控制住情绪，让它恢复到你平时无事的状态，就能把事做好，这就要靠每人时时刻刻用心来光明自己的良知。

攻破金陵的军情到达时，曾国藩兴奋得手止不住地抖，甚至一度晕了过去。曾国藩自己平日读《晋书》，曾为谢安一句"小儿辈已破贼矣"数度拍案叫绝。那是一场关系到东晋存亡、谢氏家族兴衰的重大战争，且事前并无把握，谢安居然在接到侄儿的捷报时，照样下完棋，后徐徐说出这样一句轻描淡写的话来。曾国藩也曾多次设想，等到金陵捷报传来也要像谢安一样，轻描淡写地跟身边的人说一声，可捷报传来他自己居然激动到晕倒。曾国藩曾说，没有一个强大的内心，而你所做的事、你外边放的赌注太重了，这些赌注是你输不起的，你就变成一个很累的人。对照阳明先生的教学，关键就是在实事上用"克己"的功夫，阳明先生就达到了一个曾国藩自愧不如的境界。

阳明先生后来在对付朱宸濠叛乱时，攻下南昌后，坐在都察院打开中门使前后可见，然后淡定从容地讲学。有军情送到就升堂处理，下达命令，然后回去继续讲学，就像什么事都没有发生一样。无论是战败还是最终大胜，都没有影响到阳明先生继续讲学，他的讲学语气一如平常[3]。

要知道，当时阳明先生的赌注不仅是他的仕途，而是他整个家族的命运。如果朱宸濠谋反成功，阳明先生要面临的就是方孝孺"诛十族"的命运[4]，就是在诛九族之外再加"门生弟子"。最后活捉了朱宸濠，捷报传来，阳明先生语气还是一如平常。曾国藩做不到，阳明先生是做得到的，这就是"知行合一"的状态。

关于平定朱宸濠叛乱事情，后面会具体展开讲。但阳明先生并不是在平定叛乱这样的惊涛骇浪中忽然就做到神定气闲、不动如山的，而是在平时的日常中每时每刻都这样的。

大家都说要"知行合一"，大家都说要气定神闲。阳明先生则加以示范："知"要气定神闲，"行"则气定神闲，这就是"知行合一"。这里用到的方法也简单，即不计个人得失。

"知行合一"，这应当是大家最想从阳明先生这里学到的东西。其实说起来不难，只要"良知"所当为便放手为之，不计得

---

[1] （明）王阳明. 传习录[M]. 第二版. 于自力，孔薇，杨骅骁，注译. 郑州：中州古籍出版社，2008，1：59.
[2] （明）王阳明. 传习录[M]. 第二版. 于自力，孔薇，杨骅骁，注译. 郑州：中州古籍出版社，2008，1：54.
[3] （明）王守仁. 王阳明全集【三】[M]. 陈恕，编校. 郑州：中州古籍出版社，2016，9：292.
[4] （清）黄宗羲. 明儒学案[M]. 北京：中华书局出版社，2008，1：1.

失荣辱即可。

阳明先生告诉他的弟子们，平时无事时有多么从容的风度都是枉然。人真正的风度，应该是遇到变故、遭遇屈辱时，能不愤怒、能不惊慌失措，始是能得力处、亦便是用力处。不要操心自己的得失，但要操心自己的良知[1]。

很多人都特别重视外在的东西，比如名利，很多人都在拼命追名逐利的原因就是把名利看成了"善"，如此一来，名利自然地会牵绊着自己的"心"。如果侥幸得到，那最好不过，如果得不到就会牵肠挂肚，一个情绪总受到外界控制的人根本不可能有幸福感。

阳明先生只是想告诉大家，想要获得幸福，只要不把自己的心和外物对立就可以了，不以自己的好恶来评价外物，让外物按照它们自己的规律去发展。财富、名声、地位自有它们的规律，一个人不要被这些东西所操纵，而是要时时刻刻向自己的良知努力并知行合一，进步一分便有一分的快乐。

比如说，很多人说自己要成大事，可是他却天天计算老板给自己多少工资，要不要跟老板谈加薪，甚至怎么收回扣，这样当然不能成大事，因为他的"知"是成大事，但是"行"的却是赚小钱，没有"知行合一"当然成不了大事；比如说，很多人说要提升自己，可是他却整天得过且过，动不动就刷手机打游戏，这样当然提升不了，因为他"知"要提升自己，但"行"却是得过且过，没有"知行合一"当然做不到提升自己。

当我们做到不以自己的私意来衡量外物时，就不会受到外物的限制和支配。如此，我们就可以支配自己，使自己的心灵得以安宁和充盈，也就找到属于自己的幸福。不要在小事上纠结，不要跟小人纠缠，去做你"立志"做的事才是成大事者，成大事者

不会整天患得患失，不符合志向的直接抛开，不要计算其中的利弊得失。

周莹不远千里来向阳明先生求教。阳明先生先是询问周莹之前学过什么，周莹回答是学圣贤之书。阳明先生就说，那你何必来找我呢？周莹茫然。

阳明先生接着说，你明明知道怎么学，不必我教。周莹还是茫然。

阳明先生接着问了很多问题，比如周莹是不是坐船过来，有没有盘缠，克服了哪些困难，为什么没中途返还？周莹答，我真心来向您求学，途中的艰辛在我而言只是乐事，怎会因此半途而废呢？阳明先生循循善诱到这里，就说，你"立志"向我求学，然后舟车劳顿而不辞辛劳，这些你怎么学来的呢？同样的道理，只要你有志于圣贤之学，自然就会沿着成圣成贤的道路走下去，难道还需要别人教你具体的方法吗？[2]

知行合一的关键是"立志"，也就是说，检讨自己是否"知行合一"的时候，可以对比下自己的志向并不断矫正自己。如果这件事是符合自己的志向的，那么就是"知行合一"的。哪怕没搞清楚，做错了，走了一些弯路，也是"途中的艰辛在我而言只是乐事"。坚持走下去，不断趋近自己立下的志向，即便未能实现，努力的过程就是"知行合一"的。

阳明先生反复教导弟子，面对外来评价，尤其是毁谤时，非但不要动怒心，而且还要把它当成是磨炼强大内心的机遇[3]。平时感觉不会被毁誉所动的人，在此时能不为所动才是真本领。即使

---

[1] 阳明先生说"天地气机，无一息之停。然有个主宰，故不先不后，不急不缓，虽千变万化而主宰长定，人得此而生。若主宰定时，与天运一般不息，虽酬酢万变，常是从容自在。"参见：(明)王阳明. 传习录[M]. 第二版. 于自力,孔薇,杨骅骁,注译. 郑州：中州古籍出版社，2008，1: 122.

[2] (明)王守仁. 王阳明全集【一】[M]. 陈恕,编校. 郑州：中州古籍出版社，2016，9: 195-196.

[3] 阳明先生说"譬之金之在冶，经烈焰，受钳锤，当此之时，为金者甚苦；然自他人视之，方喜金之益精炼，而唯恐火力锤煅之不至。既其出冶，金亦自喜其坐折煅炼之有成矣。"参见：(明)王守仁. 王阳明全集【一】[M]. 陈恕,编校. 郑州：中州古籍出版社，2016，9: 132-133.

现在要动心，也要强烈控制自己的情绪。只要在情绪最激烈时控制住，一切都好说。如果你没有这样的定力，那后果可就难以想象。

世上有无数人，听到对自己的赞誉马上手舞足蹈，听到对自己的毁谤马上就气冲斗牛。这种闻誉则喜、闻毁而怒的人，就是个被人控制的木偶，而外来的评价就是该木偶的主人。主人要他笑，他就笑；要他怒，他就怒；可能要跳也可以，甚至要他死都可能实现。一个被外物所控制的人，就谈不上自我了。这个道理人人都知道，但要做到还是要事上练，所以"知行合一"是一个不断修养的过程。

不要被外来的毁谤所击倒，因为这不值得，也说明你太脆弱了。阳明学是一门要人自信的学问，自信，就不会受到外来毁谤的侵蚀，而做到自信，必须时刻光明你的良知，让自己由内而外地充盈着道德和智慧。

在具体的应对中，良知则如易理卦爻的变化，其为道也屡迁，变动不居，周流六虚，上下无常，刚柔相易，不可为典要，唯变所适[1]。阳明先生之道，即之若易，而仰之愈高；见之若粗，而探之愈精；就之若近，而造之愈益无穷。同时，圣贤之道并非不近人情，在《奉寿西冈罗老先生诗》，模拟件如图14-2[2]所示，就反映出他当时人情往来的状况。

【释文】：

奉寿西冈罗老先生尊丈。圣赋归来意洒然，螺川犹及拜诗篇。高风山斗长千里，道貌冰霜又几年。曾与眉苏论世美，真从程洛溯心传。西冈自并南山寿，姑射无劳更问仙。阳明山人侍生王守仁顿首稿上，时正德丙子季春望后九日也。

---

[1] (明) 王阳明. 传习录[M]. 第二版. 于自力, 孔薇, 杨骅骁, 注译. 郑州: 中州古籍出版社, 2008, 1: 403.
[2] 类别：纸本行书；创作时间：明正德十一年 (1516年)；尺寸：276mm×2582mm；馆藏：现藏浙江省博物馆. 模拟件根据文献中插图整理. 参见：中国书法全集 第52卷 唐寅、王阳明、莫是龙、邢侗、陈继儒[G]. 刘正成. 主编. 北京：荣宝斋出版社, 2005, 11: 146-147+303.

正德丙子年即1516年，该年农历三月阳明先生作了这首寿诗，农历九月升都察院左佥都御史，巡抚南、赣、汀、漳等处。

诗中所说的罗老先生是罗钦顺父亲，罗钦顺比阳明先生大七岁，同样得罪过刘瑾，刘瑾伏诛后升南京礼部右侍郎。罗钦顺在学术思想上与阳明先生相近，彼此敬重。西冈在江西吉安府泰和县，为罗钦顺故乡。阳明先生在当时书法和诗作的名声很大，从这些诗作和书法作品中就可以略窥一斑，这也是他社交的一种方式。

1510年阳明先生在吉安府庐陵县任县令，对江西吉安周边一带自然是颇有感情，至于后来又到那一带去指挥千军万马，或许当时还未曾料到。

本幅用笔多有露峰，舒展洒脱，骨力峻拔，风神高远又显沉着。其中"曾与眉苏论世美，真从程洛溯心传"的"眉苏"就是指眉山苏轼，名传千古，自不待言；"程洛"则是指洛阳程颢和程颐兄弟，是理学的奠基人物。将罗老先生跟苏东坡、程氏兄弟相比，自然是赞美之意。从中可以看出阳明先生在宣讲自己的学说，但他并没有否定理学，而是认为自己是在理学基础上的突破和发展。

弟子问阳明先生，那些伟大人物能做出惊天动地的大事业，是不是预先都有计划？阳明先生回答说，关键是他们良知光明，事情来了就做，事情不来也不去找事，不过是随感而应罢了。

也就是说，阳明先生相信人生是多变的，没有人可以预料下一步将发生什么，你只要顺其自然就好。不要操心，并不是指你什么事都不干。

阳明先生说，比如一棵大树，无论有多少枝叶，也只是从根本上用培养的功夫才枝繁叶茂，而不是从枝叶上用功[3]。

---

[3] (明) 王阳明. 传习录[M]. 第二版. 于自力, 孔薇, 杨骅骁, 注译. 郑州: 中州古籍出版社, 2008, 1: 65.

阳明先生就不慌不忙地跟弟子们教学相长，跟新朋旧友多有联络。就在阳明先生和弟子们讨论朱陆同异、讨论知行合一的时候，朝廷正在为南赣一带的匪患伤脑筋。兵部尚书王琼竭力保举阳明先生巡抚南赣。

阳明先生在 1510 年年底回到北京时，王琼因原先得罪刘瑾还正在外地坐冷板凳。两人正式见面并坐而论道已经是 1515 年前后了，阳明先生给王琼留下了深刻的印象。阳明先生的自制、老成持重、气定神闲和言谈举止中有不易察觉的威严，让王琼断定此人必是大用之材。王琼对阳明学的兴趣并不大，只是对阳明先生在心学熏染下练就的"不动心"状态大为惊叹，他对阳明先生说将来我在朝中有话语权时必会给你提供创业的平台。阳明先生笑笑，脸色平静。

阳明先生讲学的主题还是围绕"存天理去人欲"，这是理学和心学共同的使命。有人责问，既然你说天理都在心中了，又何必再"存"？这就好比说，你卡里没钱了要"存"进去，既然都在里面了就不必再去"存"了。

阳明先生说，天理是在人心中，但由于世俗的浸染和个人不注意修心，天理虽在心里但却被蒙蔽了，大家都渐渐不知道天理原本在自己心里了；他说存天理就是要大家把逐渐充斥到心里使得天理被蒙蔽的灰尘擦掉，让心中恢复原貌、只存天理；而去人欲其实也就是存天理，心中只存天理，就是塞进来的人欲被除去了。

一个人只要能恢复内心的天理，内心就必定强大，一个没有人欲的人必然是内心强大的人。关于"求功名利禄之心"是否是人欲，阳明先生解释说，那要看它是被你请来的还是它主动来找你的，只存天理的人心如明镜，来了就照，去了也不留。

正在阳明先生讲学的时候，王琼当上了兵部尚书，此后他保举阳明先生为南赣巡抚。对此朝廷上各色人等有什么反应？这对阳明先生又有怎样的影响？

欲知后事如何，且听下回分解。

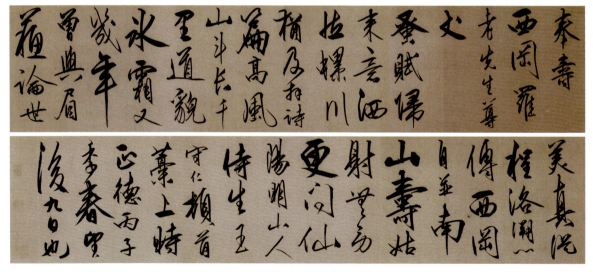

图 14-2 《奉寿西冈罗老先生诗》书帖模拟件

第十五回
书斋到刀光剑影

图 15-1 功不费于无益,事必期于有成

作战,绝不是拎着大刀冲上去打就成了。很多事情的成败,跟写诗一样,也是功夫在其外。阳明先生的各次军事行动,都是攻心为上。必要的交锋,都是出其不意,攻其不备,难测如阴阳。疾如风,徐如林,侵掠如火,不动如山;这样的队伍驻扎在那里,敌人就害怕。

上回说到就在阳明先生和弟子们讨论朱陆同异、应对各种不解与责难的时候，朝廷正在为南赣一带的匪患伤脑筋，兵部尚书王琼竭力保举阳明先生巡抚南赣。这回接着讲各方面的反应。

1516 年农历九月朝廷任命南京鸿胪寺卿王守仁为都察院左佥都御史[1]。这任命只是朝廷走一个流程，其目的是要他去巡抚南赣，事实上"巡抚"并非是实官，而只是皇帝的一次差使。

再来介绍一下明朝的都察院。1380 年朱元璋废除了以丞相为代表的最高行政机构中书省，同时还废除了最高军事机构大都督府的大都督和最高监察机构御史台的御史大夫，把行政、军事和监督三大权力全部抓到自己手里。即便朱元璋精力过人，但全国还是管不过来，为了协调地方上的行政、军事和监察事务，他派出自己的代理人去"巡抚"。于是，"巡抚"成为皇帝派往各地的代理人，巡抚完毕则回京交差。

开始朱元璋是派自己的亲属，比如说太子，去巡抚的。后来实在是任务繁重，就设置了都察院这个机构。都察院中设左右都御史、左右副都御史、左右佥都御史及全国各道的监察御史去巡抚各地。所以要阳明先生去巡抚之前，先任命他为左佥都御史。

朝廷给阳明先生"巡抚南赣"的圣旨是这样的：王守仁升都察院左佥都御史，巡抚南（江西南安）、赣（江西赣州）、汀（福建汀州）、漳（福建漳州）等处地方[2]。

阳明先生接到圣旨后，很快冷静了下来，一旦冷静下来他就把心思投入到如何处理这件事上了。一般人首先会考虑的是剿匪难度与部队接管问题，阳明先生却没有担心这个，他认为自己有足够的能力和智慧统领部队去剿灭土匪，所以他不用考虑这种不言而喻的问题。

于是，阳明先生给朝廷上了一封辞官信：《辞新任乞以旧职致仕疏》[3]。信中说，他最近一年来身体每况愈下，而且他的才能低劣，要他去巡抚南赣是误国误政。

阳明先生表示，任何人得了这样一个大权在握的官职，都会兴奋，他也不例外，可他真是担心自己干不好；如果说当年意气风发时还有这个信心，可现在已入黄昏之年，真是心有余而力不足；另外他还说了他的老祖母今年九十有七了，朝朝暮暮就是想见一下他这个孙子。

在 1515 年，阳明先生连续给皇帝上了《自劾乞休疏》《乞养病疏》，反复说他自己身体不好，从才能到体力都不堪朝廷的委任，并且他母亲早早去世，全靠老祖母养大，如今老祖母年事已高，他要回去奉养[4]。他现在接到圣旨被委以重任，但他接着上疏要求退休，倒也十分连贯，接着他带着学生收拾行李表示要退休回浙江老家了。事实上，他要看皇帝和朝廷的反应，这对他下一步的工作开展很重要。

王琼当然不能对皇帝说，阳明先生这是在看各方的回应。朝廷中很多本来就反对让阳明先生去巡抚南赣的大臣，纷纷说自己如何早料定阳明先生一介书生怎么能够去对付这些深山老林里的悍匪。王琼只能跟皇帝说，王守仁是在谦虚，谦虚才说明他稳重，才能成事；那些给份工作就拍胸脯的人，都是冒失的蛮汉。皇帝朱厚照说，那就再给他下道旨，要他不要再推三阻四了，马上去江西。王琼请求皇帝给阳明先生便宜行事的权力[5]，朱厚照居然也同意了。列位看官，此事端的非同小可。

没有便宜行事的权力，阳明先生接着就会处处受到各路官员以及无处不在的宦官的掣肘。还没剿匪，在自己内部就已经把精

---

[1] （明）王守仁. 王阳明全集【三】[M]. 陈恕, 编校. 郑州：中州古籍出版社, 2016, 9：270.
[2] （明）王守仁. 王阳明全集【一】[M]. 陈恕, 编校. 郑州：中州古籍出版社, 2016, 9：245.
[3] （明）王守仁. 王阳明全集【一】[M]. 陈恕, 编校. 郑州：中州古籍出版社, 2016, 9：244-245.
[4] （明）王守仁. 王阳明全集【一】[M]. 陈恕, 编校. 郑州：中州古籍出版社, 2016, 9：241-242.
[5] （明）王守仁. 王阳明全集【四】[M]. 陈恕, 编校. 郑州：中州古籍出版社, 2016, 9：71.

力耗得差不多了。这种内耗的情况，不论是历史上还是在当时都是屡见不鲜。

从各种相关材料看，王琼和阳明先生并没有太多的私交。人们已经习惯于从某种利益纠葛来分析很多提拔与重用，但从王琼这里不好如此分析。王琼能如此不计利害地保举阳明先生，一方面显示了王琼的良知，另一方面显示了王琼的识人之能。阳明先生了不起，但王琼更了不起，因为他能识别阳明先生的了不起并给他创造了平台，这就是《易经》里经常写的：利见大人。

于是，1516年农历十月第二道圣旨到了阳明先生面前：巡抚南赣等地，抚安军民，修理城池，禁革奸弊。一应地方贼情、军马、钱粮事宜，小则径自区画，大则奏请定夺。钦此[1]。

但是，阳明先生又给朝廷上了辞官信。在学术上，面对各种不解与责难，阳明先生不动如山，在功名利禄上，面对各种得失、不解与责难，依旧是不动如山。

不动，并非指身体不动，关键是：心不动。

比如许多网球运动员，到了最后的赛点上，有时就出现离奇的失误，就是平时练习中绝对不会出现的那种失误；无他，心动尔。有些国际顶尖的射击运动员，在奥运决赛的最后一枪，只要他能够打在靶子上就拿下冠军了，偏偏就打飞了；亦无他，心动尔。这就涉及意志力和专注力的问题。

在某些千钧一发的关头，就是不能专注于当下，而是不由自主地去想因胜败而导致的后果了。心一动，从眼耳鼻舌身意，到色身香味触法的身心系统就紊乱了，你就不是平时的你了。

鉴于两道圣旨都没有让阳明先生直奔江西，皇帝就问王琼这个王守仁怎么回事。王琼请皇帝再下一道圣旨，朱厚照耐着性子发出第三道圣旨。

于是阳明先生又接到圣旨：既地方有事，王守仁着上紧去，不许辞避迟误，钦此[2]。农历十二月初二日，吏部回复阳明先生请辞信的公文也送达：奏奉圣旨，王守仁不准退休，南、赣地方多事，用心巡抚。

1516年农历十二月初三，阳明先生带着学生走向那些聚啸山林的土匪，走向他多年以来企盼的刀光剑影。

不动如山，走在华山之巅的独木桥上，如同走在离地半米高的木板上。针对"喜、怒、哀、惧、爱、恶、欲"等干扰，阳明先生给弟子们开出相应的药方[3]，他自己也不断事上练。

不动如山，又会跟其疾如风、侵掠如火相关联，于是难测如阴阳（图15-1）。

既然要去南赣剿匪了，自然要跟南京的同事朋友们告别。《龙江留别诗》，模拟件如图15-2[4]所示，记录了当时阳明先生远离友人的惜别之情。

阳明先生此次奉命巡抚南赣一带，心情不可能没有波澜。他祖母年事已高，打报告要回家探望没被批准，而南、赣、汀、漳各郡皆有巨寇，此行征战凶险也是必须要应对的。但本幅书帖行笔流畅清劲，略无凝滞，线条粗细浓淡自然洒脱，字句之间疏朗有致，看不出一丝感伤之气。

该书帖共五十八行计267字，是为送行友人白楼先生专门书录的，是阳明先生传世书法代表作之一，乾隆年间曾刻入《三希堂法帖》，卷中有清初朱之赤及乾隆、嘉庆内府鉴藏印多枚。

---

[1] （明）王守仁. 王阳明全集【一】[M]. 陈恕，编校. 郑州：中州古籍出版社，2016，9：245.

[2] （明）王守仁. 王阳明全集【一】[M]. 陈恕，编校. 郑州：中州古籍出版社，2016，9：245.

[3] （明）王阳明. 传习录[M]. 第二版. 于自力，孔薇，杨骅骁，注译. 郑州：中州古籍出版社，2008，1：357.

[4] 类别：纸本行草书；创作时间：明正德十一年（1516年）；尺寸：281mm×2966mm；馆藏：现藏北京故宫博物院。模拟件根据文献中插图整理，参见：中国书法全集 第52卷 唐寅、王阳明、莫是龙、邢侗、陈继儒[G]. 刘正成，主编. 北京：荣宝斋出版社，2005，11：149-156+303-304.

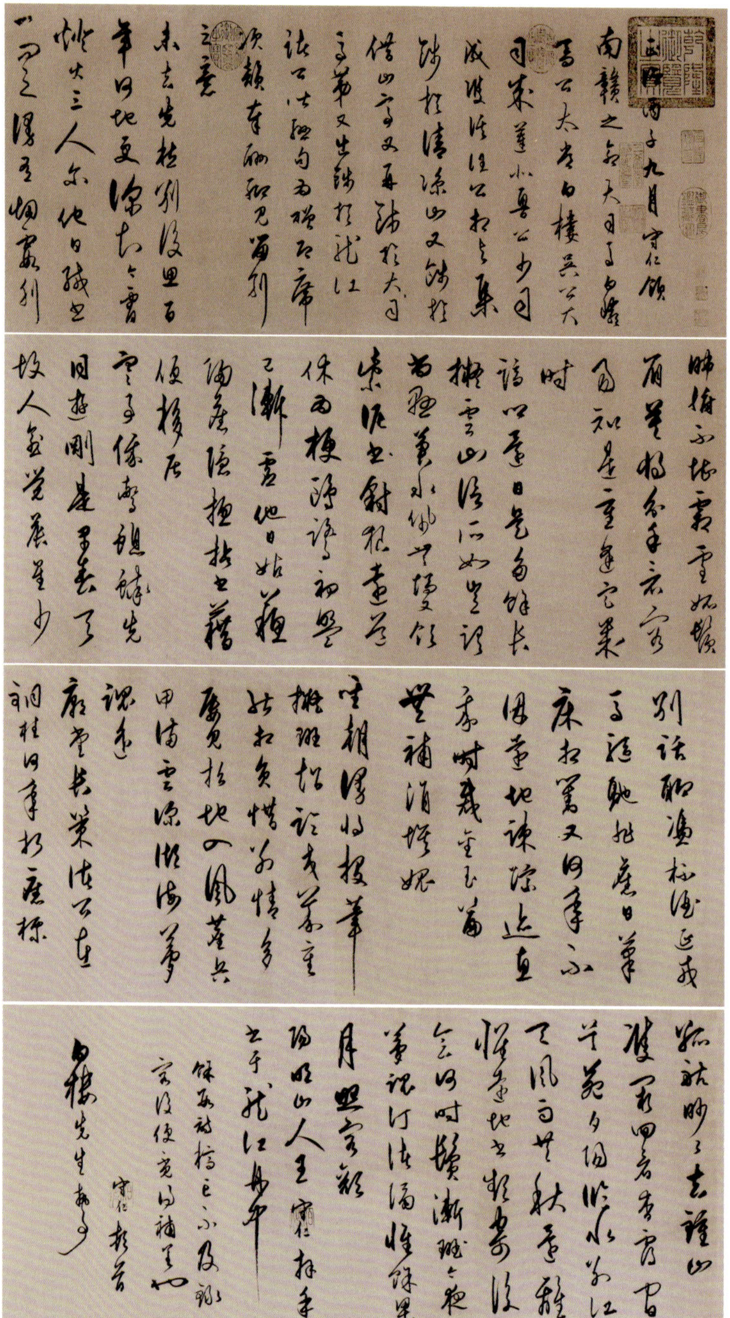

图 15-2 《龙江留别诗》书贴模拟件

【释文】：

正德丙子九月，守仁领南赣之命。大司马白岩乔公、太常白楼吴公、大司成莲北鲁公、少司成双溪汪公相与集饯于清凉山，又饯于借山亭，又再饯于大司马第，又出饯于龙江。诸公皆联句为赠，即席次韵奉酬，聊见留别之意。

未去先愁别后思，百年何地更深知。今宵灯火三人尔，他日缄书一问之。漫有烟霞刊肺腑，不堪霜雪妒须眉。莫将分手看容易，知是重逢定几时。谪乡还只是多余，长拟云山信所如。岂谓尚悬苍水佩，无端又领紫泥书。豺狼远道休为梗，鸥鹭初盟已渐虚。他日姑苏归旧隐，总拚书籍便移居。寒事俄惊蟋蟀先，同游刚是早春天。故人愈觉晨星少，别话聊凭杯酒延。戎马驱驰非一日，笔床相对又何年。不因远地疏踪迹，惠我时裁金玉篇。无补涓埃愧圣朝，漫将投笔拟班超。论交义重能相负，惜别情多屡见招。地入风尘兵甲满，云深湖海梦魂遥。庙堂长策诸公在，铜柱何年折旧标。孤船渺渺去钟山，双阙回看杳霭间。吴苑夕阳临水别，江天风雨共秋还。离怀远地书频寄，后会何时鬓渐斑。今夜梦魂汀渚隔，惟余梁月照容颜。

阳明山人王守仁拜手书于龙江舟中。余数诗稿亡不及录。容后便觅得补呈也。守仁顿首。白楼先生执事。

当时阳明先生等人在南京，"龙江"即南京的龙江关。送别的人中有大司马白严乔公，时任南京兵部尚书；太常白楼吴公指长洲人吴一鹏，字南夫，号白楼居士，时任南京太常寺卿；大司成莲北鲁公，指鲁铎，字振之，时官任南京国子祭酒[1]。

从中也可以看出，阳明先生跟上下级的诸多官员相处非常融洽。建筑领域也是一样，要把建筑顺利地推进，必须方方面面都协同顺畅，而要把事情搞砸，则只要一个环节出问题就砸了。

对一个人的成功而言，个人能力固然重要，但外部的机缘也很重要，王琼就是给阳明先生提供施展平台的外部机缘。王琼曾因得罪刘瑾被贬谪，刘瑾伏诛后晋升至兵部尚书，他对敢于对抗刘瑾的阳明先生自然惺惺相惜。但王琼对阳明学本身并没多大兴趣，不过有限的几次交谈中，阳明先生的襟胸坦荡、持重练达给王琼留下了深刻的印象。

王琼保荐阳明先生到江西一带去剿匪，其实还只是他的一个初步动作，他的真正意图是把阳明先生安插到江西，以随时应对更大的突发事件。

现在知道王琼的人并不多，即便知道此人也大多是因为他启用了阳明先生而被顺带提到。但一个能在阳明先生专注于教学的时候就能察觉其才能而全力保举、启用阳明先生的人，必定是有他独到的眼光的。正是这种独到的眼光，1516 年王琼就察觉江西将可能发生突发事件，这突发事件则关系到藩王叛乱[2]。

从历史的发展看，南昌的王爷朱宸濠果然起兵叛乱了，当这消息报到京城的时候，王琼跟皇帝说，有王守仁在江西，料无大碍。而阳明先生则在两个月不到的时间里，以极少的兵力，迅速平息了一位藩王处心积虑几十年的叛乱。从中可以看出，一是阳明先生的用兵之能，二是王琼的识人与用人之能。

1516 年阳明先生应该还没有料到王琼的后续思考，他当时的着重点当然是尽快平定匪患，让当地百姓能够平静地生活。他曾担任过庐陵县令，对那一带还是了解的，只是他担任庐陵县令期间这些土匪没来打劫庐陵县，当时还没发生直接的对抗。当然巡抚和县令的级别就相差很大了。

面对各路悍匪，指挥千军万马纵横驰奔，无疑要有高超的统

---

[1] 中国书法全集 第 52 卷 唐寅、王阳明、莫是龙、邢侗、陈继儒[G]. 刘正成，主编. 北京：荣宝斋出版社，2005，11：304.

[2] 王琼知朱宸濠必将为变，一日，召其属主事应典曰："我置王守仁于江西，与之便宜行事者，不但为溪洞诸贼而已，或有他变，若无便宜行事，敕书旗牌，将何施用？" 参见：(明) 王守仁. 王阳明全集【四】[M]. 陈恕，编校. 郑州：中州古籍出版社，2016，9：74.

兵能力。从皇帝到大臣，都知道阳明先生从没带过兵。阳明先生在刀光剑影的战场上，如何知行合一？

针对阳明先生报效国家的态度，先插叙一段。

古人都非常讲究死在家里的，认为这才是寿终正寝，这一点现在在我国很多老人的思路中还比较普遍，五百年前的阳明先生也不例外。1527年朝廷因广西叛乱，再次命令阳明先生挂帅。由于曾遭受庭杖、下狱、流放等折磨以及后来多年征战，阳明先生当时身体状况已经很差了，但还是抱病出征。出发前阳明先生曾不无忧虑地跟弟子们说，他可能不会活着回家了。

最后阳明先生通过战前的蓄势，就以不战而屈人之兵的方式平定了广西叛乱，并不顾病情加重，顺势剿灭了断藤峡和八寨的匪患。接着一边给朝廷寄送报表，一边返程回家，但阳明先生还是在归途中溘然长逝。1528年农历十一月二十九日辰时，一代宗师陨落于江西青龙铺[1]。正可谓：鞠躬尽瘁，死而后已。

令人寒心的是，在桂萼等内阁人物的挑唆下，以擅离广西等由头，朝廷不仅没有给阳明先生封赏反而褫夺了阳明先生的新建伯爵位，但阳明先生的弟子们依旧在老师的坟前守孝。一直到隆庆元年（1567年）农历五月明穆宗即位，一方面是念及阳明先生匡危扶倾的功劳，另一方面也是试图通过榜样的力量来提振朝野的风气，特追封阳明先生为新建侯[2]。须知，明朝开国军师刘伯温也只封到诚意伯。但这时离阳明先生去世快40年了，阳明先生即便泉下有知，大约还是临终的那句话：此心光明，亦复何言？

事实上，1516年阳明先生反复辞官，并非跟皇帝拿架子。他主要是要等正方和反方的意见都在皇帝面前摆一摆，尤其是让反对他担任巡抚的势力把相关奏折都上了，这相当于给皇帝打预防针。接着让朝廷和地方上的官员知道他来巡抚南赣，是皇帝给了便宜行事权力的。

阳明先生从小就有经略四方之志，非常明白很多战役失败并非是将领无能或者士兵不勇敢，而是其他官员的掣肘。若将领当机立断、指挥部队迅速投入战斗，可能会被指责为贪功冒进、好勇嗜杀；若将领暂时按兵不动、等待有利时机，那又会被指责为畏葸不前、玩敌养寇。所以，阳明先生等的就是指挥自主权。

作战指挥须具备极其准确的选择能力和决断能力，着眼点在于取得战役的实效而不避极端。冲锋陷阵就要求集中全力，对敌人的重点作猛烈打击，退守防御就要考虑地形的有利和工事的完善，如不利于守就要断然放弃。战斗取得阶段性胜利，就要全力扩张战果，绝不能因其他问题而犹豫。战场上突变风云，容不得丝毫的瞻前顾后与患得患失，阳明学修炼的就是人的意志力和专注力。另外大家会发现，接着十几年间，阳明先生在作战时总是带着学生的，阳明学的很多研究总结，是这个阶段迸发的。阳明先生带着"战、学、研"一体的团队，在作战、教学和研究等方面平衡起来得心应手。

在阳明先生的教学中兵法讲得很少，或者说几乎没有。他觉得已经把自己悟得的学问精髓以及兵法等内容都融会贯通于他的心学之中了。

在街头旧书摊上，用三块钱就能买到一本《孙子兵法》。如果明确了中考要考《孙子兵法》的话，那么很多初中生会在两周之内把兵法十三篇都背全了，但显然他们不能指挥作战。纵观阳明先生的各次军事行动都是"攻心"为上，必要的交锋都是出其不意、攻其不备。

在军事指挥中，对气候、地形、地貌、战机、装备等天时地利的把握是一方面，对指挥员统帅部队能力的要求则是更重要的

---

[1] （明）王守仁. 王阳明全集【三】[M]. 陈恕，编校. 郑州：中州古籍出版社，2016, 9: 339.
[2] （明）王守仁. 王阳明全集【四】[M]. 陈恕，编校. 郑州：中州古籍出版社，2016, 9: 21.

一方面。不论是军队，还是一家设计院，能否做到令行禁止都是这个团队战斗力的核心指标。疾如风、徐如林、侵掠如火、不动如山，这样的队伍驻扎在那里，敌人就害怕。现在的建筑设计团队也是这样，对负责人而言，不是看他个人能力有多强，而是看他能否有效地指挥调度许多单方面能力比他出色的属下。

阳明先生接手当地的部队后，经他用心学调教一番，很多将士在战斗中舍生忘死、奋勇当先，就连原先的内鬼都成了他向敌人送假情报的得力助手。从阳明先生的军事指挥来分析，核心就是"存乎一心"，而这正是用兵的精髓，也是阳明学的精髓。

后来在剿匪时，他会把强盗头的首级砍下来挂竹杆上，以至于其他强盗见之胆寒。在对付藩王朱宸濠叛乱，他首先就伪造了一大堆朝廷公文到处张贴，让朱宸濠疑神疑鬼，未开战就乱了阵脚。这些，是当时的理学大师们干不来的。

阳明先生处理实际问题时，不在乎外在的拘束和禁忌，他不停要叩问的就是自己内心的良知。凡事须出于公心，团结一切可团结的力量，获得有才德之人的帮助，这是前行的准绳。能常人所不能，持常人所难持，戒慎于不视，恐惧于不闻，方能性定而动无不正。

1517年正月，阳明先生到江西剿匪。一年后，他写信叮嘱没和他一起去江西的弟子们要全身心"存天理去人欲"。为了让弟子对祛除人欲的难度有深刻认识，信中有这样一句话：破山中贼易，破心中贼难[1]。

心中贼自然是"人欲"，而山中贼则是山林中的土匪。阳明先生说破山中贼易，只是为了烘托祛除人欲的难度，事实上破山中贼远非那么容易。南赣地区崇山峻岭、洞穴密布，是土匪的乐土。大规模围剿的官兵合围时，他们能轻易地化整为零，等大规模的官兵一撤他们又重新聚合。

所以赣、闽、粤、鄂等省组织过多次围剿，但收效甚微。当时的土匪主要有池仲容、谢志珊、蓝天凤、陈曰能、高快马、詹师富、卢珂、黄金巢等团伙，各据山头。

1517年农历正月十六，阳明先生抵达南赣巡抚的办公地江西赣州，开府办公[2]。这是阳明先生一生中很酷的一个时间点，他派人到南赣巡抚的各个管辖区传令，说新巡抚王大人已到任。

阳明先生的第一个目标就是福建漳州的詹师富，该团伙与池仲容、谢志珊、蓝天凤等相比力量略小，位置相对孤立，正好适合阳明先生小试牛刀。在对詹师富采取行动之前，阳明先生谨慎地"知己"，他发现自己一方有三个致命弱点：

第一，当地官兵战斗力很弱。原因是接连不断的匪患使得地方政府财政枯竭，军费开支被严重压缩。另外，官兵和土匪打了多年，胜少败多，形成了畏敌心理。阳明先生的应对办法就是从军队中拣选骁勇有胆气的士兵组成一支精锐队伍日夜操练[3]，同时他用心学不断引导，让这些士兵除了当兵拿军饷之外还有一种道德感，这就是在军队里开展日常化政治思想工作的先河。

第二，官府里有土匪的卧底。这从多次的剿匪档案中就能看出，大的军事行动找不到土匪的影子，小的军事行动总是遇到埋伏，他得揪出内奸。

第三，民匪一家。许多土匪的在山下都有亲人，以至于一些民众给土匪通风报信，经常还起到掩护、窝藏的作用。

在之后几天的摸查中，阳明先生掌握了一位老吏是内鬼的证据，他把老吏叫到办公室，老吏的心理防线在阳明先生这位心学

---

[1] （明）王守仁. 王阳明全集【一】[M]. 陈恕, 编校. 郑州：中州古籍出版社, 2016, 9: 143.

[2] （明）王守仁. 王阳明全集【三】[M]. 陈恕, 编校. 郑州：中州古籍出版社, 2016, 9: 270.

[3] （明）王守仁. 王阳明全集【三】[M]. 陈恕, 编校. 郑州：中州古籍出版社, 2016, 9: 271.

大师前迅速崩溃。他承认自己是奸细，请求阳明先生饶命。

阳明先生说，你要戴罪立功。老吏问，怎个戴罪立功？阳明先生说，你继续当你的奸细，以后的情报由我给你，我叫你放什么消息，你就放什么消息。于是，土匪的奸细变成了阳明先生向土匪传播虚假消息的通道。

在《孙子兵法》中，把《用间》放在最后一篇，并指出这是最难掌握的兵法。因为"用间"不同于火攻、相地之类的带有一定客观性的法则，而纯粹是双方的心理对抗，尤其是反间、离间计等厉害的招数，而阳明先生则是心理大师。

阳明先生七年前曾在庐陵担任县令，对这一带的民情颇为了解。针对民匪一家的问题，阳明先生的解决方案是：十家牌法[1]。

所谓十家牌法，就是要每家把家人的信息（籍贯、姓名、年貌、行业等）写到一块木牌上，挂在门口。十家为一牌，由指定的人当牌长，牌长手上有一份关于这十家的详细资料。牌长每天在固定时间挨家挨户查巡，对住户进行比照：一是用自己手上的资料对照木牌上的信息是否准确，二是用木牌上的信息检查这户人家。一旦发现有未在牌子上记录的人，立即报官。倘若这个此人来路不明，或者就是土匪，那这家和与他编在一起的其他九家就要一起受到处罚。主动举报者可免于处罚，据其具体情节还可予以奖励[2]。所以，十家牌法的作用就在于把每家百姓的利益与官府的利益结合成了共同体。

阳明先生在告示中说，百姓中固多诗书礼义之家，我也是不忍心以狡诈来揣度众多善良百姓，只是要防奸革弊，确保能安顿大多数善良百姓，又不得不采取措施，目的就是要剪除盗贼、安养百姓。阳明先生认定，人人都有趋利避害的心，所以人人都担心被别人连累，采用了十家牌法则不用官府的命令百姓就能主动去监视匪情。即使土匪是他的家人，他也会想为了一个亲人而连累了几十个亲属乡邻而良心不安，于是不再掩护、窝藏土匪。

十家牌法使得南赣土匪再也不能隐藏到乡民中，其生存空间被大大地压缩。阳明先生评价十家牌法说："诚使此法一行，则不待调发而处处皆兵，不待屯聚而家家皆兵，不待蓄养而人人皆兵，无馈运之劳而粮饷足，无关隘之设而守御固，习之愈久而法愈精，行之愈广而功弥大[3]。"

阳明先生讲究知行合一，就是要把他前前后后仔细研究出来的每一条都落实在行动上。阳明先生已经得到朝廷许可，可以便宜行事。所谓便宜行事，就是在重要关头，不必奏明朝廷就可以根据自己意思行动，包括调兵和赏罚。故而从军队到属下的各级官府，都认真对待剿匪事宜，齐心协力，听从阳明先生指挥。

作战，绝不是拎着大刀冲上去打就成了，很多事情的成败跟写诗一样，也是功夫在其外。当然，光有"便宜行事"之权，还是不足以让各路人马心服的。想让别人怕你是方便的，要让别人敬你那就比较难了。纵观古今中外的许多领袖人物，除了宽严并济、料敌先机、算无遗策、赏罚分明等能力外，关键还是因为他们内在的人格呈现出一种外显的气度，从而具备了感染力和信任度。阳明先生无疑具备足够的感染力和信任度，与善人处可以坐而论道，与恶人处则有霹雳手段。

接着，阳明先生就开始对付詹师富的军事部署了。这是他巡抚南赣的第一次亮相，也是他军事生涯的开场篇。詹师富作为独霸一方的匪首，也是多年刀头舔血闯过来的。阳明先生完成了从书斋到刀光剑影的过渡，接着进入对刀杀人的实战是否顺利？

欲知后事如何，且听下回分解。

---

[1] （明）王守仁. 王阳明全集【三】[M]. 陈恕, 编校. 郑州: 中州古籍出版社, 2016, 9: 270.

[2] （明）王守仁. 王阳明全集【二】[M]. 陈恕, 编校. 郑州: 中州古籍出版社, 2016, 9: 84-86.

[3] （明）王守仁. 王阳明全集【二】[M]. 陈恕, 编校. 郑州: 中州古籍出版社, 2016, 9: 179.

第十六回
弓如霹雳弦乍惊

图 16-1 轻若飞花，重如雷霆

  一个人若胸有大志、腹有良谋，那么他绝不会把自己的计划拿来与别人反复商议、讨论，他拿出计划的目的就是说服大家跟他一起行动。其间不仅要有志在成功的坚定信念，还要有坦然面对沉浮的积极心态和具备承受艰难的耐力，更重要的是要有明察秋毫的细致并体现在执行力上。

上回说到阳明先生通过十家牌法、清理内奸、心学引导等一系列措施来统领军队、凝聚乡绅和百姓，而后他选择的第一个剿灭目标就是福建漳州的詹师富。这回接着说他怎么指挥剿匪的战斗。

詹师富的老巢在福建漳州的象湖山。他能创造多次对抗官兵的胜利，是因为他对利用闽北山区地形开展伏击战有一套。现在探得阳明先生移文闽、粤、赣三省兵备官，统一调度先打他，詹师富一方面不断派人打探官兵的动静，另一方面把他的人马埋伏在官兵来象湖山的必经之地，等官兵进入他的埋伏。

詹师富在这一带经营多年，官兵来象湖山必定过阔竹洋、新洋、大丰、五雷、大小峰这几个隘口的[1]。不出詹师富所料，官兵进入了这些崎岖沟壑之地，詹师富匪伙于是忽然杀出，根据他们经验，官兵一看有埋伏就溃不成军。

然而让詹师富没想到的是，经阳明先生整顿的官兵部队不同于原先的官兵。在被包围的情况下这些官兵丝毫不乱，不但撕开了包围圈，而且反过来准备围堵詹师富，詹师富招架不住急忙逃回老巢象湖山。从这次较量中可以看到：第一，各种地形是千变万化的，而盘踞此地多年的土匪必定占据着地利；第二，经过阳明先生整编，官兵战斗力明显提升。

官兵向象湖山推进的过程中，在莲花石一带跟土匪展开了激战，指挥覃桓、县丞纪镛以及许多官兵战死了，很多将领请阳明先生调集外省的狼兵等到秋季再跟詹师富决战。阳明先生马上给这些退缩的将领判了失律罪，叫他们立功自赎，并告诫大家"兵宜随时，变在呼吸"，"善用兵者，因形而借胜于敌，故其战胜不复，而应形于无穷。胜负之算，间不容发，乌可执滞"[2]，接着就亲率各部锐卒到了福建上杭。

詹师富则认为官兵吃了苦头之后，也跟以前的官兵一样收工回去了。而阳明先生所表现出来的动向，正和詹师富所预计的一样，张罗着要回赣州了，詹师富收到的线报也是说官兵要先回赣州等秋季再行动。

事实上，阳明先生派义官曾崇秀带人昼夜不息地打探象湖山的动静，发现守卫松懈，詹师富的确相信官兵已经撤退了。阳明先生马上出兵，于1517年农历二月十九日率兵直奔象湖山，因迷惑之计取得了成效，象湖山守卫十分松懈，突击队很快攻破象湖山隘口。接着大部队突入象湖山，双方就在山中展开惨烈的肉搏战。部分土匪占据上层峻壁负隅顽抗，阳明先生安排了奇兵从小路突然登顶，土匪就惊溃奔走了[3]。官兵控制了象湖山，从俘虏口中得知，詹师富在混战中已逃到可塘洞据点去了，阳明先生下令对詹师富的所有据点全面扫荡。

詹师富的老巢被阳明先生端了，土匪的气势和斗志受到严重打击。一般说来，一个团队的领导人如果胆怯、毫无斗志，那这个团队离瓦解就不远了，詹师富自己失魂落魄，当然他的喽啰就更慌张。于是可塘洞的防线很快溃散，詹师富本人被活捉[4]。

就聚啸山林的土匪而言，一旦领头老大这样的灵魂人物被活捉，整体势必垮掉。阳明先生的部队如风扫落叶一样，迅速横扫詹师富四十三处据点。阳明先生剿灭詹师富团伙只用三个月，这一雷鸣电闪般的重拳把其余各山头的土匪们震住了[5]，阳明先生的预期目的达到了。这是阳明先生在军事生涯中的第一次亮相，轻若飞花，重如雷霆（图16-1）。

土匪们惊诧莫名，这位不停咳嗽的书生怎会有如此能耐？有

---

[1] (明) 王守仁. 王阳明全集【一】[M]. 陈恕, 编校. 郑州: 中州古籍出版社, 2016, 9: 249.

[2] (明) 王守仁. 王阳明全集【三】[M]. 陈恕, 编校. 郑州: 中州古籍出版社, 2016, 9: 271.

[3] 阳明先生给作战部队把细节都讲得很清楚："虽据险而守，尚可出其不趋，掩其不备，则用邓艾破蜀之策，从间道以出奇。"参见: (明) 王守仁. 王阳明全集【二】[M]. 陈恕, 编校. 郑州: 中州古籍出版社, 2016, 9: 88-89.

[4] (明) 王守仁. 王阳明全集【一】[M]. 陈恕, 编校. 郑州: 中州古籍出版社, 2016, 9: 250.

[5] "是役仅三月，漳南数十年遗寇悉平。"参见: (明) 王守仁. 王阳明全集【三】[M]. 陈恕, 编校. 郑州: 中州古籍出版社, 2016, 9: 272.

探子说，此人只是个教书先生，到南赣来还带着学生的，从来没有什么作战经验，消灭詹师富只是碰运气罢了。也有情报说，此人外表忠厚，内心狡诈，詹师富就是死在他的奸计之下。还有消息端的怪异，说此人是个半仙，因为他居然能向老天求雨。

阳明先生的确在求雨，而且成功了。1517年农历四月初，阳明先生率部回到上杭。上杭当时已经大旱了三个月，阳明先生就设坛求雨，第二天上杭居然大雨。阳明先生还欣然写了一篇《时雨堂记》[1]，从当地老百姓久旱逢甘霖提升到"王师若时雨"，使得当地的各级官员以及广大乡绅均大受鼓舞。

老百姓不懂舞文弄墨，但阳明先生通神的名声，在南赣一带的百姓中传开了。就像诸葛亮借东风一样，阳明先生在民间先搞些真真假假的宣传，他知道土匪在打探他。《回军上杭诗》，模拟件如图16-2[2]所示，节奏轻快，顾盼雄飞，一气呵成，是他这个阶段的心情写照，写诗题字也是他跟当地官员、乡绅沟通的一种方式。

【释文】：

山城经月驻旌戈，亦复幽寻到薜萝。南国已看回甲马，东田初喜出农蓑。溪云晓度千峰雨，江涨春深两岸波。暮倚七星瞻北极，绝怜苍翠晚来多。

雨过南泉庵，梁郡伯携酒来，即席漫书遂录呈。守仁顿首。

做任何事情，都有一个"团结大多数"的问题，这其实就是民心向背的问题。只有做到"团结大多数"，才能使得你的对手成为"少数"，才能得道多助。阳明先生到南赣剿匪，首先是稳定当地官员和老百姓的"心"，使真正的土匪成为非常孤立的少数，进而使出霹雳手段。

结合作战指挥的效果，1517年农历五月阳明先生根据自己的思路改革了军制：士兵二十五人编为一伍，长官为小甲；二伍为一队，长官为总甲；四队为一哨，长官为哨长，设两名副官，名为协哨；二哨为一营，长官为营官，设两名副官，名为参谋；三营为一阵，长官为偏将；二阵为一军，长官为副将[3]。所有的将官都由阳明先生直接任命，无须再上报批准，这样就确保了令行禁止的执行力度，部队形成了严格有效的指挥系统。

兵马未动，粮草先行。阳明先生当时更棘手的问题就是军费开支问题。阳明先生通晓古今，太明白军饷对部队的重要性，没有军饷粮草，如何平乱？

当时的情况是，阳明先生既不能直接向朝廷伸手要钱，更不能加重当地民众的税赋，于是他把目光聚焦到了盐上。自古以来盐税都是最重要的课税之一，阳明先生上了《疏通盐法疏》[4]，提出三项主张：一是把原来南安、赣州两府行销潮州粤盐的范围扩大到吉安、临江、袁州，商人在南赣两府卖盐按原来的税率十抽一交税，到新增的三府卖盐则按十抽二的高税率交税；二是为了防止偷税漏税，把南安梅亭税关归并到赣州龟角尾税关，统一纳税；三是在平定南赣匪患之前这些盐税全部留作军费使用。

朝廷相关官员很不情愿，但他们很无奈，若不给予阳明先生盐税权则平定不了匪患，匪患平定不了则终究还是没盐税。在王琼等人的周旋下，朝廷最终同意了阳明先生疏通盐法筹措兵饷的要求。于是南赣地区"不加赋而财足"，阳明先生争取到了稳定的经济来源。有了稳定的军费，阳明先生就让部队配置高质量的强弓硬弩、短刃长枪和盔甲旌鼓等，一方面是利其器而善其事，另一方面则是提振士气。

---

[1] （明）王守仁. 王阳明全集【三】[M]. 陈恕，编校. 郑州：中州古籍出版社，2016，9：14.

[2] 类别：纸本草书；创作时间：明正德十二年（1517年）；尺寸：1385mm×690mm；馆藏：现藏上海博物馆. 模拟件根据文献中插图整理，参见：中国书法全集 第52卷 唐寅、王阳明、莫是龙、邢侗、陈继儒[G]. 刘正成，主编. 北京：荣宝斋出版社，2005，11：157+304.

[3] （明）王守仁. 王阳明全集【三】[M]. 陈恕，编校. 郑州：中州古籍出版社，2016，9：272.

[4] （明）王守仁. 王阳明全集【一】[M]. 陈恕，编校. 郑州：中州古籍出版社，2016，9：264-266.

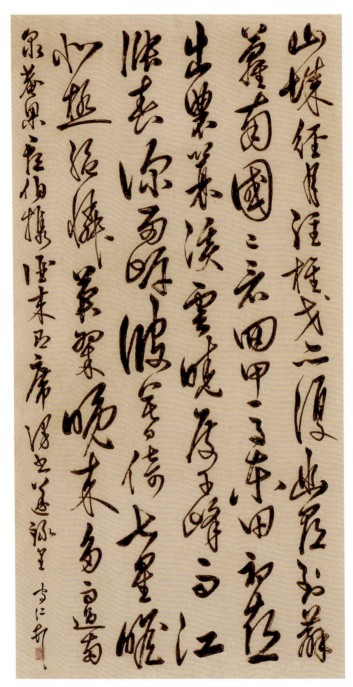

图 16-2 《回军上杭诗》书贴模拟件

光知道去统领军队、去凝聚百姓、去筹集军饷，还是属于空想，关键是要有组织地去落实。

事实上，一个人若胸有大志、腹有良谋，那么他绝不会把自己的计划拿来与人反复商议、讨论，他拿出计划的目的就是说服大家跟他一起行动。在决策之前他会前前后后仔细研究，然后制定计划，其间不仅要有志在成功的坚定信念，还要有坦然面对沉浮的积极心态和具备承受艰难的耐力，更重要的是要有明察秋毫的细致，小心谨慎地避免那些招致失败的陷阱。

最终的落实，还是要体现在执行力上。

阳明先生发现即便是他当初从各部队挑选出的所谓精英官兵，也还是缺少日常军事训练，并且可挑选的兵源严重不足。

以前南赣匪患猖獗时，朝廷曾派湘西、贵州、广西等地的狼兵前来。这些狼兵大多是当地土司的家兵，以当兵为业，凶猛勇敢、吃苦耐劳、善于爬山钻林，南赣土匪十分惧怕，于是采取回避的战术。狼兵来了他们化整为零躲藏起来，狼兵回去了他们又出来骚乱，而各地请来的狼兵一来一回得一年时间，阳明先生觉得不能寄希望于外地的狼兵。

于是阳明先生开始搞南赣的"团练"，就是练习民兵培养地方武装。团练这个词或者说这种民兵组织是自古就有的，但阳明先生这样搞成亦官亦民且建制完整的，可谓首创之举。40年后戚继光就按照这种方式招募乡民搞起了"戚家军"，350年后曾国藩大办团练培养湘军，包括团练建制、思想教育等全都学而致用。

阳明先生让南赣各州府从所属县衙的弩手、捕快中各挑选骁勇者十名左右为将官，又从各卫所部队中挑选有实战经验者担任教官，让他们编练民团。很快一支比朝廷卫所官兵更有战斗力的团练就组织了起来，这为阳明先生之后的平定匪患奠定了坚定的战斗基础。民团平时集中在赣州城军营操练，保持战斗力，农忙时可以回家干农活，阳明先生搞起了长期战斗的架势。

当很多匪首变得谨慎时，大庾岭的陈曰能却大不以为然，甚至还主动到南安府一带耀武扬威若干次。这感觉像在斗殴前先把衣服脱了，让别人看身上凶猛的纹身，也为自己打气。陈曰能觉得自己的大庾岭遍布荆棘，周围全是悬崖峭壁，且在唯一可以通行的路上已经布置了最勇悍的壮汉，万无一失。

阳明先生则又是不动如山，并开始虚虚实实地出招了，让陈曰能的探子以为这些团练每次阶段性训练完毕后，就没有必要再提高警惕了。这就是阳明先生希望达到的效果。

1517年农历六月二十日，阳明先生的团练阶段性训练完毕，似乎又休兵了。但这只是表面现象，事实上是悄悄集结起来向大庾岭急行军。这次军事行动和进攻詹师富的军事行动毫无二致，都是在麻痹敌人后的快速奇袭。陈曰能的结局也和詹师富一样，由于防守松懈，他的大庾岭被阳明先生部队用火攻轻易攻克，而他本人在逃跑途中被南安府知府季敩带部队活捉了，大庾岭的陈曰能就这样被阳明先生剿灭了[1]。真正的高手，从来都不是身上的纹身很吓人的那种。

阳明先生的这些战斗，若是要按照连续剧的写法，每一次都可以写得跌宕起伏。但作为阳明先生知行合一历程解读，具体的战斗情节就几句话带过了。因为阳明先生要对付的事情，大多都是在战场之外。

通常而言，如果做事太顺利，那么就要小心。这种辩证法的思路，精通易经的阳明先生自然是深谙其道。其实，阳明先生刚接到巡抚南赣的圣旨时就有人就瞄上他了，此人就是江西相关军务的监军毕真。

明朝的皇帝为确保对各地军事权力的控制，差遣太监为军中监军，专掌稽核功罪赏罚之事。监军名义上是军法处处长，实际

---

[1] （明）王守仁. 王阳明全集【一】[M]. 陈恕, 编校. 郑州：中州古籍出版社, 2016, 9: 270-271.

上各地要进行任何军事行动，都必须通过他。这就是阳明先生接到巡抚南赣第一道圣旨时，就提防着的。阳明先生当年廷杖、下狱、流放等流程是走了全套的，对这些太监的手段很清楚。而这个毕真也不出阳明先生所料，要远在京城的太监同伴们提醒皇上这位南赣巡抚后又获得提督军务大权却没有监军。

皇帝朱厚照跟兵部尚书王琼商量给阳明先生配置监军的问题时，王琼马上跟皇帝说，南赣地区不同于其他地方，是四省交汇处，之前的巡抚所以不能成事，就是因为政出多门，贻误了战机；如果让毕真监军，他在南昌而阳明先生在赣州，阳明先生每次军事行动都要经过他的许可，剿匪的机动性就无从谈起。

皇帝居然就听从了王琼的意见，或许是他记得当时是下了三道圣旨叫阳明先生去巡抚南赣的，或许是他记得自己同意阳明先生"便宜行事"的，阳明先生这才牢牢地抓住了"政由我出"的机会。

这就是领导信任的重要性，这也就是阳明先生开始接到巡抚南赣的圣旨之时就料定会出现的变数，他等了三道圣旨，就是为现在这些掣肘准备的。他在事情之初，就进行了通盘考虑，把期间可能出现的问题在接手的初期先解决了。若当时不解决，那对阳明先生而言，就须在当时中止行动，甚至不惜冒抗旨不遵的罪名。现在阳明先生进一步巩固了自己的阵脚，确认自己的后防无碍，这时剿匪已经取得第一阶段的胜利，官兵士气高涨，土匪纷纷胆寒。于是，他觉得时机成熟了，就开始了第二阶段的工作。

阳明先生第二阶段的工作是发一份告谕土匪的告示，这是一封阴阳调和、恩威并施的文告[1]。

告示开场，慑之以威：本巡抚以弭盗安民为职。剿灭漳寇詹师富等，斩获七千六百余。经审理才得知首恶不过四五十人、党

---

[1] (明) 王守仁. 王阳明全集【二】[M]. 陈恕, 编校. 郑州：中州古籍出版社, 2016, 9: 108-110.

恶之徒不过四千余，其余都是一时被威逼；惨然于心，便想到你们当中岂无被威逼的？我未派人去抚谕就兴师围剿，近乎不教而杀，日后我必后悔；故特向你们说明，不要以为有险可凭，比你们兵力多、巢穴险的都被我灭了。

继而，示之以恩：若有人抢夺你们的财物和老婆，你们必愤恨报复，将心比心，你们为什么去抢别人的财物和老婆？我也知道你们或为官府所逼，或为富人所侵而误入歧途；此等苦情，甚是可悯，但你们若冥顽不灵逼我兴兵去剿，便不是我杀你们，而是老天杀你们，譬如父母生十子，二人要害那八个，父母须得除去那两个，让那八个安生；我也是如此；若这两个悔悟向善，为父母者必哀怜收之，不忍杀其子，乃父母本心，我对改过从善者如对良民，让他们安居乐业，既往不咎；你们若是不投降，我就调两广、湖湘之兵共同围剿，一年不行两年，两年不行三年，你们谁也不能飞出天地之外。

再则，动之以情：不是我非要杀你们不可，是你们使我良民寒无衣、饥无食、居无房、耕无牛；如果让他们躲避你们，他们就失去了田业，已无可避之地；如果要他们贿赂你们，家资已被你们掠夺，已无行贿之财；就算你们为我谋划，恐怕也只有剿尽你们而后可，我言已无不尽，心已无不尽；如果你们还不听，那就是你们辜负了我，而不是我对不起你们，我兴兵无憾；你们皆是我之赤子，我不能抚恤你们，而至于杀你们，痛哉痛哉！兴言至此，不觉泪下。

若阳明先生刚到赣州就发这样的告示，各山头的土匪不会理会。但现在几个月内就剿灭了詹师富、陈曰能两股土匪，还发展了团练搞长期作战准备，效果就不一样了。总之，这封恩威并施的告示撒出去后，就有主动投诚的。

第一拨投诚的是赣州龙南的黄金巢团伙，第二拨则是广东龙川卢珂团伙。他们带领自己能控制的所有人马来见阳明先生，声

称愿效死以报[1]。有人提醒阳明先生要提防着点，阳明先生说他们被我的诚心感动，我真心对待他们，他们不会用伪心来对我。所谓艺高人胆大，阳明先生自己是心理大师，就不怕别人跟他使诈。

实际上，阳明先生打仗的重点不在临阵的排兵布阵上，而在前期的谋划上，他的谋划特点是在他和他属下将领们讨论时已胸有成竹。1517年农历十月，阳明先生领兵到南康。

属下们认为如果对横水、左溪、桶冈进行围剿，应该先剿桶冈。阳明先生却说，无论从湖广、还是从江西来看，横水、左溪都是土匪的心腹之地，所以必须直接从心脏上来一刀。阳明先生接着说，谢志珊和蓝天凤认为我们离桶冈近就会先打桶冈，横水和左溪则防备松懈，这个好机会绝不可错过。

指挥下属，首先就是要他们认同你的分析和判断，剩下的事自然就是付诸行动了。1517年农历十月初十，阳明先生率部抵近横水，并把部队分为十路，两路机动部队趁黑夜悄悄埋伏到横水山头周边，四路诱敌部队在约定时间向横水土匪叫阵，最后四路精锐部队等诱敌部队把谢志珊及其部属诱出横水的有效防御范围时，立刻对谢志珊团伙发动进攻。

阳明先生特别命令四路精锐部队，假设谢志珊逃跑，一定要咬住不放，他逃到哪里就追到哪里；而两路机动部队则从旁边看见谢志珊率部队一冲下山，就在山林高处竖起大量的官军旗帜并敲锣打鼓，大事可成。这类故事在三国演义、水浒传里描述得很多，一直奏效。其中的关键就是看谁在指挥：韩信、阳明先生等人来指挥是行的，赵括、马谡等人来指挥就不灵了。

农历十月十二日清晨，四路诱敌部队佯攻横水，谢志珊一直觉得官兵从南康过来应该先打蓝天凤的桶冈，没料到怎么会突然出现在他这里。但他发现眼前的敌人虽然喊声震天，但战斗力实在不值一提，他觉得可能主力在桶冈，这里是牵制他的兵力。于是谢志珊就开了寨门带领精锐出战，但原本留守的土匪见到这群官兵都觉得这是抢功劳的好机会，纷纷跟着冲了出来。

良机出现了，两路机动部队马上从侧面趁势而起，在各处岩石上、树林里插上了大量的官军旗帜，然后烟焰四起。谢志珊的部队冲到山下，正遇上了蓄势待发的四路精锐部队，而背后居然有官兵已经在欢呼胜利，回头看则到处是官兵的旗帜。

土匪们一时间阵脚大乱，自相践踏，继而兵败如山倒。谢志珊一伙不敢回横水山寨了，直接朝左溪逃窜，横水山寨里还有的匪众得知大王跑了便纷纷夺路而逃。阳明先生的精锐部队则一路追击，直接就随着谢志珊的部队冲进了左溪的山寨，横水和左溪就这样被阳明先生顺利攻破[2]。

谢志珊觉得很窝囊，跟官兵厮杀了这么多年，这次纯属阴沟里翻船。似乎是只要他在哪个环节稳住一下，哪怕就一下，两个经营多年的山寨不可能丢得这么快。感觉是这个王巡抚运气太好了，每个步骤都凑得恰到好处，如果能重新来一遍的话，他谢志珊绝对不会输得这么惨。偏偏这个王巡抚不给他再来一次的机会。

阳明先生接着就对付桶冈的蓝天凤了，蓝天凤认为只要坚持不出，官兵就打不进来。阳明先生在给朝廷的奏折中写到："桶冈天险四面青壁万仞，中盘百余里，连峰参天，深林绝谷，不见日月[3]。"不仅如此，桶冈内部还有一片适合种植番薯和芋艿的土地，这是冷兵器时代的土匪都梦寐以求的，所以如果桶冈山贼闭门不出则很难攻破。

当然，桶冈不可能真就是个铁桶。桶冈入口有六处，其中锁

---

[1] （明）王守仁. 王阳明全集【三】[M]. 陈恕, 编校. 郑州: 中州古籍出版社, 2016, 9: 276.

[2] （明）王守仁. 王阳明全集【一】[M]. 陈恕, 编校. 郑州: 中州古籍出版社, 2016, 9: 282-284.

[3] （明）王守仁. 王阳明全集【一】[M]. 陈恕, 编校. 郑州: 中州古籍出版社, 2016, 9: 284.

匙龙、葫芦洞、茶坑、十八磊、新地等五处全是狭窄的险道，第六处上章入口要绕远，绕过去要半个多月的时间。

1517年农历十月二十七日，阳明先生在营寨中运筹，他只能在锁匙龙、葫芦洞、茶坑、十八磊、新地这五处挑选突击口，但部队这半个月来连续激战和行军却急需休整几天。如今部队驻扎在桶冈，一旦敌人发动偷袭则后果不堪设想，但他又不能撤兵，一旦撤兵则横水和左溪的匪患就会死灰复燃。

阳明先生于是展开了心理战，他写了封招降信派被他查获的土匪线人送给蓝天凤，并声称要在农历十一月初一早上到锁匙龙接受蓝天凤一伙的投降[1]。以文制敌，是阳明先生的强项，也是他常用的招数。

完全跟阳明先生的判断一样，横水、左溪逃回来的土匪坚持不能投降，蓝天凤等桶冈的团伙则犹豫不决，总之他们都无暇备战。这封招降信会让这些不同心思的土匪相互猜疑几天，也就是说，这几天官兵不至于被偷袭，于是官兵也就缓过神来了，并且土匪们把注意力全都集中在锁匙龙这边。

1517年农历十一月初一清晨，根据阳明先生的命令，南康县县丞舒富领数百人到锁匙龙，声称要在这里受降，并且催促蓝天凤尽快对招降书做出回复。而早在一天前，阳明先生就已命令赣州府知府邢珣领兵直奔茶坑、吉安府知府伍文定领兵直入新地、汀州府知府唐淳领兵奔十八磊、广东潮州府程乡县知县张戩兵入葫芦洞，这四路部队都趁夜到达指定攻击地点进行埋伏。1517年农历十一月初一午时，官兵同时在锁匙龙、葫芦洞、茶坑、十八磊、新地发起进攻，而土匪们却还在为是战还是降争论不休[2]。

蓝天凤得知官兵已经发起总攻的消息时，葫芦洞、茶坑、新地这三处隘口已经失守。那里的守卫只听说官兵在锁匙龙，并且他们一直在争论到底是战还是降，相互间都快打起来了，故而完全没准备对付官兵的突袭。蓝天凤传令组织抵抗时，官兵已经一拥而入，双方展开肉搏。卢珂部队在此时发挥了重要作用，他在接受招安的时候跟阳明先生表示，作战中会"效死以报"，现在充分兑现。从中可以看出阳明先生统兵能力，即敌之兵亦可化解为我之兵并能成为下一步破敌的精兵，并且这些知府、知县、县丞等文人在阳明先生的调度下，全成了能征善战的铁血战士[3]。

至1517年农历十二月，横水、左溪、桶冈三处土匪被全部剿灭，阳明先生则班师回赣州[4]。阳明先生早就说过，无论是三省还是四省联合围剿，唯一的作用就是劳民伤财并助长土匪们的气焰。几个省的部队长官都是平级，没有统一的指挥，而且距离剿匪地点路途远近不同，相互拖延只能贻误战机，而当大家人聚齐后又不能齐心，屡屡相互推诿。

没有责任感的部队注定没有战斗力。按阳明学的分析，一个人如果专心诚意，天下就没有难事，因为心外无事，一切事都是心上的事，就看是否"用心"。

接着还有更难对付的池仲容等团伙，在对付池仲容等团伙时阳明先生还要管理好刚剿灭了土匪的这些地方。

若没有妥善管理，则极易死灰复燃。从另一个角度看，打下山头来容易，不让土匪死灰复燃难。

阳明先生如何处置这些疑难？

欲知后事如何，且听下回分解。

---

[1] (明)王守仁. 王阳明全集【一】[M]. 陈恕, 编校. 郑州: 中州古籍出版社, 2016, 9: 284.

[2] (明)王守仁. 王阳明全集【一】[M]. 陈恕, 编校. 郑州: 中州古籍出版社, 2016, 9: 285.

[3] 阳明先生上表朝廷说："以上各官，或监军督饷，或领兵随征，悉皆深历危险，备尝艰难，各效勤苦之力，共成克捷之功。俱合甄录，以励将来。"参见：(明)王守仁. 王阳明全集【一】[M]. 陈恕, 编校. 郑州: 中州古籍出版社, 2016, 9: 287.

[4] (明)王守仁. 王阳明全集【三】[M]. 陈恕, 编校. 郑州: 中州古籍出版社, 2016, 9: 277.

第十七回

平与定统筹兼顾

图 17-1 青山依旧在

  阳明先生用十家牌法稳定每一个村镇，用置县的办法把容易产生土匪的地方集中管理。同时他还在各地进行道德教育，让百姓知道做土匪不值，做百姓挺好。剿灭土匪容易，根治匪患难，阳明先生不是军事上取得成功就去向朝廷交差了，他要的是一方百姓的安宁。

上回说到阳明先生剿灭了象湖山、大庾岭、横水、左溪、桶冈等山头的土匪，招安了卢珂、黄金巢等团伙，但这些匪患之地都是多事之地，阳明先生收复得越多则管理的难度就越大。这回就讲阳明先生如何继续剿匪以及如何管理这些多事之地。

剿灭各山头土匪，阳明先生可谓煞费苦心。每一场战役之前他都算无遗策，尽量以最小的代价换取最大的胜利，运筹帷幄如张良；战役进行时，他指挥协调各部队如韩信；取得胜利后，张榜安民如萧何。最后，他都仔细反思战役的每一个细节，他的目光不仅是在战场上，还在战场外。

阳明先生进行分析对比后，给朝廷写了一份报告，报告详细分析了南赣地区的土匪人数近年来呈十多倍急剧膨胀的原因：第一，匪首如谢志珊、詹师富等人的确有过人之能，他们能在短时间内拉大量的人员入伙；第二，部分地方官员在某些方面的推波助澜，比如各种苛捐杂税，这是逼人为匪；第三，以前官兵的围剿不是毫无成效，但剿灭一股土匪后各省官兵就回去了，而官兵一走则该地马上又崛起另一股土匪。他在奏折中，提出很多"平定"南赣匪患的措施[1]。

"平定"两个字大有深意。"平"是剿匪成功，而"定"则是让该地区安定、不再有土匪。阳明先生的"定"，主要就是在关键地方设置行政建制，他在匪患复杂的地方设立平和县、崇义县，这些县一直延续至今。

阳明先生用十家牌法稳定每一个村镇，用置县的办法把容易产生土匪的地方集中管理。同时，他还在各地进行道德教育，让百姓知道做土匪不值、做百姓挺好。打败或者击毙一个人容易，而让人心服难，让一个地方能够平安祥和才是百姓之福（图17-1）。

阳明先生不是军事上取得成功就回去向朝廷报功了，他要的是一方百姓的安宁。阳明先生用心做的这一切，就是想把南赣匪患的根子彻底清除，阳明先生的知行合一从来是见诸事功的。

接着，阳明先生该打量剩下来的土匪团伙了。

南赣土匪中，高快马在广东乐昌的山头与赣州距离遥远，若动用大部队围剿高快马，和从前的四省联剿一样得不偿失，阳明先生只是叮嘱仁化县知县李蓉等人时刻注意高快马的动向。有意思的是，每当阳明先生剿灭一处土匪时，高快马就紧张不已。当阳明先生攻破桶冈后，高快马的心理实在扛不住了，他认为自己的山头很快就会被阳明先生攻破。一天夜里，高快马突然带着几十人组成的卫队潜出乐昌老巢，奔到他自认为隐蔽的癞痢寨深坑躲了起来。李蓉的小分队在他后面悄悄跟踪，第二天就对他的据点发起了猛攻。高快马彻底崩溃，窜出据点就独自逃跑，小分队紧追不舍，最终擒获，其匪众迅速崩溃[2]。

南赣一带的百姓已经被十家牌法结成了网，土匪大部分投降了，少数负隅顽抗者如一盘散沙，官兵很快清剿完毕。现在阳明先生在南赣的敌人只剩下了一个，也是最厉害的一个：广东浰头三寨的池仲容。

从阳明先生剿匪的次序可以看出，他先把相对孤立的詹师富打掉，接着把相对弱小而又嚣张的陈曰能剿灭，这样马上起到震慑作用。恩威并施，卢珂、黄金巢等人就被招安了，卢珂还成为他的助手，接着把南安府心腹之患谢志珊和蓝天凤团伙扫除。同时，设置平和县、崇义县巩固政府管理的效力，用十家牌法约束基层百姓，并且用心学教育劝人为善。

---

[1] 从《添设清平县治疏》《立崇义县治疏》《添设和平县治疏》《再议崇义县治疏》《再以平和县治疏》等一系列奏疏中，可以充分体会到阳明先生的拳拳之心。很多事情不是一次奏请就能搞定的，并且还会有很多人觉得他多事，但他就是一而再、再而三地努力，这就是知行合一的过程。在平与定的事上练中，他强调："惩前毖后，杜渐防微，实皆地方至计。""变盗贼强梁之区为礼义冠裳之地，久安长治，无出于此。"参见：(明) 王守仁. 王阳明全集【一】[M]. 陈恕，编校. 郑州：中州古籍出版社，2016，9：262-319.

[2] (明) 王守仁. 王阳明全集【一】[M]. 陈恕，编校. 郑州：中州古籍出版社，2016，9：306.

对阳明先生来说，采取军事打击是不得已而为之。巡抚南赣的目的是百姓恢复安宁，所以必须要军事、行政、教化等诸多手段综合使用，这就是他巡抚南赣的知行合一。

阳明学虽和理学一样把德行提到至高无上的位置，但阳明学更强调用霹雳手段扫荡那些不道德的人和事。"山中贼""心中贼"均须扫荡，"以收廓清平定之功，此诚大丈夫不世之伟绩"[1]，这就是阳明先生和常规儒生的区别，所以他能立不世之功。

南赣的匪首池仲容其实一直在关注阳明先生的举动。池仲容有着水浒里宋江那样的本事，就是能和各色人等在最短的时间里交下深厚的友谊，他尽最大能力仗义疏财，于是他在广东浰头地区的广大百姓中获得了信赖和威望。

阳明先生在给朝廷的报告中，三番五次说池仲容是南赣地区危害最大的土匪，原因就在于池仲容的团队有严明的纪律和武装割据的抱负。就在阳明先生对付谢志珊、蓝天凤团伙时，池仲容就派人跟阳明先生说他准备率部投降，当然他所谓的投降其实是缓兵之计，他认为只要拖上一阵，表面上接受朝廷招安，阳明先生迟早会走的。池仲容让他弟弟池仲安带着一些人到阳明先生这里，一方面说这是先期投降的队伍，另一方面说是来商量下一步具体的招安事宜[2]。

池仲容是要他弟弟仔细侦察阳明先生的具体情况，设法得到官兵对付三浰的计划。但出乎池仲容意料的是，1517年农历十二月二十日阳明先生率部回到南赣巡抚办公地赣州，宣布休兵[3]。池仲安送信给他大哥，说阳明先生把军队都解散了，每天都在和一群书生讲学，他不会对咱们动手，如果你不相信可自己来看。

另外，阳明先生当着池仲安的面把卢珂抓起来了，说是因为卢珂诋毁池仲容并且又让原先的残部在龙川扰民，同时阳明先生跟池仲安表示，卢珂残部由他来解决。池仲容反复考虑后，决定去见阳明先生，不是因为他要真投降了，而是他想亲自去侦察阳明先生，他要亲自看一下阳明先生究竟要什么花样。

池仲容对三国故事听得比较多，关云长单刀赴会的故事使他十分仰慕，有机会也想唱一出。

临行前，池仲容挑选了四十个力大如牛的壮汉作为随从，他觉得必要时凭这四十人就能从赣州突围，说不定还能干掉阳明先生。池仲容进行这些部署，阳明先生也没闲着。探得池仲容离开了老巢，阳明先生立即命令离三浰最近的部队开始行动，这支部队拿着阳明先生签发的缉捕卢珂党羽的檄文推进到池仲容团伙的军事割据地带。池仲容的部属先是惊恐，准备抵抗，可当他们发现那道檄文后又高兴起来，因为公文上写明官兵的目标是卢珂余党而不是他们。

就这样，阳明先生的部队轻易地进入池仲容据点的腹地，接着一队又一队官兵都到了三浰附近，他们拿着缉捕卢珂党羽的檄文通行无阻。池仲容的部队之所以如此，是因为他们的老大池仲容去了赣州。池仲容去赣州使这些人产生了一个错误的印象，官兵是否要翻脸，就看他们对池仲容的态度。同时，现在官兵没说来剿灭他们，而他们胡乱行动，或许会影响到老大池仲容去赣州的安全。

池仲容和阳明先生于1517年农历闰十二月二十三日在赣州见面了[4]。阳明先生同样有这种本事，能用三言两语把一个陌生人变成熟人，心学大师不是他自己封的。

池仲容觉得阳明先生正如外面传言的那样，只是个孱弱的书

---

[1] （明）王守仁. 王阳明全集【三】[M]. 陈恕, 编校. 郑州: 中州古籍出版社, 2016, 9: 278.
[2] （明）王守仁. 王阳明全集【一】[M]. 陈恕, 编校. 郑州: 中州古籍出版社, 2016, 9: 296.
[3] （明）王守仁. 王阳明全集【一】[M]. 陈恕, 编校. 郑州: 中州古籍出版社, 2016, 9: 298.
[4] （明）王守仁. 王阳明全集【一】[M]. 陈恕, 编校. 郑州: 中州古籍出版社, 2016, 9: 298.

生，他觉得凭他带的四十个大汉随时能冲出赣州城。

阳明先生根本没有跟他们谈投降事宜，而是叫他们先休息几天。对于总在大山里生活的人来说，赣州城的馆驿毕竟舒适华丽多了，阳明先生还派人送来酒肉。但池仲容还是稳住了心态，他先派人到赣州城里城外仔细打探阳明先生部队的情况，发现真的只有少量的卫队。接着他用重金贿赂监狱的守卫，然后亲自去监狱看了卢珂，真的看见卢珂在监牢里睡觉。

池仲容放下心来，派人回山寨说，在赣州城一切正常，你们尽管放心。三浰土匪马上放松了守备，大家都认为无事了，再熬一段时间阳明先生就回京城了。

在池仲容做那几件事的同时，阳明先生也在见招拆招。监狱的看守接受池仲容的贿赂，本就是阳明先生授意的，池仲容的这点小心思，怎逃得过阳明先生的算计。池仲容从关押卢珂的监狱一走，阳明先生马上就得到汇报，当夜就叫卢珂回龙川集结部队随时待命，并让还没插入三浰的团练都悄悄集结待命。

平日里，阳明先生每天都和池仲容喝酒谈心。阳明先生还对他们抱有一丝希望，所以每次在宴席上都会对他们谈忠孝，并且暗示他们当土匪让父母担心是不孝、和朝廷作对就是不忠，如果还不主动改正，那就无法生存在这个天地间。池仲容明白阳明先生的意思，但他来赣州不是来投降的，只是来缓兵的。他觉得只要拖上一段时间阳明先生就会回京，即便翻脸，一方面他有强大的山头武装能威慑阳明先生，另一方面他觉得能从赣州突围。

所以两人会谈的局面就变成阳明先生苦口婆心地劝池仲容改邪归正，而池仲容却置若罔闻，自说自话。到1517年农历腊月二十九日了，池仲容表示要告辞回三浰。

阳明先生现在所考虑的事，已不是如何捉拿池仲容，他顾虑的是卢珂还没有回到龙川来完成对三浰的合围。池仲容想搞武装割据，阳明先生显然不会让土匪搞武装割据。池仲容到赣州来是

想侦察虚实，阳明先生则是想借此感化池仲容，彼此的矛盾无法调和，最终只能是开战，无非是什么时候开战。

阳明先生对池仲容不提投降的事，而是劝他说，现在已是年关，你现在若回去，春节还要来拜年，岂不辛苦。阳明先生接着说赣州今年正月有花灯，也不差这几天，赏完花灯再走也不迟[1]。

池仲容觉得多住几天没关系，但总觉得还是早回自己山寨为妙，就坚持要在正月初三回去。阳明先生表示同意，他估算着这几天池仲容肯定先给山寨的匪伙通报过几天就回去的信息，相应地，山寨的匪伙就放松过年了。而到了正月初三，卢珂已经到龙川了，合围三浰匪巢就没问题了。

1518年正月初三，阳明先生设宴给池仲容一伙饯行。酒过三巡、菜过五味，池仲容一伙想到今天就要回山寨了，并且和阳明先生一起喝酒也很多次了，都没啥事，逐渐就放开喝了。看池仲容一伙喝得高了，先期埋伏的甲士就把池仲容都擒拿了[2]。

阳明先生同时下达了对浰头三寨的总攻令。到1518年正月初七，各路早已部署在三浰的官兵和新抵达的官兵里外呼应，池仲容经营多年的浰头三寨地区迅速土崩瓦解[3]。

最艰难的是九连山据点，悬崖绝壁配上滚木礌石，官兵寸步难进。阳明先生亲自挑选了七百余人的敢死队，让他们穿上土匪的衣服，入夜后跑向九连山求救，九连山土匪给他们放行。敢死队进门就把住了隘口，阳明先生的大部人马上跟进，九连山就这样被拿下了。这的确是诡计，但兵者诡道，阳明先生使用各种战术并没有什么心理障碍。

1518年农历三月初八阳明先生从三浰班师回赣州。让四省多

---

[1] （明）王守仁. 王阳明全集【三】[M]. 陈恕, 编校. 郑州：中州古籍出版社, 2016, 9: 279.
[2] （明）王守仁. 王阳明全集【一】[M]. 陈恕, 编校. 郑州：中州古籍出版社, 2016, 9: 298.
[3] （明）王守仁. 王阳明全集【一】[M]. 陈恕, 编校. 郑州：中州古籍出版社, 2016, 9: 299.

年疲于奔命而又劳而无功的南赣匪患被阳明先生彻底剿灭[1]，总耗时仅一年零三个月，他给了南赣百姓一个能够正常生活的天地。

1518年农历九月，阳明先生邀请他的弟子们喝酒，席间他真心实意地对弟子们说："以此相报。"[2]

弟子们大为惊讶，说我们还为没有帮到您而惭愧，您为何要感谢我们？阳明先生说，我刚到赣州办理军务时，时常担心办错事愧对诸位，所以谨慎之极，与诸位相对时我能感觉到所做的一切赏罚之事都无愧于心，这就是你们助我之处。

做事时无愧于人、无愧于心，这才是阳明学所说的真正的"存天理去人欲"，真正的"练心"，这其实就是一种使命感，是为了一个目的而进行全方位思考。

阳明先生的这段话还涉及一个重要问题。他初到南赣打败詹师富之后，曾给朝廷上了《申明赏罚以励人心疏》[3]，他认为赏罚不明才是南赣剿匪屡次失利的根本原因。也就是说，他认为能够顺利扫荡群匪，是因为赏罚分明，一旦赏罚不明则主帅很难让下属的军队与行政人员心服，令行禁止就会打折扣。

赏罚分明，也是阳明先生的军事和行政才能的体现之一，他到南赣上任伊始，就在《给由疏》《参失事官员疏》《类奏擒斩功次疏》等一系列函件中要求给立功者报奖、给失事者以惩戒，并反复强调赏罚执行不到位，必然导致"偾军败事"[4]。

在阳明先生给四省剿匪官员的文件中，他也是毫不含糊地写明"即今进兵，一应机宜。悉宜秉听本院，庶几事有总领，举动齐一。授去方略，敢有故违，悉以军法论处。各官只会之后，即连名开具遵依揭贴，密切回报"[5]"即行各官务要同心协德，乘间而动，毋得各守一见，糜军偾事。如复彼此偏执，失误军机定行从重参拿，决不轻贷"[6]，军令如山，气象森严。

在安抚南赣百姓的具体举措中，之前阳明先生在当庐陵令时推行的红黑榜等措施都在整个南赣地区全方位地实行了。另外最值得一提的是《南赣乡约》。作为儒学大师，阳明先生始终从儒学的角度分析匪患产生的缘由。孔、孟、朱熹、阳明先生都认为家庭宗族乡里的风俗环境对个人的道德和行为影响极深，阳明先生则进一步说，天理固然在我心中，但一个意志力不坚定的人生活在恶的环境里，他的天理就很难显现且会被深度遮蔽。

阳明先生剿灭匪患，诸多虚虚实实的战术运用，是被很多理学家诟病的，觉得他杀戮太重。但阳明先生认为，这些土匪已经让善良的老百姓无法正常生活下去，道德上的宣教已经无法感化他们，只能用霹雳手段彻底消灭之。这样，才能让南赣的广大百姓在一个善的环境里过上安生日子。

不过阳明先生也认为，单纯和乡民讲大道理未必有效，所以他推行的《南赣乡约》[7]不是道德宣贯书，而是属于行政命令，其中针对约长、约正等人的主要内容有：第一，必须对管辖区域内的人负责，任何人有疑难约长等必须出面为其解决，约长等还要主动去了解人们的困难，若该乡有人作奸犯科须负连带责任；第二，劝顽民改过自新、恪守本分，劝诫大家来共同维护地方的安定，如果有无法解决的问题必须第一时间向官府汇报；第三，有处理管辖区事宜的责任和义务，在经济事务上要劝令大户、客商放债收息合依常例，不得趁火打劫；亲族乡邻若有纷争斗殴等不

---

[1] （明）王守仁. 王阳明全集【一】[M]. 陈恕，编校. 郑州：中州古籍出版社，2016，9：301.
[2] （明）王守仁. 王阳明全集【三】[M]. 陈恕，编校. 郑州：中州古籍出版社，2016，9：283-284.
[3] （明）王守仁. 王阳明全集【一】[M]. 陈恕，编校. 郑州：中州古籍出版社，2016，9：252-256.
[4] （明）王守仁. 王阳明全集【一】[M]. 陈恕，编校. 郑州：中州古籍出版社，2016，9：246-262.
[5] （明）王守仁. 王阳明全集【二】[M]. 陈恕，编校. 郑州：中州古籍出版社，2016，9：87.
[6] （明）王守仁. 王阳明全集【二】[M]. 陈恕，编校. 郑州：中州古籍出版社，2016，9：88.
[7] （明）王守仁. 王阳明全集【二】[M]. 陈恕，编校. 郑州：中州古籍出版社，2016，9：138-142.

平之事，不得妄为，当向约长、约正上诉，否则在纠恶簿上的"不孝"栏里就写上其名字；等等。事实上，《南赣乡约》的许多条文都被各地借鉴，并一直流传下来。

阳明先生何尝不知，政治清明才是永久解决匪患的关键，像池仲容、谢志珊等人，都是非常典型的官逼民反。那些逼得民众造反的贪官污吏都是从小背诵圣贤之书的，但他们掌权之后，为了自己私利，完全不顾百姓死活，他们熟记的圣贤之训完全抛之脑后。这些贪官污吏经历不同、手段各异，但概括起来就是四个字：知行不一。

这正是阳明先生不遗余力地推行"知行合一"的动力。

同时，阳明先生在南赣修建了许多书院，写了《教约》[1]，要弟子们每日清晨聚集后，扪心自问如下问题：爱亲敬长的心是否有松懈时？孝顺父母的行为实践否？人际交往中是否有不得当之处？每天是否做了欺心的事？如果没有那就继续保持，如果有那就马上要改。

在南赣经过近一年的治理，社会渐趋稳定。1519 年农历正月初二，阳明先生给朝廷上了《升荫谢恩疏》[2]，正月十四日又上了《乞放归田里疏》[3]，这是他在南赣第四次打报告申请退休了。

在这些函件中，阳明先生叙述了南赣地区的剿匪和治安的具体情况，人们从梦中醒来、再也不用心有余悸地去担心土匪的劫掠。接着，他诚心感谢朝廷对他的信任，一再表示如果没有朝廷的全力支持，他在南赣的剿匪不可能这样顺利。然后阳明先生又谈到他获得的那些封赏，升为右副都御史，还有他的子嗣可以世

袭百户[4]，这些都让他感到惭愧和不安。阳明先生谈到自己的身体状况很不好，南赣地区气候潮湿，瘴疠弥漫使得肺病复发，又因作息不规律，患了很严重的痢疾。还有，阳明先生说他的老祖母病危只想见孙子最后一面，念此他就日夜痛苦、方寸已乱。

阳明先生第一次申请退休时，王琼对皇帝说南赣地区还有残匪；阳明先生第二次申请退休时，他说南赣地区社会治安问题要阳明先生来整顿；阳明先生第三次申请退休时，他对皇帝说没合适人选接替阳明先生；总之王琼用各种借口把阳明先生留在江西。

皇帝朱厚照问吏部尚书陆完，王守仁三番五次要退休，吏部怎么看。陆完一直对阳明学非常抵触，对阳明先生在南赣的成就也有些羡慕嫉妒恨，他跟皇帝说王守仁在江西剿匪成功只是托皇上洪福而已，他既然想退休就让他回家好了。

很多官员都对王琼在阳明先生退休上的态度疑惑不解，既然南赣匪患已平定，社会秩序已恢复，为什么偏不让人家离开？王琼不管这些人的质疑，只是希望皇帝不要批准阳明先生的退休请求，他觉得江西的大事马上就要发生了。

阳明先生第四次申请退休的报告打上来，王琼实在找不出理由来了。阳明先生给朝廷的报告中，已经详细地说明了他清整南赣的各种举措和成果，如果南赣已经太平无事谁来当这个南赣巡抚已无关紧要，反正想当巡抚的人很多。

阳明先生十分想回故乡。问题是，兵部尚书王琼就是不想让阳明先生离开江西。王琼到底有什么想法？江西还有什么大事非要阳明先生处理？

欲知后事如何，且听下回分解。

---

[1] (明) 王阳明. 传习录[M]. 第二版. 于自力, 孔薇, 杨骅骁, 注译. 郑州: 中州古籍出版社, 2008, 1: 283-284.
[2] (明) 王守仁. 王阳明全集【一】[M]. 陈恕, 编校. 郑州: 中州古籍出版社, 2016, 9: 319-320.
[3] (明) 王守仁. 王阳明全集【一】[M]. 陈恕, 编校. 郑州: 中州古籍出版社, 2016, 9: 320-321.

[4] (明) 王守仁. 王阳明全集【一】[M]. 陈恕, 编校. 郑州: 中州古籍出版社, 2016, 9: 319.

第十八回
应对朱宸濠叛乱

图 18-1 暗挟风雷

对于大多数朝臣来说,面对藩王朱宸濠造反,脚踏两只船或许是明智之策。而阳明先生自然会选择"惟求其是"的做法,这就是良知,一个顶着"诛十族"的良知。良知要平叛,那就去平叛,这就是知行合一。

上回说阳明先生一再跟朝廷打报告要退休回老家，王琼一再阻拦。这回接着说王琼到底要阳明先生在江西干什么，江西有什么大事非要阳明先生来料理？

皇帝朱厚照也是这样问王琼，王琼的回答是王守仁绝不能离开江西，皇帝叫王琼说原因。王琼早已料定南昌的藩王朱宸濠要谋反，可他不能明说，因为在没有确凿证据的时候说一位皇族要造反是灭族之罪。但作为兵部尚书，既然预见到这件事，就要想办法在该事件暴发之时能及时化解，而他觉得阳明先生是化解该危机的最合适人选（图18-1）。

皇帝当时也不理解王琼何以如此，王守仁反复说自己身体状况不佳，老祖母又病危[1]，可王琼却不为所动。但南赣匪患得以平定，的确是王琼举荐的功劳，所以皇帝还是听取了王琼的意见。

正好此时福州三卫军人进贵搞起了兵变，王琼认为进贵等人的叛乱不足虑，不过这恰好给了他一个要阳明先生继续留在江西一带的大好机会，所以他命令阳明先生去福建处理兵变，这样就把阳明先生巡抚南赣时皇帝给的"提督军务，便宜行事"敕书继续保留[2]。所以说，要把事情做成，必须有方方面面的支持，只靠一个人单打独斗难以成大事。在建筑设计中，必然要讲协同配合，设计者不是去强调自己多么正确，而是要在共同体的角度让各个关联方认识到取得共赢的可能性和现实性。

其实，以阳明先生的敏锐对朱宸濠的动静自然早有察觉。朱宸濠大肆拉拢各路人物，比如姑苏才子唐伯虎也曾被拉来了，但唐伯虎见机得早，及早脱身了。而阳明先生则早已安排了一个卧底打入朱宸濠团伙，此人正是他的得意弟子冀元亨。线报表明朱宸濠必定造反，但尚未准备妥当，不过最近似乎有动作。

阳明先生在1519年农历六月初九从赣州启程后，并没有朝东南方向过会昌直奔福州，而是绕道东北，从南昌南面的丰城一带走。事实证明，这一绕道的行动为阳明先生的种种后续手段争取了时间，而很多战役胜负的关键就是时间。

1519年农历六月十五日，阳明先生到了丰城县界一个叫作黄土脑的地方，先是当地的典史来报告朱宸濠谋反，接着知县顾佖来进行详细报告[3]。

虽说朱宸濠起兵时间比预计的早些，但总体上阳明先生已经有所考虑，所以应对之策也是成竹在胸了，他接着就带着随从去临江府。准备走的时候，问随从东西带齐了没有，随从说带齐了，阳明先生笑道，还少一物，接着他指挥随从把船头的官家罗盖拆下来带上。后来如吉安城等戒备森严，根本不让闲人靠近，正是靠这官家罗盖才证明了自己的身份，雷济、萧禹等随从不由得感慨危险急迫到那个地步了，阳明先生居然还能如此好整以暇[4]。

但阳明先生不是"临危受命"去平叛的，而是"知行合一"的反应："知"要保国安民去平叛，"行"就去平叛，"知行"同时发生，完全合一。阳明先生当时并没有得到朝廷支持，也就是说他没有兵，只有几个随从。兵都没有，用什么平叛？无他，就是用"良知"。当时他还没提出"良知说"，但已经用上了。

被封在南昌的藩王朱宸濠图谋起兵夺取帝位，似乎是从他刚懂事时就开始了。朱宸濠的祖上协助朱棣夺取了帝位，朱棣的嫡系子孙就可以当皇帝了，包括当今的皇帝朱厚照，而他们这一枝旁系就只能当个王爷，当年起兵时的承诺和后来的恩怨总是在心里作梗。有江湖术士用专业眼光赞叹朱宸濠为骨相天子，又有江

---

[1] 阳明先生说："臣比年以来，百病交攻；近因驱驰贼垒，瘴毒侵陵，呕吐潮热。""又以百岁祖母，卧病床褥，且思一念为诀。"参见：（明）王守仁. 王阳明全集【一】[M]. 陈恕，编校. 郑州：中州古籍出版社，2016，9: 321.

[2] 王琼认为："此小事，不足烦王守仁。但假以以牵便宜敕书在彼手中，以待他变。"参见：（明）王守仁. 王阳明全集【四】[M]. 陈恕，编校. 郑州：中州古籍出版社，2016，9: 74.

[3] （明）王守仁. 王阳明全集【四】[M]. 陈恕，编校. 郑州：中州古籍出版社，2016，9: 74-75.

[4] （明）王守仁. 王阳明全集【四】[M]. 陈恕，编校. 郑州：中州古籍出版社，2016，9: 121-122.

湖术士用专业的姿态提醒朱宸濠说南昌有天子气，这些让朱宸濠觉得取代当今皇帝的时机成熟了。

成大事必须要有军师，这一点可以参考历代英豪。朱宸濠先效仿刘备的三顾茅庐，找到了江西举人刘养正共同上演了一出礼贤下士的情感戏，接着效仿周文王寻访姜子牙，与退休的老翰林李士实共商大计。这两位军师均表示，对自古以来的各种王霸韬略一清二楚，找咱商议谋取天下之事，没错的。两位军师于是运筹帷幄，觉得在1519年农历六月十四日以朱宸濠生日为由把江西的众官员聚拢并加以挟持，正是起兵的良机。

1519年农历六月十四日，几乎所有在江西一带的高级官员都来为朱宸濠祝寿。跟很多造反的场景一样，朱宸濠忽然宣布他奉太后密旨，要出兵讨伐伪帝朱厚照。都御史孙燧、按察司副使许逵等官员不从就被朱宸濠当场处决了，还有一些不从的官员则被关押了，其余的就缩头缩脑地被挟持了[1]。

事实上，阳明先生完全可以避免和朱宸濠对抗，他的职责是去福州平定兵变。或者可以这样说，阳明先生从去福州的路上返回是抗旨不遵，不但无功反而有罪。还有一种可能，假设朱宸濠真的跟当年朱棣起兵一样，搞成了并做了皇帝，那他阳明先生的处境可想而知。当然，如果在听到朱宸濠造反消息时的第一反应是这些思考，那就不是知行合一的阳明先生了。

阳明先生来到临江时，知府戴德孺很高兴，请他统一调度并说临江与南昌很近，并且在道路的要冲上，建议阳明先生还是在吉安统一指挥为妥[2]。阳明先生和大家一起推敲朱宸濠下一步可能的举动：第一，朱宸濠从南昌直袭京城，这有出其不意之效，类似当年朱棣的谋反，有可能得手；第二，从南昌突袭南京，搞不好与北京形成南北对峙；第三，只是据守南昌，那么等大批官兵一到，其灭亡指日可待。阳明先生认为，如果朱宸濠听说勤王之师正在准备攻打他的南昌城，他肯定会先守南昌。

1519年农历六月十八日，阳明先生抵达吉安，知府伍文定早已是戒备森严，通过阳明先生的官家罗盖确认身份，非常高兴迎进城，吉安军民夹道欢迎，这就是阳明先生"良知"的力量，也是他在得知朱宸濠谋反就决定去平叛的依据。

阳明先生入城抚慰军民，当日就发出了《牌行赣州府集兵策应》《咨两广总制都御史杨共勤国难》[3]等公文，团结一切可以团结的力量。"良知"自知是容易的，"致良知"才是关键，就是要同步落实到具体的、有效的行动中。

从1519年农历六月十九到二十一日，阳明先生连续向朝廷上了《飞报宁王谋反疏》《再报谋反疏》，这是在第一时间站出来和朱宸濠划清界限、并把朱宸濠贴上造反标签的举动。但是，在同时间段江西、浙江、湖广、福建、南京等地官员在反映江西情况的奏疏中，有说到大批部队、舰船行动的，但没有直接说朱宸濠造反的[4]。

朱宸濠按照原先的计划在行动。他的精锐兵团在1519年农历六月十六日就开始袭击九江等地，大获成功。阳明先生知道朱宸濠要沿着长江去进攻南京了，他不能让朱宸濠顺利实施其预定计划。阳明先生觉得目前朱宸濠属下部人数虽多，但毕竟对造反这样的灭族大罪还是心存疑虑。朱宸濠如果能够令出如山、不断获胜，其部下的信心就足了，但朱宸濠如果是朝令夕改、患得患失，其部下就会失去信心。

所以阳明先生就是要朱宸濠瞻前顾后、自乱阵脚，当然要想打乱朱宸濠的阵脚必须倚靠计谋。阳明先生首先传檄四方，宣布

---

[1] （明）王守仁. 王阳明全集【三】[M]. 陈恕, 编校. 郑州: 中州古籍出版社, 2016, 9: 287.
[2] （明）王守仁. 王阳明全集【四】[M]. 陈恕, 编校. 郑州: 中州古籍出版社, 2016, 9: 75.
[3] （明）王守仁. 王阳明全集【二】[M]. 陈恕, 编校. 郑州: 中州古籍出版社, 2016, 9: 117-118.
[4] 当时很多官员的表现是"众观变，犹不敢斥言濠反。"参见：(明)王守仁. 王阳明全集【三】[M]. 陈恕, 编校. 郑州: 中州古籍出版社, 2016, 9: 288-289.

朝廷仁德并历数朱宸濠的罪状，要天下人都知道跟着朱宸濠造反就是自寻死路；其次他以南赣巡抚的身份要求各地军政长官起兵勤王；再次，他在丰城布置疑兵，搞出要进攻南昌的声势。

阳明先生主要的计策就是疑兵之计，他伪造了各种迎接各地官兵进驻南昌的公文，并且在另外的公文中阳明先生"回复"说不要太急躁，为了避免重大伤亡，攻城是下策，应该等朱宸濠出城后打[1]。阳明先生还派人找到李士实的家属看护起来[2]，同时伪造了李士实和刘养正表示愿意当内应的书信，再伪造朱宸濠手下指挥官们的投降密状[3]。这些伪造公文与信函被尽快地"遗落"在与朱宸濠结交的人那里，而得到这些伪造公文与信函的人为了在朱宸濠那里立功，都在第一时间把这些"机密"交到朱宸濠手里。

雷济对这些造假计谋不以为然，觉得没啥用。阳明先生说先不谈是否有用，只说朱宸濠疑不疑，雷济不假思索地认为朱宸濠肯定会疑。阳明先生说："但得渠一疑，事济矣。"[4]

兵贵神速，大家都懂。朱宸濠准备先打南京，再取北京。没什么兵的阳明先生明显打不了朱宸濠的大部队，但同样要兵贵神速，所以就是拖住朱宸濠的步伐来争取时间。敌人不会主动给你时间，除非你能抢过来。朱宸濠要花时间来甄别情报的虚实，当他花时间消弭了猜忌心的时候，情报的真假已经一点都不重要了。

大家都说知行合一，大家都说要抢占先机。阳明先生这里做了一个很好的示范：知道抢占先机，做到抢占先机，真正的知行合一。而他这里使用的方法，也是大家知道的方法：用假消息扰乱对手的节奏，哪怕对方不信，也抢到了时间而夺回先机。

正如阳明先生所预料的，朱宸濠对着那些公文和信函，果然起了疑心。他立即派人打听后居然发现丰城集结了大部队在准备攻南昌，官兵正从四面八方云集南昌，他的两个军师很可疑并且他的很多将领也是三心二意。朱宸濠原本是真相信自己是"骨相天子"的，他安插在皇帝朱厚照身边的人也不断报告当今皇帝种种荒谬的举动，让他觉得自己起兵完全是顺应天意民心的，应该是振臂一呼、天下景从。现在朱宸濠内心恼怒且惊疑，怀疑自己是否真的如术士所说有天子之相。

而阳明先生搞这些疑兵之计，一方面是要朱宸濠起疑心，另一方面则更是要跟着朱宸濠造反的人心神不定。一支心神不定的军队，人越多就越乱。

就是在很多朝廷官员还在犹豫观望的大背景中，才体现出阳明先生当时的胆气与良知。藩王朱宸濠造反，说大了叫作谋朝篡位，说小了不过是皇帝家的家务事，这种家务事史上也发生了不止一两次。距离朱宸濠谋反最近的一次，也是皇帝老朱家，当时的燕王朱棣抢了他侄子建文帝的帝位。燕王朱棣谋反时，朝中大臣方孝孺助建文帝平叛，方孝孺的结局是怎样的？

朱棣谋反成功当了皇帝，开创永乐盛世，书写永乐大典。方孝孺则惨获中国历史上最高刑罚"诛十族"[5]，在诛九族之外，加上"门生弟子"算为十族。

这就不难理解，藩王朱宸濠造反，对于多数朝臣来说，脚踏两只船才是明智之策。而阳明先生自然会选择"惟求其是"的做法，这就是良知，一个顶着"诛十族"的良知。良知要平叛，那就去平叛，这就是知行合一。

不过皇帝朱厚照在通过阳明先生的奏疏以及后来各种报告得悉朱宸濠在南昌造反后，居然暗自高兴，他高兴的是他有机会出京城到江南巡游了。朱厚照一向也是觉得自己身为天子，文韬

---

[1] （明）王守仁. 王阳明全集【三】[M]. 陈恕，编校. 郑州：中州古籍出版社，2016，9：288.
[2] （明）王守仁. 王阳明全集【四】[M]. 陈恕，编校. 郑州：中州古籍出版社，2016，9：75.
[3] （明）王守仁. 王阳明全集【三】[M]. 陈恕，编校. 郑州：中州古籍出版社，2016，9：288.
[4] （明）王守仁. 王阳明全集【三】[M]. 陈恕，编校. 郑州：中州古籍出版社，2016，9：291-292.
[5] （清）黄宗羲. 明儒学案[M]. 北京：中华书局出版社，2008，1：1.

武略无人能及，只是施展的机会太少了，现在江西的藩王造反简直就是天赐良机。这下朝廷里主要讨论的话题不是怎么尽快派兵直奔江西，而是进行皇上要不要御驾亲征的大辩论了[1]。临近各省的官兵没有朝廷的命令，也不敢轻举妄动，这就造成阳明先生一人领头在江西对付朱宸濠的局面。所以说，时也，势也。

朱宸濠在 1519 年农历七月初二总算明白了[2]，根本就没有外地的官兵来，在丰城咋咋呼呼的部队才几千人。他不是在责备自己中了阳明先生的疑兵之计，而是庆幸局面还在自己的掌握之中。

李士实却说大势已去，原本一鼓作气直扑去南京祭拜太祖陵墓随后继位，可这么多天过去了还逡巡不定，部队人心沮丧。朱宸濠完全不以为然，带着主力部队开出南昌城直奔南京。在当时的他看来，一个手中没什么兵的王守仁不会构成什么威胁，就让官兵在丰城一带咋呼去好了。

阳明先生知道初步的疑兵之计已经奏效，朱宸濠发兵南京的计划已经一拖再拖了。现在朱宸濠带主力出南昌了，留守的部队还在疑神疑鬼，正是攻取南昌的大好时机。阳明先生更加忙碌起来，他命令各地仍然效忠朝廷的官员集结所能集结的一切部队在农历七月十五日前会合于离南昌九十公里的临江樟树镇，他将在此地集结兵力后对南昌城发动总攻[3]。

阳明先生很担心皇帝对朱宸濠的造反认识不清，又连上两道奏疏。在《奏闻宸濠伪造檄榜疏》[4]中，他提醒皇帝说，您在位十四年来屡经变难，民心骚动，觊觎龙椅的岂止一人？天下的奸雄又岂止在皇室？请皇上易辙改弦以回天下豪杰之心，以杜天下奸雄之望；如果真的能像汉武帝那样有轮台之悔，像唐德宗那样有罪己之诏，天下人必被感动，则太平尚有可图，这是群臣之幸。

自古以来，忠言逆耳。皇帝朱厚照对阳明先生的这些说法有些不爽，他觉得自己只是没机会施展自己的军事才能。皇帝认为只要亲自擒获朱宸濠，显示实力，自然天下归心。

朱宸濠率兵过九江后推进到安庆附近，安庆城池坚固，他一时打不下安庆。按李士实的计策，应该迅速绕过安庆以最快的速度占领南京，既登大宝则江西自然降服，朱宸濠没有照办[5]。

考虑到安庆的危急，朝廷很多将领认为应该先去援救安庆。因为安庆若被攻下，南京根本抵挡不住朱宸濠。如果朱宸濠攻下南京称帝，整个朝廷和阳明先生等人都更加被动。在救援安庆、不让朱宸濠去打南京这个思路上，大家都是明确的，关键是怎么牵制朱宸濠。阳明先生说，如果去解救安庆，必过南康、九江，即使绕过去到达安庆，朱宸濠必然回军死斗，我们就腹背受敌。

大家都同意这个分析，问下一步怎么办。阳明先生说，先攻下南昌，朱宸濠必从安庆撤兵，如此一来解了安庆之围，二来朱宸濠失去根据地，必被我等擒获。

在五百年后的今天，我们知道阳明先生胜了，说他是雄才大略、高瞻远瞩。可是如果我们直接回到阳明先生那个时刻，自己设身处地想一想，就知道阳明先生的这个决策，也不比那"诛十族"的风险低。倘若朱宸濠不回南昌，打南京、打北京，一旦称帝，那么想怎么处置阳明先生都可以。阳明先生不可能不知道其中的风险，但他还是信心满满，他告诉大家，攻下南昌，等朱宸濠回军救援的时候，再由鄱阳湖上截击，这是必胜之法。

阳明先生说这是"必胜之法"，可是他心里也清楚：朱宸濠造反，最不应该管的就是南昌老巢。朱宸濠若造反成功则南昌家

---

[1] 武宗诏曰："不必命将，朕当亲帅六师，奉天讨罪。"参见：(明) 王守仁. 王阳明全集【三】[M]. 陈恕，编校. 郑州：中州古籍出版社，2016，9：292-293.
[2] (明) 王守仁. 王阳明全集【一】[M]. 陈恕，编校. 郑州：中州古籍出版社，2016，9：328.
[3] (明) 王守仁. 王阳明全集【四】[M]. 陈恕，编校. 郑州：中州古籍出版社，2016，9：76.
[4] (明) 王守仁. 王阳明全集【一】[M]. 陈恕，编校. 郑州：中州古籍出版社，2016，9：326-327.
[5] (明) 王守仁. 王阳明全集【四】[M]. 陈恕，编校. 郑州：中州古籍出版社，2016，9：77.

人无人敢动，造反失败则南昌家人无人能活。既然选择了造反便只能一路走到头，任何想要退回原地的保守选择，都不属于高风险的造反活动。

阳明先生进攻南昌，可以说是围魏救赵，也可以说是没有更好的选择，这是胜利的唯一可能。阳明先生凭借的就是他对朱宸濠心态的把握。胜负，还是不在"心外"。

大家都说要知行合一，大家都说要稳操胜券，阳明先生在这个决策上做了一个很好的示范。他这里所冒的风险，所用的方法，也都是大家知道的：抓住唯一的可能性，尽一切力量去转化为现实，没有条件就去创造条件。这是一场阳明先生与朱宸濠的生死对决，阳明先生关联着的不是他一个人的生死，而是关联着十族人的脑袋，但阳明先生依然镇定自若。

阳明先生在 1519 年农历七月十五日抵达樟树，十八日举行誓师大会，接着就推进到丰城。根据谋报得知朱宸濠在新旧坟厂设下伏兵，就派奉新知县刘守绪领兵抄小路夜袭，大破伏兵。十九日推进到市汊，向各级将领申明朝廷威仪，再数落了朱宸濠造反的罪状，跟诸将约定第一通鼓响要率部靠到南昌城下，第二通鼓响要登上城楼，第三通鼓响若没攻下城楼就斩杀伍长，第四通鼓响若攻下城楼就斩杀将领。动员大会开过后，众官兵都踊跃激奋，傍晚时分各队都出发朝南昌城挺进[1]。

七月二十日凌晨，各队都抵达了各自的攻击点。南昌城中原本是戒备森严，滚木、灰瓶、火炮、石弩以及各种机巧狠毒的器械准备齐全，但新旧坟厂的败兵溃逃到城中，城中的守敌听说阳明先生的部队四面骤集，惊骇莫名[2]。等阳明先生的部队鼓噪并进攻城楼时，城中的守军纷纷倒戈而奔，南昌城就这样打下来了。

世界上最坚固的城池绝不是铜墙铁壁，而是人心。南昌城真若死守，攻城绝非易事，问题是阳明先生所营造的气势震慑了南昌城守军的"军心"。

阳明先生一进南昌城，发现朱宸濠宫中的眷属听说南昌城被攻破了就纵火自焚，火势还蔓延到周围的民居，就派各将领分头去救火[3]。控制了南昌城后，马上打开粮仓放粮，张榜安民，同时整顿部队纪律，在抓部队纪律方面阳明先生从来不手软[4]。

阳明先生并没有陶醉在攻下南昌城的胜利之中，他一方面马上派遣伍文定、邢珣、徐琏、戴德孺等率兵分道并进去对付朱宸濠的大军，另一方面亲自去安抚朱宸濠的宗室成员，恩威并施以定其心，免得他们成为朱宸濠的内应而生出变化来。

同时在官方告示中写明，胁从人员只要自首则一律不问，虽接受了朱宸濠分封的官爵但现在投降的就免死，能斩杀朱宸濠属下恶徒来投降的就有奖励。这些告示通过南昌内外的居民以及乡下百姓四处传播，用来瓦散朱宸濠党羽[5]。

从这一系列环环相扣的操作来看，阳明先生的知行合一始终在动态运行，上马则统兵，下马能安民，始终把各种杂乱的变化沿着设定的目标推进，知行合一且算无遗策，尽一切努力把可能转换为现实。

老巢被阳明先生端掉的朱宸濠，会有怎样的反应？朱宸濠的部下有什么反应？

欲知后事如何，且听下回分解。

---

[1] （明）王守仁. 王阳明全集【一】[M]. 陈恕，编校. 郑州：中州古籍出版社，2016，9：328-329.

[2] （明）王守仁. 王阳明全集【一】[M]. 陈恕，编校. 郑州：中州古籍出版社，2016，9：329.

[3] （明）王守仁. 王阳明全集【一】[M]. 陈恕，编校. 郑州：中州古籍出版社，2016，9：330.

[4] 阳明先生统帅部队一再强调军令如山的重要性："古之人君执其赏罚，坚如金石，信如四时，是以令之所播如雷霆，兵之所加无不坚敌，而功之所成无愆期。"参见：（明）王守仁. 王阳明全集【一】[M]. 陈恕，编校. 郑州：中州古籍出版社，2016，9：319.

[5] （明）王守仁. 王阳明全集【一】[M]. 陈恕，编校. 郑州：中州古籍出版社，2016，9：331.

第十九回
鄱阳湖火烧连舟

图 19-1 古今多少事

夫战，勇气也。在千军万马中，如闲庭信步，心如坚冰。泰山崩于前而色不变，麋鹿兴于左而目不瞬。阳明先生火烧连舟捉拿了朱宸濠，但平定藩王叛乱后有隐隐不安。

上回说到阳明先生端掉了朱宸濠的老巢南昌城，这一招就是围魏救赵、釜底抽薪、射人先射马等诸多妙计的综合运用。这回接着说朱宸濠及其部下的反应。

朱宸濠得到了南昌城失守的消息，如遭霹雳，他的部下也是仓皇失措。朱宸濠完全没想到阳明先生整些杂牌部队就能攻克南昌，他留下一万五千人的部队守大本营，认为没有十万、八万的人马不可能攻下南昌。即便阳明先生有十万、八万的人马，攻打坚固的南昌城也是几个月的事情，他有足够的时间回防。

但阳明先生就是指挥杂牌军，仅用了六天就攻下了南昌，这出乎朱宸濠集团所有人的意料，朱宸濠马上回师去夺回南昌，先派出二万人的前锋部队直扑南昌，后面大部队随即跟进[1]。

朱宸濠回师的消息传到南昌。阳明先生身边的人都认为要依靠南昌城来坚守，等待四邻援兵，然后再徐图进止。阳明先生却认为最佳的防守就是主动出击，他说从目前的情况看守南昌城不一定能等来援军，南昌城粮食本来就不多且分给老百姓，一旦粮食吃完而援军又不来，到时如何守城？阳明先生接着说，朱宸濠的部队虽然势力强大，但还没遇到厉害的对手，朱宸濠对部下无非就是通过加官晋爵的许诺来进行利诱。现在他们失去老巢又不能攻下安庆，处于进不能攻、退不能守的尴尬境地，出师才半个月又要回师，整个部队已被破胆夺气，我们应该乘机出奇兵一鼓作气挫了他前锋的锐气，那么他的整个部队必不战自溃[2]。

这分析和解决方案，从理论上说非常绝妙，历史上所有以少克多的战役都是这样打的。没有人否认朱宸濠的士兵现在已是方寸大乱，朱宸濠部队的大部分士兵的家人都在南昌，老巢被攻克换作是谁都会方寸大乱。内心已动、心不在焉的部队必定没什么斗志。可战场情况瞬息万变，阳明先生凭什么就确定他的奇兵能一战而胜？如果奇兵被朱宸濠的部队消灭了怎么办？

阳明先生没有给出肯定的答案，而是细致地进行部署：伍文定、邢珣、徐琏、戴德孺各领兵五百，分道并进；派遣余恩领兵四百，在湖上诱敌；派陈槐、胡尧元、童琦等十多人各领兵百余人在四面埋伏，等伍文定他们战斗打响就四起合击[3]。

1519年农历七月二十一日，伍文定等人居然就碰到朱宸濠派出的千余精悍人马，他们也想出其不意地抄小路攻取南昌。这下双方忽然就起了遭遇战，伍文定等人失利了。战报送到了阳明先生手中，他要以军法斩取伍文定、邢珣、徐琏、戴德孺等人的首级，说要自己亲自率兵去打。部下一致求情说刚交锋就斩杀将领则兵就没人带了，阳明先生就让他们戴罪立功，以观后效。农历七月二十二日，各路将领奋死以战，大败朱宸濠的小股部队[4]。

所以说，战场上风云变幻，局势如跷跷板一样起伏不定，不可能胜机总是握在你手中，关键是如何把握好其中的平衡态，心中已明了顺势当如何、逆势又当如何，允执厥中。

1519年农历七月二十三日，谍报说朱宸濠的前锋已经到了樵舍，风帆蔽江，前后数十里，场面相当壮观。阳明先生知道关键时刻到了，派各部队乘夜急进：伍文定率队作为正面迎敌的主力在前面，余恩紧率队支撑在伍文定的后面，邢珣领兵绕到朱宸濠前锋的背后，徐琏、戴德孺领兵从两侧包抄[5]。同时阳明先生下令制造了数十万块免死木牌，下属问做什么用，他笑而不答[6]。

夫战，勇气也。在千军万马中，如闲庭信步，心如坚冰。泰山崩于前而色不变，麋鹿兴于左而目不瞬。

阳明先生说这就是"练心"（图19-1）。

---

[1] （明）王守仁. 王阳明全集【三】[M]. 陈恕,编校. 郑州：中州古籍出版社，2016，9：290.
[2] （明）王守仁. 王阳明全集【一】[M]. 陈恕,编校. 郑州：中州古籍出版社，2016，9：331.
[3] （明）王守仁. 王阳明全集【一】[M]. 陈恕,编校. 郑州：中州古籍出版社，2016，9：331.
[4] （明）王守仁. 王阳明全集【四】[M]. 陈恕,编校. 郑州：中州古籍出版社，2016，9：77.
[5] （明）王守仁. 王阳明全集【一】[M]. 陈恕,编校. 郑州：中州古籍出版社，2016，9：332.
[6] （明）王守仁. 王阳明全集【四】[M]. 陈恕,编校. 郑州：中州古籍出版社，2016，9：121.

1519年农历七月二十四日一早，朱宸濠两万人的先锋舰队直逼离南昌城十五公里的黄家渡。伍文定和余恩领兵迎击，一交手就假装不敌而败退。原本就是小艇对大战舰，力量对比悬殊，朱宸濠前锋指挥官大喜，各战舰居然就都毫无顾忌地向前冲要捞战果，整个舰队前后就乱了套了。

　　就在此时，邢珣领兵从敌人的后方发起了冲锋，直接就冲进了朱宸濠前锋部队的中心区，伍文定和余恩同时领兵反击，已经包抄在两侧的徐琏和戴德孺领兵合势夹击。这下朱宸濠的前锋部队慌作一团，全面溃败逃了十多里地到了八字脑。阳明先生这时命人将数十万块免死木牌顺流放下[1]，他居上游，顺流放木牌这个操作毫不费力气，但攻下南昌就已经考虑到此，令人乍舌。

　　在这次交锋中，朱宸濠前锋部队被擒斩两千余人，落水而死的有近万人。朱宸濠主力舰队一听说先锋舰队溃败，从朱宸濠到士兵均大惊[2]。士兵们知道南昌已经被攻破，现在先锋舰队溃败，于是看见水流送来的木牌就纷纷争抢，散去的士兵不计其数。

　　朱宸濠看苗头不对，就把九江、南康的守城之兵调过来，以此提振士气。但阳明先生早已差遣妥当，陈槐和林珹领兵攻取了九江，曾玙和周朝佐领兵攻取了南康[3]。事实上，朱宸濠把守城之兵调走就导致九江、南康一带守军人心浮动，人心一动，阳明先生派去的部队突然发动进攻，九江、南康一带就被迅速收复了。

　　阳明先生快速攻克南昌让朱宸濠的党羽觉得失去了根基，攻不下安庆又撤军回来，更让他们觉得大势已去，九江和南康的收复，似乎就是水到渠成一般。关键是在整个战役中阳明先生的所有步骤都是环环相扣、严丝合缝，料敌先机，后发先至，敌不动则我不动，敌若动则我先动，朱宸濠跟他完全不是一个数量级的。

　　农历七月二十五日，朱宸濠主力部队又觉得自己强势了，盛气凌人地挑战。当时风势对阳明先生舰队不利，被朱宸濠主力舰队逼退多次，死了几十人，阳明先生下令处斩了几个先逃的人[4]。

　　伍文定等将领挺立在铳炮箭矢之间，火都烧到须发了，全然不顾，奋勇督率官兵殊死搏斗。他们在这几年对阳明先生军令如山、赏罚分明是很清楚的，所以没有丝毫的退却，战场上很多胜机都是出现在"再坚持一下"的毫厘之间。朱宸濠的舰队正在打着，忽然看到阳明先生让官兵打出的大牌子写着"朱宸濠已经擒获，我军毋得纵杀"，一下莫辨真假，军心涣散，开始溃败[5]。在接着的混战中火炮就直接打到了朱宸濠的舰艇，朱宸濠扛不住退却了，于是朱宸濠的主力部队大败，被擒斩二千余人，溺水而死的不计其数[6]。虚虚实实，真真假假，阳明先生让敌人自乱阵脚。

　　朱宸濠退兵到樵舍，现在他南昌、九江、南康都没了，主力舰队又打不过阳明先生的小船队，觉得实在无计可施。刘养正献上一条妙计，就是用铁链把他们的舰船都捆绑在一起，认为把现存的主力舰队连成一体完全可以抵御阳明先生的进攻，只要挡住几轮进攻，然后找准机会反攻仍能反败为胜。

　　"铁索连舟"这种事，历史上很多人干过，比如赤壁之战中的曹操。刘养正肯定知道历史上的反面案例，但他还要献上如此妙计而朱宸濠又毫不犹豫地同意，说明这招肯定有其优点。把战舰连成一体可避免主舰被火炮击破，还可以防止一些舰船顾自逃跑，而且战舰连成一体会造成排山倒海的气势。朱宸濠立即下令用铁索把所有舰船连起来，同时拿出他所有金银财宝激励部下[7]。

　　但朱宸濠团伙的人心已散。人心一散，失败就成定局，没有

---

[1] （明）王守仁. 王阳明全集【一】[M]. 陈恕, 编校. 郑州: 中州古籍出版社, 2016, 9: 121.
[2] （明）王守仁. 王阳明全集【一】[M]. 陈恕, 编校. 郑州: 中州古籍出版社, 2016, 9: 332.
[3] （明）王守仁. 王阳明全集【四】[M]. 陈恕, 编校. 郑州: 中州古籍出版社, 2016, 9: 78.
[4] （明）王守仁. 王阳明全集【一】[M]. 陈恕, 编校. 郑州: 中州古籍出版社, 2016, 9: 332.
[5] （明）王守仁. 王阳明全集【一】[M]. 陈恕, 编校. 郑州: 中州古籍出版社, 2016, 9: 332.
[6] （明）王守仁. 王阳明全集【三】[M]. 陈恕, 编校. 郑州: 中州古籍出版社, 2016, 9: 291.
[7] （明）王守仁. 王阳明全集【一】[M]. 陈恕, 编校. 郑州: 中州古籍出版社, 2016, 9: 332.

人可以挽回,因为凝聚人心是世界上最难的一件事。指挥部队关键在军心,治理民众关键在民心,人心向背从来都是成败之支点。

和朱宸濠的舰队必定会在大江上对阵,这和在深山老林里剿匪是完全不同的作战方式,阳明先生对此早有考虑,他知道大江中两军对垒时致命的炮火打击对整个战局的意义。他让伍文定早已准备好火攻器具,安排邢珣领兵攻击左侧,徐琏、戴德孺领兵攻击右侧,余恩等领兵四面埋伏等火势一起就进行合击[1]。

1519年农历七月二十六日,朱宸濠还在朝见群臣,指责各级将领在昨天的战斗中没出死力,表示要把坐观成败的人拉出去斩首。朱宸濠一伙还在争论不休,阳明先生的部队已经从四面打上来了。针对朱宸濠的"铁索连舟",阳明先生用"火攻",他的部队都是轻便灵活的小舰艇,装备火具,全线进攻。

正如历史上许多战役一样,"铁索连舟"的致命缺陷再次暴露:一舟着火,舟舟起火。朱宸濠的整个舰队成了阳明先生部队放火的标靶,朱宸濠在冲天的火光中确信大势已去。

大火烧到了朱宸濠的副舰,朱宸濠的部下就四散奔走了。朱宸濠跟他的妃嫔们哭泣告别,妃嫔宫人都跳水而亡,朱宸濠及其文武百官都被擒获了,共计被擒斩三千余人,落水而死的有三万余人,抛弃的衣服铠甲仪仗财物和浮尸堆积在一起如同大江中的沙洲。鉴于朱宸濠的部下四散奔逃,阳明先生继续派遣官兵分路追缴,要求各部队不能让逃兵到其他地方作乱[2]。农历七月二十七日阳明先生的部队把樵舍的残部剿灭,接着把吴城的残部剿灭,二十八日陈槐等送来报告说在沿湖各处擒斩残部一千余人[3]。

朱宸濠被押进南昌城见阳明先生,说这是朱家自己的事何必外人费心如此,还表示愿意尽削护卫和所有待遇请求降为庶民。

阳明先生沉稳如山:"有国法在。"[4]

阳明先生在两个月不到的时间里,以极少的兵力,平定了一位藩王处心积虑几十年的叛乱,这本是奇功一件。问题是,他正赶上了明武宗朱厚照不知天高地厚要御驾亲征,外加张忠、许泰等近臣随着皇帝的心思在撺掇。皇帝朱厚照命令"总督军务威武大将军镇国公朱寿",就是他自己,统领各路人马南下平叛[5]。朝廷上很多大臣力谏不听,有大臣就因力谏被廷杖致死。

就在他们兴高采烈准备这场战争游戏时,阳明先生已经把朱宸濠谋反给平定了,并在1519年农历七月三十日上了《江西捷音疏》《擒获宸濠捷音疏》[6],把平定经过详细地讲清楚了。

皇帝朱厚照觉得这位造反的王爷太不经打,怎么三下两下就被活捉了。皇帝的近臣们就集体把阳明先生的捷报扣住不发,还说罪魁祸首虽然擒获但还有很多余党,不去抓捕必有后患[7]。

平定朱宸濠叛乱这项业绩,把阳明先生送到了炫目的传奇圣坛,但也把他送进了谗诬诓诈的漩涡中。接着很长一段时间,阳明先生几乎是每日命悬一线,正是这种磨炼让"良知"与"致良知"学说横空出世。但阳明先生当时还不知道后面会有如此的惊涛骇浪,他一心惦记着怎么让皇帝不要给江西的老百姓再增加负担了。阳明先生会遇到怎样的惊涛骇浪?

欲知后事如何,且听下回分解。

---

[1] (明) 王守仁. 王阳明全集【一】[M]. 陈恕, 编校. 郑州: 中州古籍出版社, 2016, 9: 332.
[2] (明) 王守仁. 王阳明全集【四】[M]. 陈恕, 编校. 郑州: 中州古籍出版社, 2016, 9: 78-79.
[3] (明) 王守仁. 王阳明全集【一】[M]. 陈恕, 编校. 郑州: 中州古籍出版社, 2016, 9: 333.
[4] (明) 王守仁. 王阳明全集【四】[M]. 陈恕, 编校. 郑州: 中州古籍出版社, 2016, 9: 79.
[5] (明) 王守仁. 王阳明全集【三】[M]. 陈恕, 编校. 郑州: 中州古籍出版社, 2016, 9: 292.
[6] (明) 王守仁. 王阳明全集【四】[M]. 陈恕, 编校. 郑州: 中州古籍出版社, 2016, 9: 79.
[7] (明) 王守仁. 王阳明全集【一】[M]. 陈恕, 编校. 郑州: 中州古籍出版社, 2016, 9: 327-335.
[8] (明) 王守仁. 王阳明全集【三】[M]. 陈恕, 编校. 郑州: 中州古籍出版社, 2016, 9: 293.

第二十回

知行合一致良知

图 20-1 道德流芳于无穷

阳明学中的"知行合一"学说对冀元亨影响最大，这让他能够在经受严刑拷打时，始终坚持立场、绝不屈服，这正是阳明学中践行"知行合一"的具体体现。正是有冀元亨这样的弟子，使阳明先生知行合一学说有了刻骨铭心的鲜活注释，而不是理论化的说教。

上回已经讲了阳明先生平定朱宸濠造反的经过，也说到皇帝朱厚照听说朱宸濠造反，居然心中窃喜。因为皇帝觉得自己的文韬武略十分了得，但一直没有机会施展。对付土匪，显然他不可能御驾亲征，现在藩王造反他就有由头了。加上宠臣张忠、许泰等一撺掇，皇帝就不顾朝廷百官的反对，兀自下江南了。

这回接着讲阳明先生对皇帝亲征的应对。阳明先生倘若只想顺着圣意，只要在南昌等着就行，任凭皇帝来还是大军来，只要把朱宸濠交给他们即可，他们自己想怎样玩就自己玩去。

但阳明先生深知大军南征，百姓动荡，他在1519年农历八月十七日赶紧上了《请止亲征疏》[1]，反复说朱宸濠等头目都已擒获，党羽都已扫荡，各地兵士都已散还，地方上惊扰的百姓都已抚帖，并表示将于农历九月十一日亲自押解朱宸濠及主要的罪犯给皇帝。

这下皇帝和近臣们都很不爽。皇帝已经到了南京，身旁的近臣们想出了一个"天才主意"：叫阳明先生将被俘的朱宸濠及其余党，统统放出来，就放在最后决战的鄱阳湖，让皇帝打一场水战亲自来活捉一回，凯旋回京然后论功行赏[2]。

皇帝派了张忠、许泰等人到南昌，索取朱宸濠，真的准备放到鄱阳湖中，阳明先生不给。皇帝还派了锦衣卫千户拿着威武大将军的令牌来索取朱宸濠，下属问给锦衣卫的红包放多少，阳明先生说象征性给一点，结果该锦衣卫千户生气地不要红包，当然也没索取到朱宸濠。第二天该千户就告辞走人，阳明先生一把拉住他的手说自己在正德元年曾被关到锦衣卫大牢里颇久，从来没见过轻财重义如公公的，昨天礼节性地准备了红包，听说公公根本就不收，让我觉得又惭愧又惶恐，我也没有其他特长，只是善于写些文章，改日一定好好写篇文章，让人知道锦衣卫中有公公这样的人。接着阳明先生反复感谢，导致这位千户居然说不出其他话来，只能顺着阳明先生的话头客气几句就回去了[3]。

阳明先生知道现在最要紧的是把朱宸濠送到皇帝面前，但张忠、许泰等就是拦住他，使得他见不到皇帝。他觉得当年跟杨一清一起扳倒刘瑾的太监张永还是比较有正义感的，探得张永已经打前站到了杭州，阳明先生就在农历九月十一日亲自押解朱宸濠到杭州见到张永。阳明先生说，江西的老百姓长期经受朱宸濠的荼毒，最近又经历战乱，近来旱灾又严重，却还要分摊北方过来的官兵军饷，困苦到无法忍受了他们就会逃到山里当土匪，到时候还要朝廷派兵来剿匪，这样苦难就没完了。张永深以为然，说他这次出来，就是因为这群宵小在皇帝边上，他要尽可能照顾皇帝，并非来捞功的，但针对皇帝的主意顺着来则还有余地，如果忤逆皇帝的意思只能凭空让这群宵小更得势，对百姓来说愈加没有好处[4]。阳明先生相信张永是可靠的，就把朱宸濠交给他，张永则以最快的速度押解朱宸濠到南京面见皇帝朱厚照。

张永在皇帝面前再三说阳明先生尽心为国，忠心耿耿，同时说了江彬、张忠、许泰等想要加害阳明先生。这时张忠等果然诬陷阳明先生要反叛，皇帝就不大信了，但张忠、许泰等人不断在皇帝面前诬陷阳明先生的同时，抓走了阳明先生的学生冀元亨。

在阳明先生的诸多弟子中，冀元亨是很有代表性的。

冀元亨是湖南常德人。当阳明先生触怒刘瑾、被发配贵州龙场之时，许多友人唯恐避之不及，而冀元亨却把这看作一个极好的问学机会。就在阳明先生去贵州的途中，冀元亨在湖南等候着结识了阳明先生并执弟子礼。后来阳明先生由贵州去庐陵时，冀

---

[1] (明) 王守仁. 王阳明全集【一】[M]. 陈恕, 编校. 郑州: 中州古籍出版社, 2016, 9: 336-337.
[2] (明) 王守仁. 王阳明全集【三】[M]. 陈恕, 编校. 郑州: 中州古籍出版社, 2016, 9: 293.
[3] (明) 王守仁. 王阳明全集【三】[M]. 陈恕, 编校. 郑州: 中州古籍出版社, 2016, 9: 293-294.
[4] (明) 王守仁. 王阳明全集【三】[M]. 陈恕, 编校. 郑州: 中州古籍出版社, 2016, 9: 293.

元亨就从湖南跟随其求学。冀元亨对阳明先生大为叹服，不仅体现在学术思想上，更体现在其后半生的处事中。阳明先生派冀元亨到南昌朱宸濠身边时，他欣然前往[1]。阳明先生提醒他此去凶多吉少，他更是义无反顾并表示必尽全力完成任务。

其实，当阳明先生还在赣州对付池仲容时，朱宸濠就派刘养正和李士实去探阳明先生的虚实。双方话都没点破，但彼此谈不拢，而刘养正和李士实从赣州回南昌时，多了一人。阳明先生借向朱宸濠讲解心学的缘由，派冀元亨跟他们来到南昌[2]。冀元亨此行有两个任务，第一，是尽力把朱宸濠拉回正途；第二，如果第一个任务无法完成，那就搜集朱宸濠谋反的证据和动静。用现在的话说，就是卧底。但朱宸濠一伙必定对冀元亨防范甚严，所以冀元亨的处境是很凶险的，但他化解了各种风险并在朱宸濠造反前逃了出来。

朱宸濠发动叛乱后，阳明先生的平叛经过在前文已经叙述过了，总之，皇帝身边的这些宠臣们极其不爽。在历史上，大凡得罪君子的还可以理论一番，而得罪小人的基本没什么好下场。

小人们总是想方设法让导致他们不爽的人背上一些莫须有的罪名，这样他们就会爽一些，至于别人死活他们向来是不关心的。这时候，王琼已经因竭力反对皇帝出京而靠边站了，阳明先生在皇帝跟前没有了做具体工作的朝臣来帮他直接沟通，而张永作为一名太监也只能尽可能地吹一些边风。

张忠、许泰等人利用皇帝派他们去南昌处理朱宸濠后事的由头，屡屡向皇帝打报告诬陷阳明先生。他们的说法是阳明先生与朱宸濠有勾结，他派学生冀元亨去朱宸濠那里就是证据。至于阳明先生擒获了朱宸濠，他们说是阳明先生后来觉得朱宸濠不能成事，临时趁朱宸濠不备搞了窝里斗，否则朱宸濠也不是这么好抓

的。他们抓了冀元亨去严刑拷打，叫他交代阳明先生是怎么让他去和朱宸濠勾结的，这明摆着是要置阳明先生于死地，此时阳明先生可谓天天命悬一线。

朱宸濠被阳明先生打败、活捉了，难免衔恨阳明先生、冀元亨等人。在很多警匪片中，黑老大被擒获，对警方卧底都是怀恨在心的。朱宸濠被抓住后，说冀元亨是和他一伙的，拉上这个卧底来垫背，也算是他的一个报复措施。

问题是当时的张忠、许泰等人，存心是要致阳明先生于死地的。冀元亨重刑之下若屈打成招，牵连到阳明先生，阳明先生在当时的情况下确实很难为自己辩白。然而，冀元亨既笃信阳明先生"知行合一"之学，自是以一身为之践履，在严刑拷打之下并未有所改变，真正做到以生命在做学问（图20-1）。

许泰等人还跟皇帝说如果召见阳明先生，他肯定不来，这样就证明他目无皇帝，于是皇帝就召见阳明先生。结果阳明先生马上就赶到南京龙江关，这下这些人担心他们的谎言被戳穿，又从中阻挠，使得阳明先生见不到皇帝，阳明先生就穿戴布衣纶巾到九华山去了。张永知道了，就跟皇帝说王守仁实在是忠臣，现在听说大家要争功，就要弃官修道了[3]。

阳明先生面对各种诬陷，他和团队展示出他们足够的抗压能力。但这样还是不够的，还是要有能在皇帝面前说得上话的人来支持他，尤其是做具体工作的同僚。以前有王琼，这时也需"大人"之助。正如古话所说的"吉人多助"，当时侍御唐龙由云南按察使转任江西按察使来到南昌[4]，这使得阳明先生在谗诬诖诈的

---

[1]（明）王守仁. 王阳明全集【二】[M]. 陈恕, 编校. 郑州：中州古籍出版社, 2016, 9: 144-145.
[2]（明）王守仁. 王阳明全集【三】[M]. 陈恕, 编校. 郑州：中州古籍出版社, 2016, 9: 299.
[3]（明）王守仁. 王阳明全集【四】[M]. 陈恕, 编校. 郑州：中州古籍出版社, 2016, 9: 80.
[4] 1520年阳明先生在《复唐虞佐》中表示"多病之躯，重为知己忧。"参加：（明）王守仁. 王阳明全集【一】[M]. 陈恕, 编校. 郑州：中州古籍出版社, 2016, 9: 149. 1521年阳明先生在《与唐虞佐侍御》中表示"相与两年，情日益厚，意日益真，此皆彼此所心喻，不以言谢者。"参加：（明）王守仁. 王阳明全集【一】[M]. 陈恕, 编校. 郑州：中州古籍出版社, 2016, 9: 154.

漩涡中有了生机。唐龙字虞佐，号渔石，是1508年的进士，浙江兰溪人。侍御就是监察御史，唐龙与阳明先生在江西相遇时已任按察使，按察使是各省提刑按察使司的长官，主管着一省的司法，掌管一省刑名按劾。

唐龙查明原委后，立刻给皇帝打报告，不仅力辩阳明先生清白，并要求皇帝马上撤回张忠、许泰一班扰民乱政的亲兵。唐龙还一再强调，如果像阳明先生这样在第一时间向朝廷上疏指明朱宸濠造反，并生擒朱宸濠献给皇上的人都要怀疑，必将冷了天下忠义之心。

通过唐龙及张永等人的努力，阳明先生平叛功劳终于得到武宗的认可，并命阳明先生兼任江西巡抚。此后，唐龙和阳明先生共同妥善处理了藩王朱宸濠叛乱案的遗留问题[1]。

1520年农历正月，阳明先生来到庐山开先寺，在李璟读书台石壁上撰文、题写了这次平叛的碑文，被称为《纪功碑》。碑文共136个字，字体庄重遒劲，碑长242厘米，宽234厘米，气势宏伟。阳明先生写这篇碑文时，激扬跌宕，将行书的洒脱和楷书的庄重糅合在一起，使全文气韵贯通，雄健苍劲。碑石作为庐山一处文物古迹为今天人们了解那一事件提供了历史见证。

【碑石释文】：正德己卯，六月乙亥，宸濠以南昌叛，称兵向阙。破南康、九江，攻安庆，远近震动。七月辛亥，臣守仁以列郡之兵复南昌，宸濠擒，余党悉定。当是时，天子闻亦赫怒，亲统六师临时，遂俘宸濠以归。于赫皇威，神武不杀。如霆之震，靡击而折。神器有归，孰敢窥窃。天鉴于宸濠，式昭皇灵，以嘉靖我邦国。正德庚辰正月晦，提督军务都御史王守仁书，从征官属列于左方[2]。

这篇碑文从时间、地点、征讨经过，胜利告捷以及对皇帝的尊重，皆陈述得简明扼要，可谓短而精。皇帝朱厚照算是拿到了"南下平叛"这场游戏的大奖，可是宠臣们并没有如愿以偿加官晋爵，这就意味着阳明先生必然有一连串的凶险要面对了。

阳明先生在擒获朱宸濠后，就不断向皇帝上书要求退休，但没批准。对阳明先生来说，取胜是容易的，所以他指挥若定，谈笑间樯橹灰飞烟灭，而如何处理胜利之后的善后事宜才是真正的考验。

到了1520年农历七月十七日，阳明先生还上了《重上江西捷音疏》，钦差总督军务威武大将军总兵官后军都督府太师镇国公，即皇帝朱厚照，和张忠、许泰、江彬等人成为平叛朱宸濠的主要功臣，"俘擒元恶，是皆钦差总督威德、指示、方略之所致也"，最后他为伍文定、邢珣、徐琏、戴德孺等一干将军请功而自己就基本不提了[3]。朱厚照和宠臣们到1520年底才从南京回北京，阳明先生才稍稍舒心[4]。

1520年八月，阳明先生上《咨六部伸理冀元亨》[5]，提到对冀元亨被陷"痛心刻骨，日夜冤愤不能自己者"，甚至认为"义当与之同死"。阳明先生多方营救，但冀元亨因遭受拷打折磨而伤势过重，出狱五天后就去世了。

这让阳明先生非常自责，朝廷后来带弥补性质的封赏终难让他释怀。正是有冀元亨这样的弟子，使阳明先生知行合一学说有了刻骨铭心的鲜活注释，而不是理论化的说教。正是阳明先生的感召力，培养出冀元亨这样的追随者，阳明先生的其他学生也不只是在老师讲课的时候进行学习，在这些活生生的事例中体会更

---

[1] （明）王守仁. 王阳明全集【三】[M]. 陈恕，编校. 郑州：中州古籍出版社，2016，9：296.
[2] （明）王守仁. 王阳明全集【三】[M]. 陈恕，编校. 郑州：中州古籍出版社，2016，9：295.
[3] （明）王守仁. 王阳明全集【三】[M]. 陈恕，编校. 郑州：中州古籍出版社，2016，9：8-9.
[4] （明）王守仁. 王阳明全集【三】[M]. 陈恕，编校. 郑州：中州古籍出版社，2016，9：301.
[5] （明）王守仁. 王阳明全集【二】[M]. 陈恕，编校. 郑州：中州古籍出版社，2016，9：144-145.

深。现在当一个单位、一个团队的领导也一样，让群众惧怕你很容易，让群众敬重你、追随你并学习你，就有难度了。技术层面的水平尚在其次，核心问题就是：你平素是否知行合一。

阳明先生的学说也是在不断发展和深化的。1520 年阳明先生实现从"知行合一"到"致良知"的飞跃，冀元亨对他的触动很深。"良知"与"致良知"在民间的教化作用是潜移默化的，比如现在有些人吵架指责对方"没有良知"、或"丧尽天良"，另一方则竭力辩白、反击。且不论指责是否证据确凿，但前提就是大家都认为人应该有天理良知。

阳明先生曾说，若非张忠团伙对他进行的百般构陷，使他每天都在生死一线徘徊，且欲救冀元亨而不得，内心如烈火煅烧一般，他或许就不能点出"良知"二字[2]。

阳明先生说，考察人类历史和神鬼历史，发现"良知"是圣门正法眼藏[3]，是千古圣贤的真正骨血[4]。一个人如果能致良知就如操舟得舵；纵然有无边风浪，但只要舵柄在手就能乘风破浪免于沉没[5]。如果说阳明先生在龙场悟出格物致知之"吾性自足""心即理"是阳明学的基点，那么"知行合一"则是路径，提出"良知"与"致良知"则指明了阳明学的灵魂与终极目标。

---

[1] 阳明先生说："吾真见得良知人人所同，特学者未得启悟，故甘随俗习非。"参见：（明）王守仁. 王阳明全集【三】[M]. 陈恕，编校. 郑州：中州古籍出版社，2016，9：301.
[2] 阳明先生说："此等苦心，只好自知，譬之真金之遇烈焰，愈锻炼，愈发光辉，此处认得，方是真知；此处格得，方是真物；非见解意识所能及也。自经此大利害、大毁誉过来，一切得丧荣辱，真如飘风之过耳，悉足以动吾一念。"参见：（明）王守仁. 王阳明全集【四】[M]. 陈恕，编校. 郑州：中州古籍出版社，2016，9：198.
[3]（明）王守仁. 王阳明全集【一】[M]. 陈恕，编校. 郑州：中州古籍出版社，2016，9：151.
[4] 阳明先生说："此理沉埋数百年，只为宋儒从知解上入，认识神为性体，故闻见日多，意道益深，辟之有人冒别姓坟墓为祖墓者，何以为辨，只得开圹，将子孙滴血，真伪无可逃矣。我此良知二字，实千古圣贤相传一点滴骨血也。""今经变后，始有良知之说。"参见：（明）王守仁. 王阳明全集【四】[M]. 陈恕，编校. 郑州：中州古籍出版社，2016，9：239.
[5]（明）王守仁. 王阳明全集【三】[M]. 陈恕，编校. 郑州：中州古籍出版社，2016，9：301-302.

1521 年农历三月，阳明先生的光明时刻看似到来，因为皇帝朱厚照死了，环绕在他身边的小人们则如汤浇蚁穴，纷纷得到应有的下场，或处斩或下狱。但阳明先生并不是像有些人预料的那样向朝廷去申诉这几年的冤屈，以图升官，而是无比坚定地告病还乡。1521 年农历七月，阳明先生再向朝廷申请退休，首辅杨廷和批准了，农历八月阳明先生回到阔别已久的浙江老家[6]。

1521 年农历十月，阳明先生被新皇帝朱厚熜封为新建伯[7]。

1522 年农历正月初十，阳明先生上《辞封爵普恩赏以彰国典疏》，其中一条理由即是冀元亨以忠受祸缘于自己，故认为"虽尽削臣职，移报元亨，亦无以赎此痛"。阳明先生在教学中反复强调良知，正是针对当时朝廷政治对于正义的扭曲。

这时再来看阳明先生科举文章《志士仁人》，会发现阳明先生本人就是终身在践行知行合一的。从《仁人志士》中体会到文采斐然、英气勃发倒是其次，关键是从中解读阳明先生本人的知行合一。

有弟子问，听说老师年轻时就立下经略四方的志向，如今天下不安，到处都是可以建功立业之地，为何执意辞职呢？阳明先生说，当时年轻气盛，自龙场之后这种心态平和了很多，因为他终于明白，人有建功立业的心没有错，但千万不要把这种心当成常态，而应时刻保持心如明镜，不要刻意去强求，须始终使自己的良知光明，物来则照，况且他现在最重要的任务是让天下人知道儒学真谛，相比而言建功立业倒是其次。

讲课时，也有弟子问阳明先生用兵的技巧。阳明先生略作解释，说掌握地形、装备之类是大家都懂得的，如果非要说用兵有技巧，此心不动就是唯一的技巧；只是努力做学问，养得此心不

---

[6]（明）王守仁. 王阳明全集【三】[M]. 陈恕，编校. 郑州：中州古籍出版社，2016，9：304.
[7]（明）王守仁. 王阳明全集【三】[M]. 陈恕，编校. 郑州：中州古籍出版社，2016，9：305.

动，大家的智慧都相差无几，胜负之决只在此心动与不动。阳明先生举例说，开始和朱宸濠对战时处于劣势，向身边的人下达火攻的命令，说了四次他才从茫然中回过神来，这种人就是平时学问不到位，一临事就慌乱失措，那些急中生智的人的智慧并非凭空而来，而是平时学问纯笃的缘故。

弟子说，他也能带兵了，因为他能不动心。阳明先生说，不动心岂是轻易就能做到的？非要在平时有克制的能力，在良知上用全功，把自己锻造成一个泰山崩于前而色不变、麋鹿兴于左而目不瞬的人，才能不动心。弟子问，如果在平时做到不动心，是否就可以用兵如神？阳明先生摇头说，当然不是，战场是对刀杀人的大事，必须要经历。按阳明先生的看法，平时吃喝玩乐不肯静养良知的人，遇到战事时不可能取得胜利，因为他们做不到"不动心"，他们的心被物欲所牵引而一直在躁动，这样的人怎能镇定自信地指挥千军万马[1]。

兵者，诡道也。在史书中会发现历史正面人物用起"诡"来比负面人物用更"诡"，这就涉及为什么用和对谁用"诡"，关键还是在于：是否符合良知。

内心一直摒弃私欲和不正，努力存养其良知，德行博大而能感化人心。历史上有很多人，纵然身处荆棘，还是秉持自己的良知，比如春秋的屈原凭借良知而抗争，最后投汨罗江，人们现在每年端午都在纪念他，这就是人类的良知穿越千年的共鸣。

但是当时攻击阳明学的人，上到朝廷高级官员、下至地方小吏，不计其数。同时，对他顶礼膜拜的人也是浩如烟海。阳明先生大有不管不顾的气势，用他的话说，我只相信良知，其他一概不理。阳明先生说，未发现良知妙用之前，对人对事还有点乡愿的意思，也就可能会言行不符；确信良知的真是真非后，就发现只要按照良知的指引去为人处世，心情非常愉快，由此就养成了"狂者"的胸襟，即便天下人都讲我言行不符也无碍[2]。这就是真正的自信，相信自己的良知并遵循良知的指引，不必顾虑、不必计较其他[3]。

又有弟子问，如果您在年轻时被派来剿匪，能成功吗？阳明先生回答说，恐怕不能。

弟子问缘由。阳明先生说，年轻时涉世未深且内心浮躁，心不定就难成事。人非要经历一番劫难才能脱胎换骨，才能成为真正能解决问题的人[4]。

弟子问，如果没有磨难呢？难道去主动找吗？阳明先生说当然不是，我是从磨难中得到了真谛，人只要时刻正心，真正让良知不被人欲遮蔽，就能成功。

儒家关于圣人的评判标准是：立德、立功、立言。阳明先生都做到了，故称：真三不朽。从那时到现在，向阳明先生学习的人不可胜数。

阳明先生说：破山中贼易，破心中贼难[5]。这句话，由一个真刀真枪在山中剿匪的统帅说出来，当然是更有影响力。阳明先生怎么指导弟子去破心中贼？

欲知后事如何，且听下回分解。

---

[1] 阳明先生说"人之性气刚者亦能履险不惧，但其心必待强持而后能。即强持便是本体之蔽，便不能宰割庶事。若人真肯在良知上用功，时时精明，不蔽于欲，自能临事不动。不动真体，自能应变无言。"参见：(明) 王守仁. 王阳明全集【四】[M]. 陈恕, 编校. 郑州：中州古籍出版社，2016, 9: 122.

[2] (明) 王阳明. 传习录[M]. 第二版. 于自力, 孔薇, 杨骅骁, 注译. 郑州：中州古籍出版社, 2008, 1: 372.

[3] 阳明先生说"盖有举世非之而不顾，千百世非之而不顾者，亦求其是而已矣。岂以一时毁誉而动其心邪！"参见：(明) 王守仁. 王阳明全集【一】[M]. 陈恕, 编校. 郑州：中州古籍出版社, 2016, 9: 159.

[4] 阳明先生说"当时学问未透，中心激忿抗厉之气。若此气未除，欲与天下共事，恐事未必有济。"参见：(明) 王守仁. 王阳明全集【四】[M]. 陈恕, 编校. 郑州：中州古籍出版社, 2016, 9: 186.

[5] (明) 王守仁. 王阳明全集【一】[M]. 陈恕, 编校. 郑州：中州古籍出版社, 2016, 9: 143.

第二十一回
良知破解心中贼

图 21-1 随感而应,无物不照

人们心中的"贼"有很多,不过归纳而言,不出入"欲"的范畴。"喜、怒、哀、惧、爱、恶、欲"称为七情,这七种情是人心中本来就有的,七情的自然流露都是良知的运转施用,本是无善无恶的,但不可偏执,一旦偏执就是"欲"。

上回说到了冀元亨任凭奸佞严刑拷打，绝不会为了自己身心减少一些折磨而说违背良知的话，这就是用生命在践行"知行合一"。很多人都知道知行合一的道理，但就是做不到，按照阳明先生的解释，就是因为"心中贼"未破。

比如与冀元亨作对比，很多人觉得自己也不怕死，但是怕"生不如死"，或者也不是怕"生不如死"，而是怕生死之间的一种莫名恐惧。这其实就是良知被"欲"蒙蔽了，人陷入了一种虚妄的状态，是非已经搞不清了。这回就接着来解说阳明先生的一句名言："破山中贼易，破心中贼难"。这句话流传甚广，几乎成了一句俗语，很多人或许不知道是阳明先生说的。

阳明先生在南赣剿匪的时候就告诫弟子们：破山中贼易，破心中贼难[1]，即便他后来成就莫大功业，还是如此感慨。人们心中的"贼"有很多，不过归纳而言，不出人"欲"的范畴。

通常而言，私欲指的是心里过度的七情，物欲指的是外界给人们内心带来刺激所产生的欲望。私欲往往无需要特定的刺激就会产生，比如莫名的惆怅、哀伤；而物欲须外界的刺激，比如嫉妒、攀比。从根本上说，你嫉妒别人有钱有势，还是在心的指使下用眼去看到的，所以说物欲说到底还是私欲，还是从自己心里发作起来并充斥在心里。每个人都有良知，但每个人的良知都有可能被私欲遮蔽。想要显现完全的良知，只要把私欲克制住就是了，但这话说来容易但做起来实在太难。

"喜、怒、哀、惧、爱、恶、欲"称为七情[2]。阳明先生认为这七种情是人心中本来就有的，七情的自然流露都是良知的运转施用，本是无善无恶的，但不可偏执；一旦偏执就是"欲"，都是良知的蒙蔽，不过刚蒙蔽上去时就会被良知察觉，察觉就即刻把蒙蔽驱除可恢复良知的本体，在这个问题上能看得明白才是简易透彻的功夫。阳明学的目标之一就是祛除心中之贼，所以阳明先生给出了很多祛除"欲"的心法。

在七情中人们最容易犯的就是哀愁，因为人生在世不如意事十之八九，面对不如意时很少有人能保持平衡的心态。阳明先生就为弟子陆澄开出一剂破解过度哀愁的药。

陆澄跟随阳明先生在南京鸿胪寺居住时忽然收到家信，说他的儿子病危，所以陆澄很哀愁。阳明先生说，你这样忧愁，对你儿子的病有什么帮助吗？陆澄哀愁地说，当然没有帮助。

阳明先生说，这正是个在事上练心的好机会。若此时把用功的机会放过了，纵然平时把心学说得头头是道有什么用？父亲爱儿子，自然是人之常情，不过天理有个平衡点，一旦过了就是私欲；你和很多人的认识是一样的，以为面对不幸时就应该忧愁哀伤，而且还认为这是天理的表现，可你不知道此时你的良知已被过分的情感所遮蔽，已不得其正；通常人们情感中表露"过"的多，"不及"的少；"不及"不符合良知，但"过"也不是心之本体，必须要调停适中才行[3]。

陆澄问，这个度该如何掌握呢？阳明先生说，这需你自己去感悟，哀愁不影响到你的健康和日常运转，那就是掌握了度，每个人的承受能力不同，所以这个度的把握也不同。

阳明先生指导弟子们说，良知如同阳光，阳光是移动的，不可能总停留在一处，但只要有一线光明，就是阳光之所在；虽然云雾蔽天，只要太虚中还能辨认出形象、颜色，就是阳光不灭的显现之处，不能因为云会遮蔽阳光，就要叫天不能出现云[4]。

---

[1] 阳明先生说"破山中贼易，破心中贼难。区区剪除鼠窃，何足为异？若诸贤扫荡心腹之寇，以收廓清平定之功，此诚大丈夫不世之伟绩。"参见：(明)王守仁. 王阳明全集【一】[M]. 陈恕, 编校. 郑州：中州古籍出版社, 2016, 9: 143.

[2] (明)王阳明. 传习录[M]. 第二版. 于自力, 孔薇, 杨骅骁, 注译. 郑州：中州古籍出版社, 2008, 1: 357.

[3] (明)王阳明. 传习录[M]. 第二版. 于自力, 孔薇, 杨骅骁, 注译. 郑州：中州古籍出版社, 2008, 1: 75-76.

[4] (明)王阳明. 传习录[M]. 第二版. 于自力, 孔薇, 杨骅骁, 注译. 郑州：中州古籍出版社, 2008, 1: 357.

陆澄有所领悟。阳明先生接着说，其实在哀愁的情绪上掌握好一个度，无非是要你在这上面做到"不执"，你要总哀愁，那就是"执"，就会"过"，就不符合良知。

有人可以不哀伤过度，但从来没有人不会愤怒，婴儿都会愤怒。人们会因为挑衅、不满、愿望不能达成、行动受挫等原因而愤怒。阳明先生认为，愤怒不可能没有，但却最不该有，因为一个人在愤怒时就会感情用事，一旦"过"了平衡点则失去了心的本体，因此心必然不会中正。

愤怒时该如何不失去心的本体呢？阳明先生说要顺其自然而不过分在意，并举例说，出门看见有人打架，对于错的一方我心中也愤怒，不过虽然愤怒，我的心却是恢弘公正的，不会怒火攻心。你要对别人发怒时，也应该如此，这才是中正[1]。

通常而言，虽然我生气，但不会因怒火而丧失理智。阳明先生提倡的这种消除愤怒的方法并不是逃避，而是自我把持。不过很多人无法知行合一，虽然明白这一点，却无法做到。毕竟我们和别人起冲突时，为了面子、利益难免要愤怒，很多人不可能放弃面子和利益而使自己能够得以超然。

通常我们愤怒的原因往往是因为别人挑战了我们外在的一些东西，诸如身份、地位、名利、面子，而这些外在的东西在阳明学中是不值一提的，阳明学关注的是每个人内心的良知。很多人都会说身份、地位、名利、面子之类都是浮云，自己都是很不在乎的，但每次在这些方面受到挑战与刺激便怒发如狂，呈现出知行不一的状态。所以在怒火即将喷发的时候，用良知的戒慎恐惧来关照自我，这就是阳明先生反复讲解的知行合一之道。

针对愤怒，可以是旁观者，那么恐惧呢？比如有人怕鬼。陆澄问阳明先生，有人怕鬼如何是好？阳明先生说，这种人平时内心有所亏欠所以害怕，若平时做事合于神明，坦荡光明，又有什么可怕的？

弟子马子莘说，您说的那些是好鬼，谁做了坏事它们自然会去找当事人，可世上还有恶鬼，不分青红皂白逮谁弄谁，不免要怕。阳明先生坚定地说，我从未听说邪恶的鬼能被致良知的人撞上，若真有人怕这种鬼，那就是心邪。你好色就会有色鬼迷，你贪财就会有货鬼迷，你随意发怒就会有怒鬼迷，你恐惧所不应恐惧的就会有惧鬼迷[2]。

也就是说，我们怕的鬼不在外，而在内，是心里的鬼。我们怕的是"鬼"这个不明觉厉的虚无，而不是鬼的实体，我们恐惧正是如此。恐惧不是真实的，它只是对未来的一种自我暗示，是人们内心的产物。虽然危险是真实存在的，但恐惧与否是你的选择。面对危机可以选择恐惧，也可以不选择恐惧，但很多人没有这种可选择的余地，原因正如阳明先生所说，你去追寻外在的声色货利占据了你的头脑，遮蔽了你的良知，当它们一旦出现异常情况时，你就会心虚，马上恐惧起来。

通过违背良知而得到的名利权势，会时刻牵引着你的心，你总会担心失去它们则恐惧自然就产生了。人必须时刻光明自己的良知，才有可能拥有选择是否恐惧的自由。

过度的"哀、怒、惧"大家都知道要驱除，喜与爱呢？其实喜与爱，同样是最容易产生，也是最容易被放纵的私欲。常规而言的适度喜与爱，本是令人身心愉悦的，但喜成为"狂喜"（如范进中举）、爱成为"溺爱"，往往就会无法收拾。喜与爱通常直接与"喜好""爱好"联系在一起，比如大多数人都好名，好表现自己，人家说自己好，便喜、便爱。

---

[1] （明）王阳明. 传习录[M]. 第二版. 于自力, 孔薇, 杨骅骁, 注译. 郑州: 中州古籍出版社, 2008, 1: 317.

[2] （明）王阳明. 传习录[M]. 第二版. 于自力, 孔薇, 杨骅骁, 注译. 郑州: 中州古籍出版社, 2008, 1: 72.

阳明先生曾开导弟子孟源说，在一块一丈见方的地里种一棵大树，雨露滋润、土地肥力等只能对这棵树的根供给营养。若在树的周围栽种一些优良的谷物，可上有树叶遮住阳光，下被树根盘结、缺乏营养，它又怎能生长？所以只有砍掉这棵树，连须根也不留，才能种植优良谷物，否则，任你如何耕耘栽培也只是滋养大树的根[1]；那棵大树就是"好名"之病，一旦有此树，其他一切优良谷物，如品德和能力等，都无法生长；因为一个好名的人往往认定自己是正确的，与他意见不同的都是错的，自然那些意见他也就不会入耳了；没有任何意见可以进来，良知就会被妄自尊大所遮蔽，后果可想而知。

人若贪图名利，必然会做出违背良知的事，所以阳明先生说好名是人的大弊病。弟子薛侃说，闻誉而喜，闻毁而忧郁，就是好名的毛病在发作。

阳明先生说，名与实相对，务实的心重一分则求名的心就轻一分，若全是务实的心，就没有一丝求名的心，如果务实的心犹如饥而求食、渴而求饮，还哪里有时间和精力去好名？[2]

"好名"还有一种表现，那就是把抱怨和指责别人作为生活常态，表现为对他人的厌恶，这就是七情之"恶"。

对此，阳明先生认为真正的修行之道应该经常反省自己，如果一味地去指责别人，就只会看到别人的错误，而对自己的缺点视而不见。只有时刻返身自省，才能看到自己不足之处，当你看到自己有那么多缺点时，你还有时间去指责别人吗？

阳明先生叮嘱那些老是抱怨的弟子，今后要厌恶别人、抱怨别人的时候，把它当作自己的一大私欲加以克制才行[3]。

事实上，草率的批评和指责只能造成更多的冲突。当你自以为是地本着"我是为你好"而劈头盖脸地批评指责别人时，别人直接感受到的就是你的"傲"[4]，即使你的批评和指责是对的，但对方因自尊受到伤害，明知道错了也要自我辩护，情绪激烈时他必会和你针锋相对。所以，抱怨和草率指责他人往往只是个人的心理发泄，若是真正想帮助对方的"责善"，应是慎重的，而不是"厌恶"对方，并且应先让对方了解你的诚意。

关于生理之欲，弟子萧惠说，耳目口鼻身之欲真是难以克除啊，眼睛爱看美色，耳朵爱听美声，嘴巴爱吃美味，四肢爱享受安逸，因此便不能克己。

阳明先生告诫他说，五色使人目盲，五音使人耳聋，五味使人口伤，所有这些对你的眼耳口鼻身都有损害；如果真的是为了眼耳口鼻身，就要考虑眼睛当看什么、耳朵当听什么、嘴巴当说什么、四肢应当做什么；你心的视、听、言、嗅、动通过你的眼耳口鼻身来实现；所谓的心，并非专指那一团胸中的血肉；真正的心，是那能使你视、听、言、嗅、动的"本心"，本来只是一个天理，原本无"非礼"存在；这就是你真实的自我，是肉体的主宰，你若真为了那个肉体的自我，必须依靠这个真我；做到戒慎于不视，恐惧于不闻，稍有丝毫的非礼萌生，有如刀剜针刺般不堪忍受，如此方能克己[5]。

这番教导，让萧惠明白了如何克服七情之中的"欲"。

另外，针对生存的欲望，阳明先生说，人生在世可能对一切声色名利和嗜好，都能摆脱殆尽，但如果仍有一种贪生怕死的念

---

[1] (明) 王阳明. 传习录[M]. 第二版. 于自力, 孔薇, 杨骅骁, 注译. 郑州: 中州古籍出版社, 2008, 1: 56.
[2] (明) 王阳明. 传习录[M]. 第二版. 于自力, 孔薇, 杨骅骁, 注译. 郑州: 中州古籍出版社, 2008, 1: 122.
[3] (明) 王阳明. 传习录[M]. 第二版. 于自力, 孔薇, 杨骅骁, 注译. 郑州: 中州古籍出版社, 2008, 1: 326.
[4] 阳明先生说"胸中切不可'有'，'有'即傲也。古先圣人许多好处，也只是'无我'而已。'无我'能自谦，谦者众善之基，傲者众恶之魁。""为子傲必不孝，为臣傲必不忠，为父傲必不慈，为友傲必不信。"参见: (明) 王阳明. 传习录[M]. 第二版. 于自力, 孔薇, 杨骅骁, 注译. 郑州: 中州古籍出版社, 2008, 1: 402.
[5] (明) 王阳明. 传习录[M]. 第二版. 于自力, 孔薇, 杨骅骁, 注译. 郑州: 中州古籍出版社, 2008, 1: 140-141.

头存留在心，就不能和整个本体融合[1]。

人的生死之念，原本是从生身命根上带来的，因此不能轻易去掉。如果在此处能识得破、看得透，这个心的全体才是畅通无阻的，这才是符合良知的表现。人可以没有名利之心，但不可能没有生存的欲望，蝼蚁尚且惜命。生死之间的不知所措，正是良知最容易被蒙蔽的时候。

所以，谁能真的看透生死，谁就真的成为圣人，阳明先生在龙场悟道时想通了这一点。看透生死，并不是指不怕死或不想活，而是在良知关照下的"随感而应，不执生死"（图21-1）。

在阳明先生看来，私欲是人不能彰显良知的一个根由。良知被种种私欲遮蔽，虽然本有是非善恶之心，但因为受私欲的诱惑而无法致良知。长久以往，人们的智慧和道德渐渐消退，留下的只是一个躯壳。这样就如同他人提线之木偶，要你喜便喜、要你怒便怒；即便活了百年，也只是作为木偶活了百年[2]。所以，阳明先生针对各人的具体情况，给弟子们开药方。

这些是阳明学告诉我们破除心中贼的部分心法，道理并不复杂，可以说大家都能明白，就是一旦事到临头却做不到，这也正是阳明先生感慨"破山中贼易，破心中贼难"的缘由。

1521年正德皇帝驾崩后嘉靖皇帝即位。阳明先生已经很知趣地给朝中大员和权贵让了道，只求朝廷能给真正的功臣讨一些封赏，但一直没有消息。阳明先生不等了，他把江西相关事宜都安排妥当后，辞官获准便还乡。悟通了"良知"与"致良知"，阳明先生传播学说的使命感与日俱增。

一直到1521年十二月，朝廷的封赏终于下来了，阳明先生被封为光禄大夫、柱国、新建伯，三代并妻子一体追封[3]。此时距离阳明先生平定朱宸濠叛乱已经过去两年多了。

阳明先生带兵打仗，一向讲究赏罚分明，用忠义名节激励大家的同时，也让大家确信朝廷会对所有功臣都有封赏。因为任何一个组织只要赏功罚过失了标准，凝聚力也就以骇人的速度冰消瓦解了。朝廷权贵很清楚，江西平叛若不封赏，天下人都会怨恨朝廷，但封赏又会使那些跟阳明先生一起战斗过的兄弟更加支持阳明先生，于是给了一个奇特的封赏：只封赏阳明先生一人。

这其实是一个让阳明先生很被动的封赏。阳明先生若没被封赏则他老部下会帮他叫屈，现在就他一人被封赏了，这让老部下怎么想。另外，虽被封为新建伯，但不予铁券，也不给岁禄，等于是以精神鼓励为主。更深层地看，给阳明先生封爵而成了勋贵成员，就不大可能再成为内阁成员，对朝廷权贵也就没了威胁。

不管阳明先生如何请求[4]，朝廷也没有给跟着他一起平叛的将领们应有的封赏[5]。被动若此，阳明先生会后悔当初的决定吗？会为了逃避风险而不平叛吗？

再来体会阳明先生在南昌平叛的"知行合一"："知"要去平叛，"行"则平叛，哪有这许多的利益计较；"知"要去抢占战局之先机，"行"则抢占先机，哪有什么道德包袱，该使出诡计就诡计；"知"打南昌，"行"就打南昌，哪像朱宸濠打着南京还念

---

[1] （明）王阳明. 传习录[M]. 第二版. 于自力, 孔薇, 杨骅骁, 注译. 郑州: 中州古籍出版社, 2008, 1: 348.
[2] 阳明先生说"若夫闻誉而喜，闻毁而戚，则将惶惶于外，惟日之不足矣，其何以为君子！"参见: （明）王守仁. 王阳明全集【一】[M]. 陈恕, 编校. 郑州: 中州古籍出版社, 2016, 9: 174.
[3] （明）王守仁. 王阳明全集【三】[M]. 陈恕, 编校. 郑州: 中州古籍出版社, 2016, 9: 305.
[4] 阳明先生在1519年农历七月三十日上的《江西捷音疏》中说"伏惟皇上处变从权，速将前项各官量加升赏，以励远近。事势难为之日，覆宗灭族之祸，臣且不辞，况敢避邀赏之嫌乎？"参见: （明）王守仁. 王阳明全集【一】[M]. 陈恕, 编校. 郑州: 中州古籍出版社, 2016, 9: 329.
[5] 在1521年正月初十上《辞封爵普恩赏以彰国典疏》中说"今诸臣未蒙显褒，而臣独冒膺重赏，是掩人之善矣。""戮力成功，必赖于众，则非臣一人之所能独济也。乃今诸将士之赏，尚多未称，而臣独蒙冒重赏，是袭下之能矣。"参见: （明）王守仁. 王阳明全集【一】[M]. 陈恕, 编校. 郑州: 中州古籍出版社, 2016, 9: 22-24; 在随后上的《再辞封爵普恩赏以彰国典疏》中说"今臣受殊赏而众有未逮，是臣以虚言罔诱天下，竭众人之死而共成之，掩众人之美而独取之，见利忘信，始之以忠信，终之以贪窃，外以欺天下，而内失其初心，亦何颜面以视其人乎？"参见: （明）王守仁. 王阳明全集【一】[M]. 陈恕, 编校. 郑州: 中州古籍出版社, 2016, 9: 24-27.

着南昌；"知"讲学如常，"行"就是讲学如常，哪管你前线战场上的惊涛骇浪。阳明先生的"知行合一"，"立志"是关键点。立志则如航船有舵，继而百折不挠，这就是"知行合一"。阳明先生的"知行合一"一定要和他对"立志"的强调结合来看，这个关键是为很多人所忽视的，如果缺少"立志"，"知行合一"往往会变成一个很空泛的命题。

知行合一致良知要从平时做起，而不是临阵磨枪。阳明先生之所以让人感到亲切，而不是一尊遥不可及的神，就是他有很多现存的细小实物可以用来考证他真实生活中的点点滴滴。行文以来已经介绍了阳明先生在朝廷斗争、军事、教学等诸多公共场合中的知行合一，他自己在日常家庭生活中怎样知行合一？

《与郑邦瑞尺牍》，模拟件如图 21-2[1] 所示，反映阳明先生日常生活中的知行合一，对大家研究阳明先生来说，在日常琐事中的细节更有感染力。

【释文】：修理圣龟山庙时，我因外祖及二舅父分上特舍梁木，听社享将我名字写在梁上。此庙既系社享香火所关，何不及早赴县陈告。直待项家承买了，然后来说此是享人自失了事机。我自来不曾替人作书入府县，此是人人所知，可多多上覆。二舅母切莫见怪。此庙既不系废毁之数，社享自可具情告理，若享人肯备些价钱取赎，县中想亦未必不听也。汝大母病势如旧，服药全不效。承二舅母挂念，遣人来看，多谢多谢。阳明字寄宝一侄收看，社中享人亦可上覆他。

阳明字与郑宝一官贤侄。汝祖母所投账目可将文书逐一查出，与同去人照数讨完，封送祖母收贮。不得轻易使费。此汝祖母再四叮嘱之言，断不可违。汝祖母因此账目必欲回家，是我苦苦强留在此，汝可体悉此意，勿使我有误汝祖母之罪乃可。家中凡事谨慎小心，女孙不久还差人来取，到此同住也，先说与知之。四月初三日，阳明字与列位贤侄同看。

向曾遣人迎接二舅母，因病体未平复，遂不敢强。今闻已尽安好，故特差人奉迎。书到即望将带孙女来此同住。其王处亲事，须到此商议。停当后然可许一应事务。我自有处，不必劳心也，不一一。阳明书致宝一侄收看，十月十六日。

阳明先生的书信写得风神潇洒，字形修长，瘦硬挺拔，质朴劲健，一片神机流走，毫不做作，这与他高度的文学修养分不开。这三通手札是阳明先生对他大家族里一些琐事的安排，写得自然随意又清楚明白，没有潦草的笔墨。虽是寻常家书，点画极有法度，笔画之间顾盼有致。所叮嘱的都是日常家事，让人看到一个活生生的阳明先生。

郑邦瑞，即信中所说的宝一，是阳明先生的外甥。阳明先生的母亲郑太夫人，是郑邦瑞的祖姑。第一通手札中的内容为庙产纠纷，亲戚们想让阳明先生帮忙与官府通融，阳明先生的回答很干脆："我自来不曾替人作书入府县，此是人人所知"。作为伯爵安居乡里，自我约束于细节中见功夫。第二通手札讲到收账，第三通手札讲到后辈的婚嫁，词语都是白话，读起来似乎就是一位通常的邻家翁了，对家人的关爱呵护之情跃然纸上。从手札词句内容来分析，就可看出住在绍兴的阳明先生给住在余姚的外甥郑邦瑞讲一些家事，说些亲戚之间的送迎处置，亲切平和。

阳明先生经历了很多大事，但作为一个实实在在的人必然也会有许多日常琐事，这才体现出人间烟火的真实性。在日常的教学中，也有很多细节，比如说"心外无花"的表述正是很多人批评、甚至批判阳明先生的重要论据。什么是"心外无花"？

欲知后事如何，且听下回分解。

---

[1] 类别：纸本行书；创作时间：明嘉靖二年至四年 (1523-1525 年)；尺寸：240mm×3928mm；馆藏：现藏美国普林斯顿大学附属美术馆。模拟件根据文献中插图整理，参见：中国书法全集 第 52 卷 唐寅、王阳明、莫是龙、邢侗、陈继儒 [G]. 刘正成, 主编. 北京: 荣宝斋出版社, 2005, 11: 166-174+305.

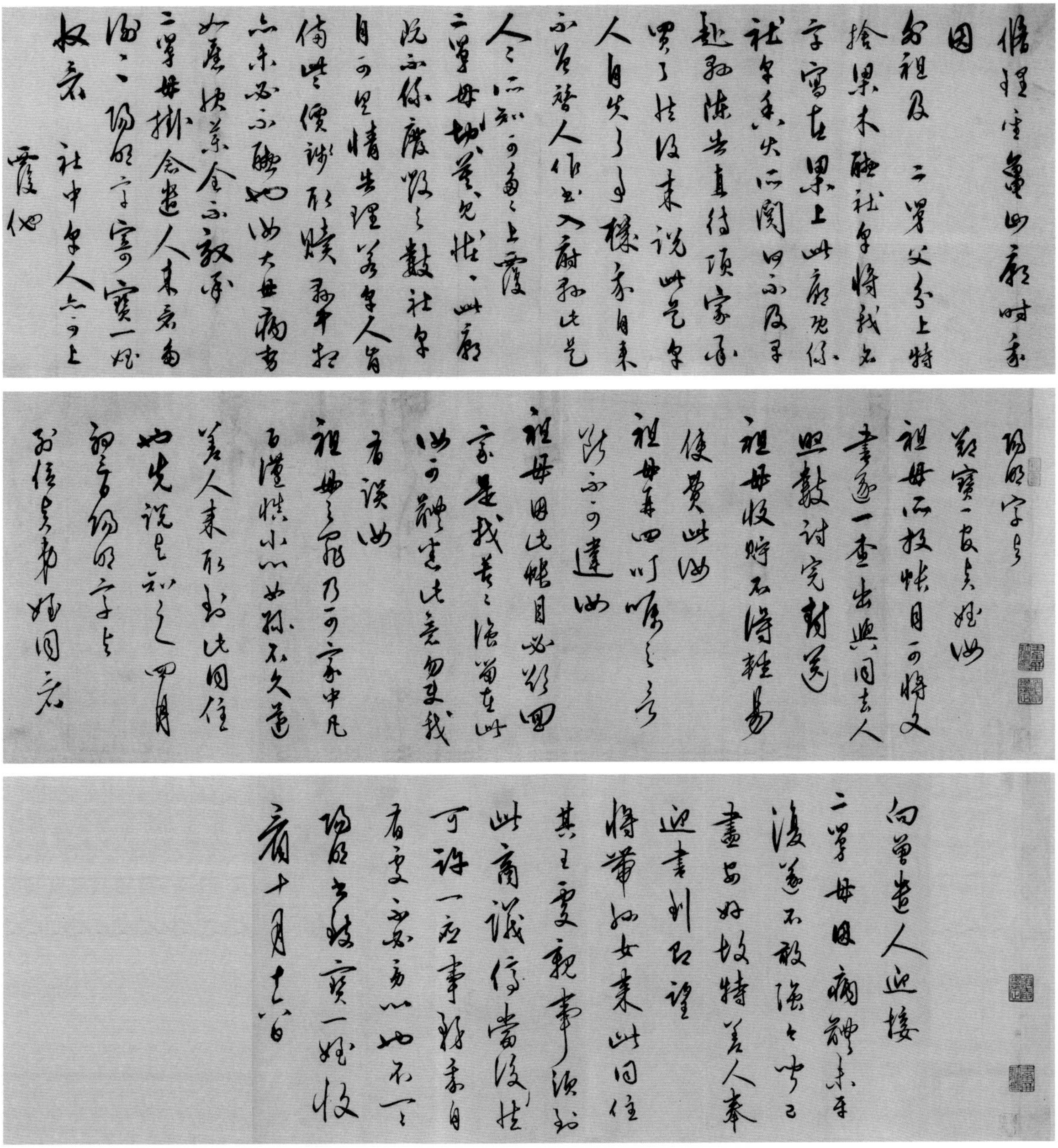

图 21-2 《与郑邦瑞尺牍》书贴模拟件

第二十二回
心外无花缘何故

图 22-1 物理实在与关系实在

阳明学的核心在认知。就阳明学而言，你未看此花，则此花与汝心都处于"寂"的状态，用现在宇宙学主流观点来对照，就是"奇点"之前的状态，空间、时间都无法定义。岩间之花存在千年抑或一瞬并非关注点，唯当你来看此花时，则此花在你眼中颜色一时明白起来。

在前面的回目中已经说明了阳明先生讲课的教材还是四书五经，种种克制私欲的心法只是他让弟子们更好地学习而对症来下药，引导大家更好地进入学习佳境。这正是儒家教育的根本途径，通过持之以恒磨练来提高修养，达到内圣的境界，并由内圣而外王，胜任各种工作。

在阳明学的推演中，从"心即理"顺理成章就推出"心外无理"和"心外无物"的论断，这一回就结合"心外无花"的故事对此进行讨论。在很多场合中，"心外无花"的表述正是很多人批评、甚至批判阳明先生的重要论据。

某年春天，阳明先生和他的朋友到会稽山游玩，朋友指着岩石间花树对阳明先生说，你经常说天下无心外之物，你看这花树在深山中自开自落，跟我的心有何相干？

阳明先生说："你未看此花时，此花与汝心同归于寂；你来看此花时，则此花颜色一时明白起来，便知此花不在你的心外[1]。"这就是阳明学中诠释"心外无物"经典段落。

其实，阳明先生的关注点不是花的存在问题，而是怎么"认知"花的问题。就阳明学而言，你未看此花时，则此花与你的心的存在都处于"寂"的状态。用现代宇宙学主流观点[2]来对照，就是"奇点"之前的状态，空间、时间都无法定义[3]。

你来看此花时，你的心与花之间的关系情境瞬时建构，对你的心理认知而言，此"花"并不是一种单独的视觉存在，而是涉及"色、声、香、味、触、法"的关系情境，你正是在这种关联情境中判断并把握一种对应关系。阳明先生不是说"此花不在你的心脏之外"，而是说此花不在你心所建构的关系情境之外。进而言之，观察主体就是在特定的关系情境中再去推断观察客体的过去存在的样态，也可以推测观察客体将来存在的可能性[4]。

比如你今晚看到天上一颗星，这颗星距地球的距离有几百亿光年，这颗星的光穿越了几百亿光年的距离于此刻到你眼中，但这颗星或许已经湮灭了。这颗星今晚是否以"物理实体"的样态存在，与你的心今晚感知此星无关。

须弥如芥子，千年似一瞬。对于岩间之花，不论其存在千年抑或一瞬，唯有当你来看此花时，则此花在你眼中颜色一时明白起来。再重复一遍，阳明学中的"心"，不是那一团血肉状的"脏器"，而是那个对认知主体起主宰作用的"本心"[5]。

在任何机械运动过程中，乃至在化学反应中，物质的质量始终不变，质量被理所当然地看成是物质本身所绝对固有的，被看成物质不灭或实体不变原理的具体表现。后来科学家们通过核裂变和链式反应把部分质量变成巨大能量释放出来，能量并非"物理实体"，物质也就不能再被看作是永恒的实体，那么世界上还有什么东西是实在的吗？

回答是：有的，事物之间的"关系"就是实在的。

混沌学、蝴蝶效应理论等研究，都是围绕事物之间的关系来展开的[6]。随着科学认知的不断发展，可以用"关系实在"来补充绝对的"物理实体"，即主张事物不是孤立的由固有质构成的实体，而是多种潜在因素综合、显现的结果，每一存有者都以他物

---

[1] （明）王阳明. 传习录[M]. 第二版. 于自力，孔薇，杨骅骁，注译. 郑州：中州古籍出版社，2008，1：346.
[2] 阮晓钢. 广义观测相对论：时空在爱因斯坦广义相对论中为什么弯曲？（下篇）——GOR 理论与科学预言[J]. 北京工业大学学报，2023(3)：245-325.
[3] 闻新. 宇宙大爆炸与奇点理论[J]. 太空探索，2018(5)：11-13.
[4] 随着各学科研究、尤其是物理学研究的不断深入，"当物体未被观测时是否存在"这个命题不断被地研究与讨论，"物体"就涉及粒子相互作用的概率问题，"观测"就涉及介质与精度问题，"存在"就涉及观测介质的状态是否被改变。量子的不确定性问题、量子纠缠问题等研究都引发了习惯性认知的突破，天文学的发现与新解读，也会引发时空与物质、广义相对论与量子力学的新思考。参见：陈雁北，范锡龙. 时空与物质、广义相对论与量子力学的完美结合——深度科普解读双中子星并合多信使观测[J]. 物理，2017(12)：817-827.
[5] （明）王阳明. 传习录[M]. 第二版. 于自力，孔薇，杨骅骁，注译. 郑州：中州古籍出版社，2008，1：390.
[6] 李曙华. 还元论——系统生成论之方法论[J]. 系统科学学报，2022(1)：23-29.

为根据，是一系列潜在因素结合生成的¹（图22-1）。

现象、实在和存有，被关联在一组不可分离的"关系"结构中，而事物诸多"关系"则是需要观察主体去认知的，即要用认知主体之"心"来协调"眼、耳、鼻、舌、身、意"去综合把握的。在建筑领域，对传统聚落就需要进行实地调查。实地调查的重要之处就在于能够实际地体验那些形式多样的聚落环境与氛围，只有到实地去才有可能得到气味以及温度、湿度、气流和手感等伴随着直观感觉的体验，在实地需要的是观察者的敏感和细心。在鉴定古董的行业中有这样一种说法，就是为了能够训练出鉴别真伪的能力最好只看真品，因为只有在真品中才具有真品应有的魄力。只看真品的作用在于，看惯了真品之后，当有与之稍有不同的伪劣品出现时，立刻就会一眼识破赝品的破绽，鉴别真伪的能力就自然而然地掌握了。在传统聚落中，几番繁华、几番风雨，可以说现存的传统聚落都是真品，能够被称为"鉴别历史聚居环境"教材的除它们之外别无选择，从实地调查中可以探索适宜现代建筑聚落设计的可行方式²。你调查聚落时，用"心"来协调，"眼、耳、鼻、舌、身、意"去综合把握，则此聚落便会一时明白起来。

阳明学"心即理"是说天理就在心中。用现在的话来说，每人心中有一个智慧"原始代码"，与世界万事万物诸理存在相对应的关系。读书学习并不是从外面灌输了什么，而是找到自带的安装文件把心中"原始代码"激活、启动。假如心中没有该理或是被蒙蔽太深了，外部对你再多引导或者宣贯也是没有用的。

若你有分辨红色、绿色的能力，稍加指点则你马上能明白红花绿叶，若不能分辨红色、绿色，再多的说教也是枉然。假如你的心已经被七情六欲及其他东西塞满了，等你真正要运行就困难了。这智慧"原始代码"中的总调度就是良知，假如没有良知的总调度，有再多的学识也是枉然。正是在良知的总体调度下，事来心始现，事去心随空。

阳明先生在龙场所悟到的就是指我们每个人心中与生俱来就有圣人之道，因为我们心中与生俱来就有能知是非善恶的"良知"，而做圣贤就是要通过自我努力实现最真实的"自我"。

为什么不是人人都能成为圣贤？因为大多数人的"良知"被懒惰、懈怠、私心、利害等诸多因素蒙蔽了，以至于不能实现"自我"，故而不能成为圣贤。因此，要通过"知行合一"这个修养门径，祛除蒙蔽"良知"的各种遮蔽，把自身的圣贤因子发挥出来³。进而言之，既然我们每个人身上都有圣贤的因子，那人人就是平等的。阳明先生所努力的，是让大家明白，不是到别的地方去寻找什么救世主或者依靠，而是叩问自己的心。一个总是要到外部寻找依靠的人，是谈不上有主见或者是非判断力的。

阳明先生说，良知人人都有，古时圣人只是能够保全良知而不使其受到任何蒙蔽，兢兢业业，勤勤恳恳，良知自然常存，这也就是学习；常人在孩提时也都是良知完备的，只是渐渐地被障蔽了，但本体的良知是不会泯灭的，通过学习来驱除障蔽也是凭着良知来进行的。阳明先生还特别强调，我们日常下功夫，只求每日减少，不求每日增加，减少一分私欲便是恢复一分天理，这样何等轻快洒脱⁴。

但通常而言，人们的心经常处于"妄动"状态，一个念头接一个念头不断在心中滚动。人们以为，自己是根据意识层面的某种想法去行动的，其实是没有觉察到的潜意识在驱使着自己这样做。未经修行的潜意识是混乱的，其运作机制是以维护自我为中

---

1 胡新和．"实在"概念辨析与关系实在论[J]．哲学研究，1995(8)：19-26．
2 李宁．建筑聚落介入基地环境的适宜性研究[M]．南京：东南大学出版社，2009，7：65．
3 (明)王阳明．传习录[M]．第二版．于自力，孔薇，杨骅骁，注译．郑州：中州古籍出版社，2008，1：306-307．
4 (明)王阳明．传习录[M]．第二版．于自力，孔薇，杨骅骁，注译．郑州：中州古籍出版社，2008，1：113．

心，所以充满矛盾、偏执和狭隘。所以当人们被偏执的潜意识所控制时，就会处于程度不同的失控状态。

妄动，就是这种状态。这时人们看到的世界，就是被成见扭曲过的，偏离了真实，此时的行动往往不可避免地犯错。如果想真正看到外界的真实存在，心就要有足够的空间与平稳度，这就是阳明先生说的"此心不动"状态，只有戒慎恐惧，如明镜照物而不随私欲妄动。而心若随私欲妄动，心就像一面斑驳陆离的镜子，你看见的就是你斑驳陆离的妄念叠加在外界的投射上，而不是外界的真实存在了。

而我们平常都是随着念头起来了，要么跟着它走而被念头绑架，要么是对自己不认可的念头自责和压制，这就与自己的内心发生了对抗。无论哪种，人往往都是不自觉的，这就是执迷的症结所在。被念头绑架的结果是在不断加深自我的执念，压制念头的结果是堵塞情绪出口，长久必会爆发和崩溃。

要让念头自然而充分地流动并纳入正轨，心的澄明不是没有念头经过，而只是"不住"。针对念头的流动，阳明先生说："圣人之心如明镜，只是一个明，则随感而应，无物不照。未有已往之形尚在，未照之形先具者[1]。"圣人的心就像明镜，任何念头或事物来了都可以照见，等它们去了也不留下任何痕迹。

庄子也曾说："至人之用心若镜，不将不迎，应而不藏，故能胜物而不伤[2]。"阳明先生说照过镜子之后，美者自美，丑者自丑，镜子上什么也没有留，这就是"无所住"[3]。

为了便于如今的读者来理解，不妨通过计算机来类比。儒家的经中之经，当推《易经》，《易经》用"阴与阳"相叠来排演万事万物。熟悉计算机的人都知道，现在通过计算机可以演绎出千变万化的计算机世界，但对计算机来说，只知道"0与1"，对应集成电路就是"断开与连接"。

大家可以对比一下阴爻和阳爻，对五千多年前的伏羲时代的人类而言，跟现在的计算机一样，就通过"断开与连接"的"阴爻和阳爻"组合来模拟万事万物。"0"就对应儒家的阴、道家的无、佛家的空。大家可能对"阴、无、空"等概念不是"没有"觉得比较费解，但对"0"不是"没有"很好理解，于是"阴阳相合""有无相生""色不异空"，就是"0与1"相互组合而演化为万事万物，对此大家就好理解了。

相应地，阳明学强调的"心"就是计算机的CPU。"意"就是计算机内存，"眼、耳、鼻、舌、身"就是计算机的显示器、主板、硬盘、功能卡、键盘鼠标等诸多部件。

只要人是活着的，也就是对应计算机是开机状态，CPU等就是在运行着的。要随时警惕不能让病毒与垃圾之类侵蚀CPU、内存等空间。计算机全新的时候问题比较少，但时间久了，不可避免就会有各种的垃圾侵占运算空间。这时候就要反复清理，最终还是要让CPU能专注于当下要处理的问题，而不是一开机就塞满杂七杂八的东西，甚至是病毒发作，导致运算速度极慢或者无法运作。圣人之心如明镜，就是CPU清清爽爽，念头可以在内存里流动，CPU则是物来则照、事去随空。

对于常人而言，无数相互矛盾的念头，以及围绕着这些念头的种种努力组成了各人的"小我"，这就相当于计算机一开机就塞满杂七杂八的东西。通常，当你说"我如何如何"时，其实说的都是"小我"。执着于"小我"，"小我"就会成为一堵无形的墙，充斥在"CPU、内存及相关部件"中，阻碍内心深处的"真我"与外部世界建立直接的联系。

对一个人帮助最大的，并不是他所受的教育、哪个大师或哪本书，而是对自己的反省和认识。所以将关注点集中在自己身上

---

[1] （明）王阳明. 传习录[M]. 第二版. 于自力, 孔薇, 杨骅骁, 注译. 郑州: 中州古籍出版社, 2008, 1: 57.
[2] 杨国荣. 自然·道·浑沌之境——《庄子·应帝王》札记[J]. 中国哲学史, 2020(1): 42-48.
[3] （明）王阳明. 传习录[M]. 第二版. 于自力, 孔薇, 杨骅骁, 注译. 郑州: 中州古籍出版社, 2008, 1: 235.

来审视自己的内心，始终使之明澈如镜，是最有价值的事情。

阳明先生反复强调摒弃私欲就会光明良知，良知原本不偏不倚像明镜似的，通体晶莹无一丝灰尘遮蔽。弟子陆澄问，有所偏倚是因为有所遮蔽玷污，但如果一个人好色、追名逐利没表现出来，怎么知道他有所偏倚？阳明先生说，比如有疟疾的人，虽然有时病没发作，病根却没有根除，所有不能说他没病；必须把平时的好色、追名逐利等私欲彻底清楚，不留一丝一毫，此心完全至精至纯，才能说是喜怒哀乐没发出时的中正[1]。

当一个人不关注自己的良知，总是把关注点集中在别人身上时，结果就只能是不断猜测和焦虑。因为心妄动，人就妄动，做的事自然是妄作。有人说他的成就感来自于能否得到领导和客户的认可，有人说他的快乐在于孩子是否好好学习，有人说他的轻松与否取决于父母与老师给他的包容与肯定。这些想法都指向共同的含义，即我是靠他人来负责的。

这样会导致自己每天忙碌不堪，却越发迷失、烦躁焦虑。很多人专注于谋略或技巧，目的是为了解别人、掌握别人并利用别人，看起来非常有价值，但却忽略了最重要的自己之"心"。而真相只能是人只能自己对自己负责，只有将注意力关注到自己的良知，否则人生将永远处在虚妄和悲哀猜忌之中。

生于尘世，尘多是正常事。私欲日生，如地上尘，一日不扫便又有一层，有一毫在则众恶相引而来。光明自己的良知，祛除被私欲包围着的小我，则真我的良知就会如光照万物，扩散至无穷无尽、包罗万象，世间万物皆可看个坦坦荡荡，我们所有的思维、所有的行动则举止有度且举重若轻。

要达到这样的状态，就是要通过持之以恒的知行合一来致良知。阳明先生说，圣人的良知就像是晴空中的太阳，贤人的良知就像是空中有浮云时的太阳，而愚人的良知则是阴云密布时的太阳；虽有昏暗与光明的差异，但在能辨认黑白上是相同的，即使在昏暗的天光里，也能隐隐约约看清黑白，这就是太阳的余光还没有完全消失；在困境中学习的功夫，也就是从这点认识上去精确体察[2]。

阳明先生又用疟疾之症来解释，说病根还在，怎么能因病没有发作而忘记了吃药调理？如果一定要等到病发再去吃药治疗就晚了，致良知不分有事无事都要做，哪管病是否发作？只有把病根去掉，那么诸多疑问困惑就自将冰消雾释[3]。

在阳明先生看来道理就是这么简单直接，任何人都可以一言而悟，凡是心存疑虑的人，都是被旁人的解说拘束住了。阳明先生绝不拘泥于文字，只要领会古人为何将知行分说，那么说"知行合一"也罢，说知行分离也罢，都无所谓，归根结底都是一个意思；如果不明白其中的"所以然"，那么就算接受了"知行合一"的说法，也无济于事。

阳明先生就希望这样平平静静地生活，百战归来白发新，青山从此作闲人。任凭朝廷里新君即位，任凭"大议礼"事件沸沸扬扬，阳明先生只是跟弟子们讲学、讨论，不问其他，或者说阳明先生被朝廷遗忘了。能力强且声望高，于是朝廷权贵们在分好处的时候就"忘记"阳明先生了。不过有苦活累活的时候，阳明先生就不会被遗忘了。

1527年广西又发生了暴乱。鉴于这些暴乱总是剿灭了，过一阵又发作，无法实现"平定"。朝廷当权者左思右想，觉得还是要阳明先生来挂帅。但这时，阳明先生身体状况已经很差了。阳明先生是否再次出征？

欲知后事如何，且听下回分解。

---

[1] (明) 王阳明. 传习录[M]. 第二版. 于自力,孔薇,杨骅骁,注译. 郑州: 中州古籍出版社, 2008, 1: 96-99.

[2] (明) 王阳明. 传习录[M]. 第二版. 于自力,孔薇,杨骅骁,注译. 郑州: 中州古籍出版社, 2008, 1: 356.

[3] (明) 王阳明. 传习录[M]. 第二版. 于自力,孔薇,杨骅骁,注译. 郑州: 中州古籍出版社, 2008, 1: 235.

第二十三回
鞠躬尽瘁再出征

图 23-1 事来心始现

从 1521 年到 1527 年,阳明先生在老家和弟子们进行教学与讨论,这段时光,大约是他一生中最安稳的时光。1527 年广西又发生了暴乱,鉴于这些暴乱剿灭了但过一阵又发作,总是无法实现"平定",朝廷当权者觉得还是要阳明先生来挂帅。

上回说到从 1521 年到 1527 年，阳明先生在老家和弟子们进行教学与讨论，这段时光，大约是他一生中最安稳的时光。

阳明先生 1521 年刚回绍兴时，朋友们前来拜访请教的还寥寥无几，后来各地来讨论学问、拜见的人一天天多起来。1523 年以后，住在阳明先生四周的学生比比皆是，比如天妃、光相等寺庙里住满学生，每间屋里经常是几十人挤在一起，晚上无处睡觉就轮流睡觉，会稽山、大禹陵、阳明洞等处的寺庙也都是学生们寄宿的地方。阳明先生每次讲学，前后左右坐满了人，常常不下几百人，学生们每次听完出门，没有不欢呼雀跃的。每到分别的时候，阳明先生常感叹说，你们虽然离去了但也在天地之间，只要我们有共同的志向，我记不住你们的容貌也无妨[1]。

一些在阳明先生龙场返回后就一直追随的学生说，以前在南京讲学的时候，向先生求教的朋友虽然很多，但远不如现在这样多。这虽然是阳明先生讲学的时间长了，知名度更高了，但更重要的是他的学说日益精进成熟，感化学生的时机与方法运用愈加自如，其效果自然就不同了（图 24-1）。

阳明先生的弟子们表示，先生的学说初接触感到很浅易，仔细研究就觉得很高深；乍看起来似乎很粗疏，认真钻研就觉得很精妙；刚接近觉得好像很平常，深入学习却又觉得没有止境[2]。

阳明先生跟弟子们讲如何启发人，说农夫来向孔子请教，孔子只是询问农夫自己知道的是是非非，从是与非的两个方面帮他分析，农夫自己就明白了；农夫自己知道的是非，是他内心原本就有的原则，睿智的圣人也不能增加一丝一毫，农夫只是不自信，孔子帮他进行分析，他自己就全清楚了[3]。

关于光明良知的问题，阳明先生说，圣人不会拘泥死守于教条，只要从大的方面看是出于相同的良知，即使各自的说法不同也没有关系。比如一园竹子，只要都是同样的枝节关系，就是根本上相同了，如果一定要拘泥于每根竹子的枝枝叶叶，要求高低大小都要完全相同，那就不是自然造化的奇妙了。你们只要用心去光明自己的良知，良知相同则其他方面有所差异也无妨，但不用功的话，好比连笋也没长出来，到哪里去讨论枝叶呢？[4]

阳明先生就想这样一直跟弟子们教学相长。问题是，1527 年广西又发生了暴乱，鉴于这些暴乱剿灭了但过一阵又发作，总是无法实现"平定"，朝廷当权者左思右想觉得还是要阳明先生来挂帅。这一回先介绍一下广西为什么暴乱。

广西局势不稳，起因是田州的"土官"岑猛。"土官"是相对于"流官"而言的，就是朝廷封赐的能世袭的当地统治者。

当地匪患猖獗时，岑猛率部参与剿匪，但也跟朝廷提条件说剿匪结束后要给他升官。可剿匪结束后朝廷没有兑现承诺，岑猛大失所望并心怀怨恨，就自己给自己升官，表现方式就是扩张地盘。广西的官员出面制止，岑猛却毫无收敛之意，于是冲突就产生了。

1525 年，鉴于广西局势不稳，皇帝朱厚熜要派人去巡抚，吏部尚书桂萼推荐了姚镆。姚镆很快被任命为都御史、巡抚两广并提督两广军务，统帅八万精锐分道进入广西，进逼岑猛。

岑猛想不到朝廷的反应如此迅疾，他还在准备跟朝廷使者谈判，慌乱之下，他的抵抗不成章法。两个月后，官兵攻陷了岑猛的基地并将岑猛父子悉数擒获，朝廷也论功行赏了[5]。

问题是，岑猛当初的两个部将卢苏和王受等姚镆带来的部队

---

[1] （明）王阳明. 传习录[M]. 第二版. 于自力, 孔薇, 杨骅骁, 注译. 郑州: 中州古籍出版社, 2008, 1: 379.
[2] （明）王阳明. 传习录[M]. 第二版. 于自力, 孔薇, 杨骅骁, 注译. 郑州: 中州古籍出版社, 2008, 1: 21.
[3] （明）王阳明. 传习录[M]. 第二版. 于自力, 孔薇, 杨骅骁, 注译. 郑州: 中州古籍出版社, 2008, 1: 361.
[4] （明）王阳明. 传习录[M]. 第二版. 于自力, 孔薇, 杨骅骁, 注译. 郑州: 中州古籍出版社, 2008, 1: 359.
[5] （明）王守仁. 王阳明全集【三】[M]. 陈恕, 编校. 郑州: 中州古籍出版社, 2016, 9: 324.

遣还后，又聚众暴乱，很快攻陷了思恩。姚镆重新召集四省的部队进行征讨，卢苏和王受的部人已经在田州、思恩一带站住了脚，姚镆无法取胜，到1527年了也没什么办法。巡按御史石金就上表朝廷，弹劾姚镆[1]。

但姚镆巡抚两广并提督两广军务是桂萼给的机会，所以桂萼应该负"荐人不当"的责任。桂萼现在只有一个办法，就是举荐一个能人代替姚镆，这个人应该不仅能平乱，还要能安民。桂萼和朝廷里一帮人觉得阳明先生合适。

阳明先生的几个弟子也趁机在皇帝面前荐举，于是1527年农历五月阳明先生收到朝廷任命，起用他总督两广及江西、湖广军务，度量事势，随宜抚剿，并核查当事的诸位大臣、将领们的功过报告给朝廷。

阳明先生在农历六月初六马上给朝廷上《辞免重任乞恩养病疏》[2]说，报效国家是我的本心，但我健康状况每况愈下，根本无法承受广西的恶劣气候，如果我真的病倒在广西则耽误大事；广西形势未到最危急时刻，卢苏、王受有家有业，他们没像土匪那样荼毒生灵，所以只要采用和缓的行政措施，他们必会放下武器；第三，姚镆平日素称老成持重，一时之间没有取胜也是兵家常事，御史石金就事论事跟朝廷打报告，也是激励姚镆等人的意思，我认为朝廷应该给他们一个时限，如果最终还是出不了业绩就派人去广西，有两个合适的人选，尚书胡世宁和李承勋都能完成好任务。

皇帝朱厚熜看了阳明先生的报告，跟内阁首辅杨一清说，看来姚镆不撤掉的话，王守仁决不肯来[3]。

于是马上下旨，叫姚镆退休，同时给阳明先生再下了一道圣旨。皇帝在圣旨里说，现在两广多事，要凭借爱卿的威望来抚定地方，纾解朕的南顾之忧，姚镆已经叫他退休了，你要星夜前往，节制当地的各部门，调度兵马抚剿贼寇，安顿好当地的百姓，且不可再迟疑推诿，不要辜负朕的厚望[4]。

事实上，阳明先生在收到朝廷的任命时，也收到了在朝廷任职弟子们的来信。

阳明先生回信告诫弟子们，你们以后不要向朝廷推荐我，这会给别人造成不必要的压力，而这种压力会让我无论做出什么成绩都会被他们抹去，我倒不是争那点功劳，可我不想身在政治之外，却总被无缘无故地卷进政治之中[5]。

这正是阳明先生的超然之处，或许也是他多年来知行合一致良知产生的超人智慧。弟子们对他越是推崇，他越会受到权势人物的关注，于是他就越容易被卷进当时复杂的政治中来。他不是没有能力去周旋，只是没有这个兴趣和精力。

但阳明先生对第二道圣旨也无可奈何，他对弟子们说，看来广西是非去不可了，不过你们看我的身体，还有活着回来的可能吗？

当时，阳明先生的身体状况确实已经很差了。《送萧子雍五言诗》，模拟件如图23-2[6]所示，就是当时阳明先生的心情表露，也记作《送萧子雍宪副之任》。

"子雍"在手迹中写作"子邕"，实为同一人。

---

[1] （明）王守仁. 王阳明全集【三】[M]. 陈恕, 编校. 郑州: 中州古籍出版社, 2016, 9: 324.
[2] （明）王守仁. 王阳明全集【二】[M]. 陈恕, 编校. 郑州: 中州古籍出版社, 2016, 9: 29-30.
[3] （明）王守仁. 王阳明全集【四】[M]. 陈恕, 编校. 郑州: 中州古籍出版社, 2016, 9: 81.
[4] （明）王守仁. 王阳明全集【二】[M]. 陈恕, 编校. 郑州: 中州古籍出版社, 2016, 9: 30.
[5] （明）王守仁. 王阳明全集【三】[M]. 陈恕, 编校. 郑州: 中州古籍出版社, 2016, 9: 329.
[6] 类别: 纸本, 行书; 创作时间: 明嘉靖六年（1527年）; 尺寸: 1500mm×665mm; 馆藏: 现藏故宫博物院。模拟件根据文献中插图整理, 参见: 中国书法全集 第52卷 唐寅、王阳明、莫是龙、邢侗、陈继儒[G]. 刘正成, 主编. 北京: 荣宝斋出版社, 2005, 11: 22+305-306.

惟求其是

【释文】:

衰疾悟止足,闲居便静修。采芝深谷底,考槃南涧头。之子亦早见,枉帆经旧丘。幽居意始结,公期已先遒。星途触来暑,极焚能自由。黄鹄一高举,刚风翼难收。怀慈恋丘陇,回顾未忘忧。往志雁千里,岂伊枋榆投。哲士营四海,细人聊自谋。圣作正思治,吾衰竟何酬。所望登才俊,济济扬鸿休。隐者嘉连遒,仕者当谁俦?宁无寥寂念,且急疮痍瘳。舍藏会有时,行矣毋淹留[1]。

子莒怀抱弘济而当道,趋驾甚勤,恋恋庭闱,孝情虽至,顾恐事君之义一未为得也。诗以饯之,亦见老怀耳。阳明山人守仁识,时嘉靖丁亥五月晦。

阳明先生因长期兵革之役,兼肺病足疮,心力疲惫,诗开头说的"衰疾悟止足",正是其当时身体状况的写照,而阳明先生又不得不抱疾远征。尽管身体不好,但该诗帖依旧劲利遒健,流畅清劲,雅逸跌宕,未见一丝衰颓之迹[2]。

要出兵远征,阳明先生还要先把绍兴一带弟子们的学习事宜安排好,他告诫书院诸生要注意德业相劝,刻苦攻书。

阳明先生离开老家的前夕,演绎了阳明学发展中的一个光彩夺目高潮,阳明先生进行了王门四句教的解析:无善无恶心之体,有善有恶意之动;知善知恶是良知,为善去恶是格物[3]。

王门四句教具体怎样理解?

欲知后事如何,且听下回分解。

---

[1] (明)王守仁. 王阳明全集【二】[M]. 陈恕, 编校. 郑州: 中州古籍出版社, 2016, 9: 282.
[2] 中国书法全集 第 52 卷 唐寅、王阳明、莫是龙、邢侗、陈继儒[G]. 刘正成, 主编. 北京: 荣宝斋出版社, 2005, 11: 305-306.
[3] (明)王阳明. 传习录[M]. 第二版. 于自力, 孔薇, 杨骅骁, 注译. 郑州: 中州古籍出版社, 2008, 1: 375-376.

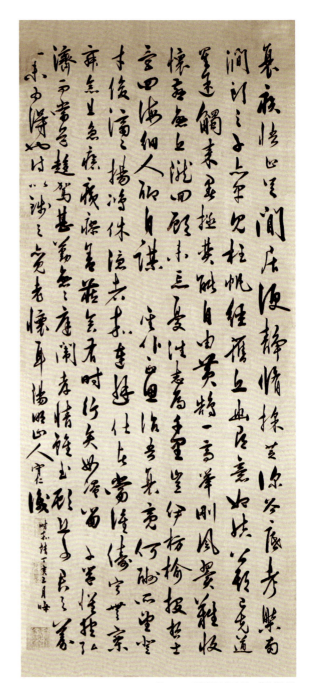

图 23-2 《送萧子雍五言诗》书帖模拟件

第二十四回

王门四句教辨析

图 24-1 山高水长

王门四句教"无善无恶心之体，有善有恶意之动；知善知恶是良知，为善去恶是格物。"可以看作是乾卦卦辞针对众人心体的推演。乾卦辞：元、亨、利、贞；元即始，亨即通，利即和，贞即正。无善无恶即初态，有善有恶即展开，知善知恶即利和，为善去恶则是贞正。

上回说到 1527 年阳明先生受命兼任都察院左都御使，总督两广及江西、湖广四省军务，征剿思、田叛乱[1]。从阳明先生历次在都察院任命来看，巡抚南赣时被任命为左金都御史，平定南赣匪患后升任右副都御史，这次征剿思、田叛乱则被任命为左都御使，已经到都察院最高级别了。

但每次任命都不是阳明先生去争取来的，反倒是不断上疏推辞，这也是在解读阳明先生知行合一历程时必须留意的，这直接可以看出阳明先生自己是怎么对待官位、怎么光明自己的良知。

阳明先生离开浙江前，演绎了阳明学发展史上一个光彩夺目的高潮，即进行了王门四句教的解析："无善无恶心之体，有善有恶意之动；知善知恶是良知，为善去恶是格物[2]。"在阳明学发展历程中，称为"天泉证道"。这一回就对此进行讨论。

天泉，即天泉桥，是阳明先生府邸中的庭院小桥。根据阳明先生核心弟子钱洪德和王畿的记载，阳明先生就是在此桥上解析了这四句话。只是，两人的理解还是有所不同。

从易经的角度看，可以理解为阳明先生以易经"乾卦"对人之心体的推演，也是指导大家面对具体问题如何"致良知"。

乾卦辞：元，亨，利，贞[3]。"乾"字本义为春草萌生、曲折而出，乾卦为易经六十四卦之首，取其生生不息之义。"乾"喻意"天"，亦喻意"龙"，属纯阳。物莫大于龙，故借龙以喻天之阳气。易经的每一卦都含有过去、现在和未来，乾卦给整部易经和其他六十三卦定下了调子，至刚至阳之物都存在循环变化，其他的每一卦就更是如此了。"龙"用来指代有才德而秉性中正的人，日常言论见其信用，日常行为见其严谨，内心一直摒弃邪恶而存养诚实，行善于世而不夸耀，德行博大而能感化人心。君子通过知行以积累学识，通过讨论来明辨事理，以宽厚的态度来包容周围的一切，以仁爱之心来接人待物[4]。

"元，亨，利，贞"，是用来解释乾卦的卦辞。元即始，亨即通，利即和，贞即正。"元始"是指由事物演变的初始条件所构成的初态，"亨通"是展开，是事物的演变发展，"利和"是使一切事物各得其宜，"贞正"是选择，亦即取舍中的执中把握。

天地万物，不平衡是永恒的，平衡是相对的。

阳明先生的"王门四句教"，可以看作是乾卦卦辞针对众人心体的推演：无善无恶"心之体"，有善有恶"意之动"；知善知恶是"良知"，为善去恶是"格物"。

"心之体"是初态，"意之动"是展开，"良知"使一切事物各得其宜则是利和，"格物"就是贞正的实现。四句教也可以对应为：无善无恶即初态，有善有恶即展开，知善知恶即利和，为善去恶是贞正。

天行健，君子以自强不息[5]。天道运行总是周而复始、永不停息，君子以自然为法，不断超越自我并永远向上。忧深思远、朝夕不懈，仰忧嘉会之不序，俯惧义和之不逮，谋始反终。

研究知行合一，学习阳明学，会发现阳明先生始终强调"善恶"的概念。必须认识到的是，他所强调的"善"与"恶"，是一个广义的概念。并不是说只有面对敌人坚贞不屈、大义凛然才算是"善"，也不是只有投敌变节、为非歹才算是"恶"，而是日常工作和生活中的点点滴滴，都即时地反映出"善"与"恶"。

比如，在建筑设计团队协作的过程中，竭尽全力来推动和维护整个流程、协同等方面的有序进展，这就是"善"。但因为自

---

[1] (明) 王守仁. 王阳明全集【三】[M]. 陈恕，编校. 郑州：中州古籍出版社，2016，9：324.
[2] (明) 王阳明. 传习录[M]. 第二版. 于自力，孔薇，杨骅骁，注译. 郑州：中州古籍出版社，2008，1：375-376.
[3] 周易[M]. 崔波，注译. 郑州：中州古籍出版社，2013，7：21.
[4] 周易[M]. 崔波，注译. 郑州：中州古籍出版社，2013，7：27-34.
[5] (宋) 朱熹. 周易本义[M]. 北京：中华书局出版社，2009，11：35-42.

己的懒惰、懈怠或者私心，耽误了整体进展，这就是"恶"。不是说某人因为"恶"而得到什么好处，他影响了大家、影响了整体，就是"作恶"。从心体推演到万事万物，本是阳明学的出发点。正所谓：善恶一念间。

要深入理解阳明先生的知行合一，需要一些包括易经以及其他儒、道、释经典的知识准备，否则难免停留在文字表面。这个准备不是说要翻译了再一个个单词去查词典，而是心中本然就储有对应的、杂乱无章而又生机勃勃的磁场，在特定的磁感应下全转向同一个方向。

人生中时身居高位，时跌入低谷，本来就是变动无常的，并不是因为干了什么错事。有时因顺利而前进，有时因不顺利而后退，本来就是因时而变化的。做事若觉得处处不顺，应晓得这就是以前愆尤的显现。

无须怨天尤人，应反省自己以往过失，并诚心弥补。人的成熟无关年龄，而在于其心境。做人率真一分，做事豁达一分，心胸宽广一分，情理坦诚一分。一线在手，人生卷舒便自由，得亦不喜，失亦不忧。我心若不动，风又奈何；你若不自伤，岁月无恙（图 24-1）。

与天地合其德，与日月合其明，与四时合其序，与神鬼合其吉凶，先天而天弗违，后天而奉天时[1]。做没有先例的事，就参照天地；做有先例的事，也还要因时因地制宜。

掌握"乾卦"之变，实际上是知晓了顺应天地之道。懂得了"变"是不以人的意志为转移的，就能有一种泰然的心态。以仁善之心为立身之本，把握合乎多方作用力的平衡，在纷繁芜杂中把握平衡点，利人利物、坚定纯正，从而能团结大家一起努力。

阳明先生跟两位核心弟子钱洪德和王畿说，你们以后跟朋友们讲学，千万不可丢掉我的宗旨："无善无恶心之体，有善有恶意之动；知善知恶是良知，为善去恶是格物。"只要按照我这话因人而异去指点人，自然不会有什么毛病，这本来是贯通上下的功夫；天资极高的人，世上难以遇到，即便颜回、程颢先生也不敢自认能将本体功夫一下子悟透，我们怎么能轻易对常人寄予这样的期望呢？人心往往会受到世俗陋习的沾染，不教他在良知上切实下行善去恶的功夫，只是凭空去想那个本体而不踏实应对各种事情，这不过是养成一个贪求虚寂的毛病，这不是小毛病，不能不早说破[2]。

阳明先生临行前，将绍兴各个书院的一切事务交给门人钱洪德和王畿暂理，并特意书写了《客座私祝》[3]帖，告诫书院诸生要注意德业相劝，刻苦攻书。"客座"是指用来招待客人的房间，"私祝"即"私嘱"，《客座私祝》（图 24-2）就是悬挂于客堂的一幅字，是告诫弟子及昭示访客的一份告示。

【释文】：但愿温恭直谅之友，来此讲学论道，示以孝友谦和之行。德业相劝，过失相规，以教训我子弟，使毋陷于非僻。

不愿狂燥惰慢之徒，此来博弈饮酒，长傲饰非，导以骄奢淫荡之事，诱以贪财黩货之谋，冥顽无耻，扇惑鼓动，以益我子弟之不肖。呜呼，由前之说，是谓良士；由后之说，是谓凶人。

我子弟苟远良士而近凶人，是谓逆子，戒之戒之！

嘉靖丁亥八月，将有两广之行，书此以戒我子弟，并以告夫士友之辱临于斯者，请一览教之。王守仁书。

此帖各地有藏本、碑刻多种，有浙江余姚文物保护所保存的纸本书帖、贵州修文县保存的木刻、河北保定莲池书院保存的石碑（图 24-3）等，还有拓片多种。

---
[1] 周易[M]. 崔波，注译. 郑州：中州古籍出版社，2013，7: 34.
[2] （明）王阳明. 传习录[M]. 第二版. 于自力，孔薇，杨骅骁，注译. 郑州：中州古籍出版社，2008，1: 376.
[3] （明）王守仁. 王阳明全集【三】[M]. 陈恕，编校. 郑州：中州古籍出版社，2016，9: 33.

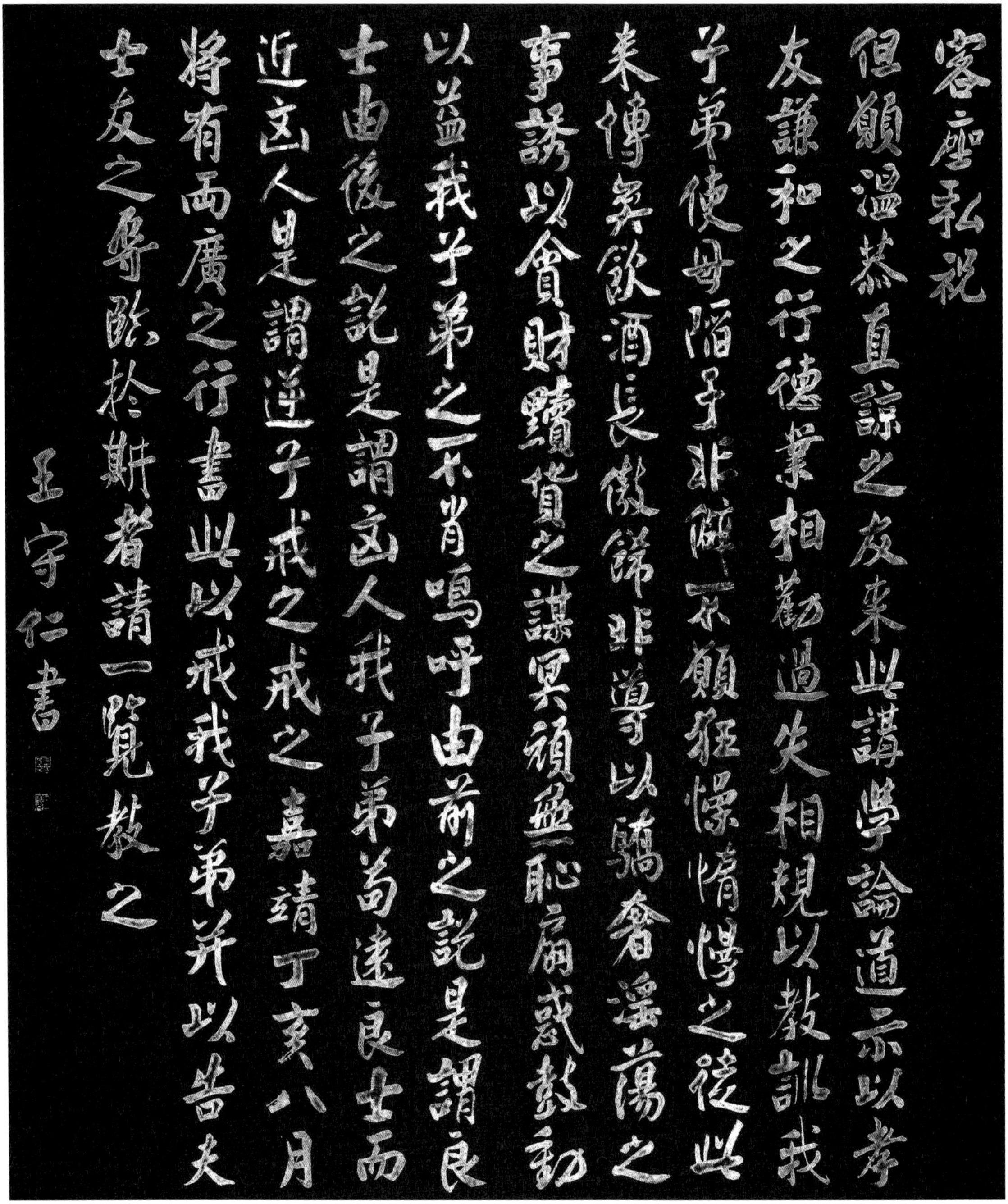
客座私祝
但願溫恭直諒之友來此講學論道示以孝
友謙和之行德業相勸過失相規以教訓我
子弟使毋陷於非僻不願狂懆惰慢之徒此
來博奕飲酒長傲飾非導以驕奢淫蕩之
事誘以貪財黷貨之謀冥頑無恥扇惑鼓動
以益我子弟之不肖嗚呼由前之說是謂良
士由後之說是謂凶人我子弟苟遠良士而
近凶人是謂逆子戒之戒之嘉靖丁亥八月
將有兩廣之行書此以戒我子弟并以告夫
士友之辱臨於斯者請一覽教之
王守仁書

图 24-2 《客座私祝》书贴（根据保定莲池书院石碑整理）

把绍兴的事情安顿好，阳明先生就出发去广西了。阳明先生在 1527 年农历七月初从绍兴出发，直到十一月二十日才到达广西梧州，这一路上几乎走了五个月。

阳明先生走得这样慢，大致有三个原因：第一，他的身体状况不允许，他当时已不能骑马，只能坐轿或者乘船；第二，他在沿途多地作了停留，和他的弟子们聚会讲学；第三，他也在观察广西的动静。

就像医生看病一样，先观察一段时间。阳明先生觉得从收到的各种情况分析，卢苏和王受不是那种死不改悔的巨恶之徒，他们目前没有继续扩张。同各种问题一样，这次到广西平叛，阳明先生认为功夫不在"心外"。

1527 年农历十月初，阳明先生抵达江西广信。不但江西的弟子蜂拥而至，就连远在贵州的仰慕者也赶来向他请教，阳明先生在船上陆续接见他的弟子们。由于弟子太多，所以就给大家传话说，等他从广西回来再和他们长谈，弟子们抱着希望恋恋不舍而散。遗憾的是，一年后返程经过广信的是阳明先生的棺椁。

对当地的弟子，他可以让他们散去，可对从贵州来的弟子就不忍心了。弟子徐樾虔敬地希望和老师见面，如愿以偿。徐樾觉得自己似乎找到了心学真谛，阳明先生就让他说明，徐樾就兴奋地举起例子来。他举一个，阳明先生否定一个；举了十几个后已无例可举，他相当沮丧。阳明先生指点他不可太执著于事物。

徐樾不理解。阳明先生指着蜡烛的光说："这是光。"在船舱空中画了个圈说："这也是光。"又指向船外水面说："这也是光。"

阳明先生这么说，是什么意思？他的弟子能否理解？

欲知后事如何，且听下回分解。

图 24-3 河北保定莲池书院与石碑局部外观

第二十五回

稳如山岳震如雷

图 25-1 兵无定法

对于思、田之乱,阳明先生特意先观察一段时间并进行材料收集和分析,最终他得出的结论是这些人并无野心,而且在当地有错综复杂的家族与社会关系,只是没有其他出路才暴乱,其良知依然可以光明,心肠未成铁石,对这类人进行招安就最合适不过。

上回说到阳明先生指着蜡烛的光、在船舱空中画圈又指向船外水面说，这都是光，徐樾先是茫然但很快就有所感悟。阳明先生说："光无不在，不可以烛上为光[1]。"徐樾拜谢而去。

阳明先生第二天到南浦受到的欢迎和广信不同，在广信欢迎他的是弟子们，而在南浦欢迎他的更多是老百姓，老百姓把道路街巷都挤满了，父老乡亲把他的轿子用接力的方式直接传递到南浦的官署中。阳明先生让老百姓从官署的东门进、西门出，从早晨接待到下午才让百姓们散去。

老百姓欢迎阳明先生的理由，不仅是因为当年阳明先生把他们从战乱中解救出来，还有一个重要原因就是他们对阳明学很感兴趣，百姓们纷纷想近距离看一眼传说中的阳明先生。阳明学本来就是简易灵动的学说，只要有心，贩夫走卒也能成为阳明学大家庭中的一员，这和理学有着高高的门槛大相径庭。

路途再远，终能到达。1527年农历十一月二十日阳明先生到达广西梧州正式办公，梧州是当时两广的政治、经济、军事、文化的中心，是南中国的重镇。这回接着说阳明先生的平乱。

和当初到赣州一样，他开始了实地调查。调查不仅仅包括卢苏、王受的详细履历和作乱的现状，更有这一带的历史沿革。在进行全面调查后，阳明先生在农历十二月初一向皇帝朱厚熜呈上了《赴任谢恩遂陈肤见疏》[2]。阳明先生说，田州直接与交趾国相邻，深山绝谷间都是瑶族、僮族部落居住，是中原的屏障；岑猛造反固然有其本人的野心，可也有官府欺压的成分；岑猛多次率部参与剿匪，但事后却没有得到任何奖赏，岑猛本就心怀不平，地方官员又向他索贿，这自然激起了他的反意；姚镆耗费巨资带数万部队来对付岑猛，虽然杀了岑猛，却在治理上举止失措使导致形势更加恶化，现在王受、卢苏的暴乱就是这一错误所导致的。

阳明先生说，朝廷让流官来统治田州的效果远没有让土官治理好；田州本是蛮荒，没有人愿意来这里做官，大多数官员都是抱着怨气来的，指望他们尽心尽力负起执政的责任显然不可能。这些流官来到田州后都惦记着尽快离开，他们还贪赃枉法，欺压当地少数民族，这种行为注定将引起暴乱。自田州取消土官使用流官以来，在这不长的时间里造反超过八次；而在漫长的土官管理时期中造反次数只有两次，这说明单纯靠流官来治理不适合田州。

阳明先生最后感谢皇上的信任，虽然我身体状况不佳，但我会竭尽全力让田州乃至广西恢复秩序，但我既然已经有所见闻就不敢不先跟皇上汇报，使朝廷尽早有所定夺，则可以尽快平定这里的反复，这实在是地方上的幸运[3]。

在呈上这道《赴任谢恩遂陈肤见疏》之前，阳明先生已经写信给内阁的大学士们。阳明先生必须要写这些信，他虽然是被内阁推荐来的，可内阁的诸位大员仍然在谨慎地监视着他，因为他若又有了功劳就会对内阁产生压力。

在杨一清的信中，阳明先生首先把自己能身负重任的功劳归于杨一清，说合格的朝臣报效祖国的方式就是举荐贤能，杨公为朝廷举荐了那么多人才，这就是忠心报国的体现。接着阳明先生表示自己不会顺着功劳争官，说您举荐我，让我受宠若惊，等我料理了广西的事务后，希望杨公能奏请皇上让我到太常寺、国子监等部门担任轻松工作，我必当报答您的恩义[4]。一直对阳明学非常抵触的杨一清被感动了，甚至还叹息说如果王守仁不创建他的心学该多好！

---

[1] （明）王守仁. 王阳明全集【三】[M]. 陈恕，编校. 郑州：中州古籍出版社，2016，9：327.

[2] （明）王守仁. 王阳明全集【二】[M]. 陈恕，编校. 郑州：中州古籍出版社，2016，9：30-34.

[3] （明）王守仁. 王阳明全集【二】[M]. 陈恕，编校. 郑州：中州古籍出版社，2016，9：33.

[4] （明）王守仁. 王阳明全集【三】[M]. 陈恕，编校. 郑州：中州古籍出版社，2016，9：329.

阳明先生又写信提醒弟子黄绾，也让黄绾提醒他在朝廷的弟子们，不要再极力推荐他，一定要把他淡化。他对黄绾说，我现在的注意力全集中在广西，你们如果在朝堂总是谈到我，肯定会引起某些人的不安，他们也会把注意力集中到广西来，到样我就不好做事了。最后阳明先生对弟子们说，广西的叛乱比当年南赣土匪、江西藩王造反差远了，所以你们不必为我担心，你们要担心的是朝廷内部的政治斗争，这才是心腹之患[1]。但朝廷高层的政治斗争不是黄绾、方献夫等人能解决的，阳明先生的这番训诫不过是证明他的深谋远虑而已。

1527年农历十二月二十六日，阳明先生抵达南宁，和巡按御史石金等人合计停当，下令把调集起来的官兵撤离。几天之内几万官兵解散了，湖广一带的几千官兵因归途较远，不方便一下子就回去，暂时留在南宁、宾州休息[2]。

卢苏、王受等人听说阳明先生奉命来查勘的消息时，就觉得朝廷并没有必杀他们的意思，就有投降的念头，日夜在盼望阳明先生早一点来。接着探听到太监郑润、总兵朱麟陆续回梧州、广州了，现在看南宁防守的官兵都撤下了，投降的念头就更重了。

1528年农历正月初七，卢苏、王受就派头目黄富等十来人到阳明先生这里诉苦，表示愿意投降，乞求免他们一死。阳明先生知道他们心里其实很矛盾：一方面是想投降，另一方面担心投降后没有保障。于是，阳明先生给王受和卢苏写了纸牌，说你们原非罪大恶极，至于部下数万人更是无辜，但你们叛乱导致这一带无辜的老百姓妻离子散、奔逃困苦，还让朝廷兴师遣将，导致罪行加深了；考虑到你们抗阻官兵也没有别的意思，不过是畏罪逃死，其情可悯；当今的皇上仁孝之至，爱民如子，所以派我来查勘，给你们开一条生路，让你们有一个改恶从善的机会；今天我颁发的牌子一到，你们立即解散部队，各自归家复业，你们几个头领马上在二十天内过来投降；如果不来，就是朝廷给你们生路而你们自求死路，我进兵剿灭你们也没有遗憾了。

阳明先生首先是站在卢苏、王受的立场来考虑问题，对他们当初的遭遇表示同情和理解，重点指出你们现在的错误实际上是官府有错在先，其次他向二人保证只要接受招安则既往不咎，最后阳明先生严肃地说，你们投降对彼此都有好处，大家可以免掉兵戎相见的尴尬，你们的决定会存活很多人，活人一命可是最大的功劳。

卢苏、王受得到纸牌后，欢声雷动，马上撤去守备，整顿了粮草辎重。到了农历正月二十六日，卢苏、王受率领部下都到了南宁城下，分四个营寨安顿下来。第二天，卢苏、王受与主要头目把自己捆绑了，到阳明先生这里投降，乞求免死，表示今后愿竭力报效。

阳明先生坐在大堂，仪态威严。王受和卢苏跪在地上，请求王大人对他们的过失进行责罚。阳明先生说既然颁发的牌子上已经赦免你们的死罪，允许你们投降，就不会亏失信义，引诱你们到这里再杀死。但你们在这一带骚扰了两年多，如果不略示责罚就难以解军民的怒气。于是，各打王受和卢苏一百杖。

阳明先生接着亲自解开他们的捆绑，说今日免各位一死，是朝廷与天地的好生之仁；打你们一百杖，则是我作为朝廷臣子的执法之义[3]。总之，王受和卢苏及其部下都心悦诚服，表示对朝廷的再生之恩定当誓死以报。

阳明先生接着派广西布政使林富、原总兵官张祐分别颁布告示安抚当地民众，于农历二月初八督令王受和卢苏的部下复业回

---

[1] （明）王守仁. 王阳明全集【三】[M]. 陈恕，编校. 郑州：中州古籍出版社，2016，9：329.
[2] （明）王守仁. 王阳明全集【二】[M]. 陈恕，编校. 郑州：中州古籍出版社，2016，9：40.
[3] （明）王守仁. 王阳明全集【二】[M]. 陈恕，编校. 郑州：中州古籍出版社，2016，9：41.

家。阳明先生跟踪调查，发现他们把兵器卖了，买牛以及生活用具，都在逐渐恢复田间劳作，料定他们接着不会叛乱了[1]。

无论是在南赣还是广西，阳明先生的战场主要在心上，他最擅长的心理战既平白至纯，又高深莫测。说他的心理战是平白至纯，不过是用真情实意感动良知尚存的对手；说他的心理战高深莫测，因为虚虚实实、真真假假的招数会让死不改悔的对手晕头转向，然后阳明先生就会发出致命一击。阳明先生的心理战表面上看没有规律可循，什么时候运用招抚、什么时候该采取军事行动看似随心所欲。其实，背后都有一个复杂的分析过程。

对于王受和卢苏的情况，阳明先生曾做过多方面的材料收集和分析，最终他得出的结论是这二人并无野心，而且在田州当地有错综复杂的家族与社会关系，只是没有其他出路才叛乱，当他们具备一定实力后也没有再扩展，这就足以说明他们的本心还是倾向于和朝廷谈合作，他们的良知没有被蒙蔽太深，心肠没有变成铁石，对于这类人进行招安就最合适不过。而招安对有些冥顽不灵的人，比如当年的池仲容，就毫无效果，所以唯一的办法就是采取虚虚实实的军事打击。

当然，事情也是才开始，因为"平"和"定"是两回事。阳明先生现在只做到了"平"，怎样"定"才是关键。阳明先生接着就把"十家牌法"在广西如法炮制，同时展开心学教育。世界上最不稳的就是人心，只要人心静了则世界也就静了，百姓心中有了道德基石才能遵纪守法。普及伦理道德的场所在学校，阳明先生兴办学校，邀请百姓来听他和他弟子们关于良知的讲座[2]。

阳明学能迅速传播开，缘于讲学的简易明了，更缘于阳明先生在教学上的因材施教，不以自己的主观凌驾于他人之上，而是顺着对方的思想来引导，用心学术语来讲就是"不执"，处理"田石"这件事就是一个例证。"田石"是田州城外河边一块怪异的巨石，令人惊奇的是，巨石静卧不动时则田州太平无事，当它如长了脚远离河边时则田州就有刀兵。

岑猛造反前巨石很老实地待在河边，岑猛作乱不久巨石就离开了河边。岑猛被擒获后巨石又神奇地回到河边，王受和卢苏造反时它又离开了河边。阳明先生招降了王、卢二人后，大概是巨石的信息不灵，所以还没有回到河边。

当地百姓都确信，这块巨石是治乱的风向标，他们都希望这块巨石永远待在河边。这当然是典型的迷信，不过阳明先生却认为这是当地的民俗意念，他没有理由不尊重当地的民俗。所以当百姓来请他对付那块巨石时，他煞有介事地在河边举行了一场巫术表演。阳明先生首先命众人合力把巨石抬回河边，然后他趴到巨石上作谈话状，再然后又似乎听巨石说话，最后他站起来指着巨石大喝一声："你敢作乱，不怕我毁了你？"说完，就命人取来纸笔写下"田石平，田州宁。田水萦，田山迎。千万世，巩皇明。嘉靖岁，戊子春，新建伯，王守仁，勒此石，告后人[3]。"后来让石匠把字刻到巨石上。

百姓们被这场面震住了，并且奔走相告，纷纷坚信阳明先生已经搞定了这个风向标一样的巨石。《田石平记》记载："田人无远近老稚，咸讴歌于道，以相庆焉[4]。"

这和阳明先生当年在福建上杭求雨成功震慑土匪一样，也和诸葛亮在七星台祭东风是一个路数的。事实上，很多带有古代巫祝气息的仪式和禁忌，即便是五百年后的今天还存在于世界各地，看样子还会继续延绵下去，影响着社会、文化以及生活的诸多方面。这不是科学评判的问题，而是世俗心理的一种认同。

---

[1] （明）王守仁．王阳明全集【二】[M]．陈恕，编校．郑州：中州古籍出版社，2016，9：42．
[2] （明）王守仁．王阳明全集【三】[M]．陈恕，编校．郑州：中州古籍出版社，2016，9：332-334．
[3] （明）王守仁．王阳明全集【三】[M]．陈恕，编校．郑州：中州古籍出版社，2016，9：52．
[4] （明）王守仁．王阳明全集【四】[M]．陈恕，编校．郑州：中州古籍出版社，2016，9：128．

阳明先生认为各地的习俗和禁忌必然有其存在的缘由，他希望在尊重这种心理认同的同时，引导社会民众总体上的心理安稳和为善去恶。这时，阳明先生身体却扛不住了，但他又得知了断藤峡和八寨的事情。

断藤峡是指广西桂平境内浔江两岸的一段，浔江两岸高山夹峙，山势巍峨，尤以断藤峡两岸的地势最为险峻恶劣，断藤峡上连八寨，下通仙台、花相诸洞。八寨是广西红水河南岸思吉、周安、剥丁、古卯、罗墨、古钵、古蓬、都者这八个寨堡。

这两个地方历来就是土匪滋生地，且相互呼应。在历史上也是剿灭了老土匪，又滋生新土匪，屡剿屡患，绵绵不绝。近年来断藤峡的土匪控制了浔江上下的广大地区，八寨土匪也在肆无忌惮地截路劫村。地方官员向阳明先生报告说，这些土匪不除，老百姓绝无安生的可能[1]。

阳明先生经过调查，发现大藤峡、八寨的土匪可不是"官逼民反"，他们是一贯如此。阳明先生自然不会一走了之，他马上召集广西一带的所有高级官员，包括新归附的王受和卢苏，召开解决断藤峡和八寨土匪的会议。阳明先生一旦定下主意，行动总是同步的，这就是一个知行合一的过程，中间没有任何梗阻。

广西布政使，即广西的行政长官林富是阳明先生的狱友。阳明先生当年被刘瑾抓进锦衣卫大牢中，林富也因得罪刘瑾在里面关押，两人讨论易经，相互切磋，结下深厚友谊。林富多年来一直关注着阳明先生，对阳明先生的用兵如神称许不已，这次他亲眼经历了阳明先生不战就降伏了王受和卢苏的全程，对阳明先生举重若轻的形势控制力由衷佩服；尤其是现在王受和卢苏又成了阳明先生的得力干将，更是感慨阳明先生的识人和用人之能。

召开解决断藤峡和八寨土匪的会议前，阳明先生已经胸有成竹，他对众人说，无论是八寨还是断藤峡的盗匪，都曾被朝廷招安过，可他们屡降屡叛，说明他们的良知已经被严重蒙蔽。对付诸如此类良知被遮蔽的人，用招抚的办法效果不大，所以只能用剿。这正如花园里长满了杂草，须毫不犹豫地铲除，还花园一个清净世界。

阳明先生一旦进入剿匪状态，就马上显示出无比的自信和气定神闲，就像给学生讲课，因为对方的行动不在他"心外"。虚虚实实（图25-1），进示以退，攻示以守，总之，就是先把土匪弄得晕头转向再发出致命一击。

思恩、田州动乱时，湖广的土兵过来参与围剿，但阳明先生不战而屈人之兵，湖广土兵没派上用场，现在正班师回去，其归途正是要经过断藤峡一带。卢苏、王受刚接受招安，屡次向阳明先生表示要报效朝廷。这些因素，都在阳明先生统筹之中。

阳明先生命令湖广土兵加部分广西官兵于1528年农历四月初二到龙江埠隐蔽登岸，于四月初三寅时抵达断藤峡匪巢。这些土匪开始是防着湖广土兵经过这里的，一部分到断藤峡后面的大山里潜伏，一部分在前沿防护。后来探得阳明先生驻扎在南宁而湖广土兵在归途中都是偃旗息鼓的，一点征剿的消息也没有，也没发现调兵集粮的动静，就松弛懈怠起来，不作警戒了。现在忽然官兵四面围攻了，就仓皇失措，逃到仙女山防守。接下来的两天，官兵攻破仙女山，接着攻破油砟、石壁、大陂等巢穴，擒斩大量匪徒，土匪逃到断藤峡横石江边，因官兵追得急，很多匪徒掉到江里溺水而亡。农历四月十一日推进到仙台、花相、白竹、古陶、罗凤等地，于农历四月十三日寅时一起发起进攻，官兵因连续的胜利越战越勇，到农历四月二十四日，把断藤峡一带的土匪追杀无遗[2]。

---

[1] （明）王守仁. 王阳明全集【二】[M]. 陈恕, 编校. 郑州: 中州古籍出版社, 2016, 9: 55-56.

[2] （明）王守仁. 王阳明全集【二】[M]. 陈恕, 编校. 郑州: 中州古籍出版社, 2016, 9: 61-63.

同时，布政使林富率领卢苏、王受指挥部于农历四月二十二日晚乘着夜色衔枚急进，经过的村寨都不知有部队经过，到了农历四月二十三日黎明，猛然发起对八寨的进攻，一下子就突破了八寨的前哨石门。卢苏、王受二人刚归顺，急需立功献上投名状，作战倾尽全力。石门不仅是八寨的前哨阵地，还是八寨的门户，拿下石门则八寨的防御就去了一半。土匪这才惊觉，以为兵从天降，溃散奔逃，官兵就乘胜追斩。

林富按阳明先生事先的指示，一面命卢苏和王受继续进攻吸住敌人的兵力，一面分兵从侧面进攻。八寨的第一个寨子很快被攻陷，如同起了连锁反应，八寨的其他寨子虽然进行了抵抗，可由于雷霆霹雳般的震慑力把他们镇住了，只是抵抗了一阵就纷纷缴械投降，林富指挥部队迅速推进。到农历五月初十，古蓬、周安、古钵、都者等寨堡都被官兵攻克[1]。

接着官兵对周边进行扫荡，到农历六月初七，八寨及周边的巢穴都已经清剿完毕，还有土匪逃到横水江坐船逃走，官兵追赶不及。但土匪人多船少，船上土匪挤得层层**叠叠**，为不掉水里而自相残杀，忽然又遇到大风，很多船就翻了，逃到对岸的只有二十几人。后来官兵进去搜索，发现许多土匪坠崖而亡。这样，八寨的土匪基本已经扫荡干净[2]。

广西的地形地貌特点是多山、多洞，一旦有盗贼作乱，必然就是旷日持久的消耗战，所以断藤峡和八寨的叛乱一直时隐时现地存在。两广局势表面上之所以能稳定，是因为土匪力量不足，尤其是没有和交趾国联合，一旦他们内外联合则后果不堪设想。八寨之贼也曾被明军反复征剿过，但总是未斩草除根[3]。

当阳明先生的报捷书传到北京时，大臣霍韬用对比的方式对皇帝说，先前靡费大量军费，战死、得瘟疫而死的官兵上万，可如此巨大成本的付出换来的却是田州不到五十天的安宁；阳明先生不杀一卒，不费斗米，就使思恩、田州叛乱分子磕头降服；八寨、断藤峡的土匪不剿灭则两广就没有安定的可能，阳明先生深沉机谋，作战成本又低到不可思议的地步，把八寨、断藤峡百数十年的豺虎窟穴一扫而清，就像拂去灰尘一样举重若轻[4]。

阳明先生在农历七月初十上的《八寨断藤峡捷音输》中，说到了这次"因湖广之回兵而利导其顺便之势，作思、田之新附而善用其报效之机，翕若雷霆，疾如风雨，事举而远近不知有兵兴之役，敌破而士卒莫测其举动之端[5]。"其中还谈到了民间纷纷在说，卢苏、王受未受招抚的时候是地方上的祸患，招抚之后就为地方除去祸患；老百姓都啧啧称叹，说卢苏、王受竭忠报效的诚意，即便是儿子对于父亲也不过如此了。

但这时，阳明先生的身体状况已经急转直下了，他觉得自己去日无多，给朝廷打报告要求回家就医却如石沉大海，他就决定自行回家了。

阳明先生自行决定离开广西前，让林富和王大用暂时分别代理都指挥使和布政使。阳明先生也知道这二人是德业有余而权变不足，但这实在是无可奈何的事。

现在，他必须离开广西，回浙江老家。古人都非常讲究死在家里的，认为这才是寿终正寝，这一点在我国很多现在老人的思路中还比较普遍，五百年前的阳明先生也不例外。

阳明先生能否安全到家？

欲知后事如何，且听下回分解。

---

[1] （明）王守仁．王阳明全集【二】[M]．陈恕，编校．郑州：中州古籍出版社，2016，9：63.
[2] （明）王守仁．王阳明全集【二】[M]．陈恕，编校．郑州：中州古籍出版社，2016，9：64.
[3] （明）王守仁．王阳明全集【三】[M]．陈恕，编校．郑州：中州古籍出版社，2016，9：334-335.
[4] （明）王守仁．王阳明全集【三】[M]．陈恕，编校．郑州：中州古籍出版社，2016，9：335-336.
[5] （明）王守仁．王阳明全集【二】[M]．陈恕，编校．郑州：中州古籍出版社，2016，9：67.

第二十六回
此心光明复何言

图 26-1 厚德载物

与五百年前阳明先生生活的年代相比,很多东西都已发生了天翻地覆的变化,但是有一样东西一直没变,这就是人心。阳明学凸显了每个人心中的"善根",弘扬了"知善知恶""为善去恶"的良知功效,为我国及周边国家的近现代思想发展作出了重要的铺垫。

上回说到阳明先生的身体每况愈下，很想回老家。但他觉得断藤峡和八寨的匪患不除，两广一带还是不得安宁，于是再次虚实莫测地用兵剿灭了两处土匪。这回讲的是他最后的故事了。

阳明先生抱病投入善后工作中，他希望朝廷能同意他提出的处置八寨和断藤峡的意见：把广西南丹的卫所迁到八寨来震慑当地的刁民，把思恩府城迁到便于贸易的荒田让当地百姓从闭塞的环境中走出来，调整基层布局使各地的县官深入乡村。阳明先生觉得将来的祸患不可不预防，而预防的时机不可错失，现在如果不做则十年内还会有土匪据啸山林，地方上就不得安生；他反复跟皇帝表达，自己的精神与体力已经无法把这些事情都做个了断，但心里已经知道这些事是不得不做的，所以不避讨人嫌的风险，把这些请求都递交上来呈现给皇上，如果能够被采纳则是地方之幸、臣等之幸[1]。

但阳明先生这三条建议都未被朝廷采纳。实际上，阳明先生对广西地方行政管理层面的建议，朝廷当权者根本不关心，只要广西没有发生叛乱，这些当权者就得过且过。

阳明先生在和广西多地的官员们接触了几个月后，发现这些官员集体素质不高。无论是道德还是行政能力，阳明先生觉得这些人都难以在广西这个复杂的地方胜任，他希望朝廷能把各种人才派到广西来，而朝廷对他的提议置若罔闻[2]。

阳明先生对朝廷的态度无可奈何，他觉得自己能够做的就是通过尽可能多的心学教育来普及良知，这也是他在南赣一带积累的教化经验。从社会层面看，只有推行教化才是真正长治久安的办法[3]。"礼闻来学，不闻往教"是儒家礼学原则，作为礼学专家的阳明先生当然很清楚这一点，但任何教条主义者在这种时候会生出的顾虑，都是与阳明先生无缘的。

阳明先生一再跟弟子们说，当今社会上圣学离我们一天比一天远，而追逐功名利禄的风气却日盛一日，从朝廷到地方，虽然有人关注佛、道的学说，但佛、道的学说到底也不能战胜世人追名逐利的心；虽然有人试图拿理学群儒的学说来调和折中，但群儒的理论最终也战胜不了人们对功利的热切。

阳明先生说很多人夸耀自己的学识，在权势上相互倾轧，在利益上相互争夺，在名声上相互攀比。管理钱粮的官员还想监管军事和司法，掌管礼乐的又想参与吏部的事务，在郡县做官的则想到省里当主管人事、财政和司法的大官，位居监察要职的则盯着宰相的位置。原本应该是没有某方面的才能，就不能做某方面的官，不通晓某方面的机枢就不能获得相应的荣誉，可实际上知识丰富正好使他们能够作恶，见闻广博正好使他们肆意诡辩，这些人打出的幌子，何尝不是说想完成天下人共同的事业，但他们真是想法却是觉得不采取这样的手段就无法满足他们的私欲[4]。

对于这些现象，阳明先生看得很清楚，并且他充满信心地认为只要光明其良知就能够扭转这些乱象。所以阳明先生觉得自己的真正使命应该是在教学上，而不是军事或者行政等方面。

阳明先生决心要离开广西回浙江老家，一方面他认为在两广一带的善后工作已经做到位了，而最重要的一方面是他觉得自己

---

[1] 阳明先生于 1528 年农历七月十二日上了《处置八寨断藤峡以图永安疏》，详细分析了八寨断藤峡当时的具体情况和相关措施的可行性与施用利弊权衡。参见：(明) 王守仁．王阳明全集【二】[M]．陈恕，编校．郑州：中州古籍出版社，2016，9：69-76．
[2] 阳明先生连续上了《地方紧急用人疏》《地方急缺官员疏》《举能抚治疏》《边方缺官荐才赞理疏》，但都没有得到朝廷有效的回应。参见：(明) 王守仁．王阳明全集【二】[M]．陈恕，编校．郑州：中州古籍出版社，2016，9：42-61．
[3] 阳明先生发出牌谕说："诸生得于观感兴起，砥砺切磋，修于其家，而被于里巷，达于乡村；则边徼之地，遂化为邹鲁之乡，亦不难矣。"参见：(明) 王守仁．王阳明全集【三】[M]．陈恕，编校．郑州：中州古籍出版社，2016，9：334．
[4] (明) 阳明先生．传习录[M]．第二版．于自力，孔薇，杨骅骁，注译．郑州：中州古籍出版社，2008，1：197．

生命已近尾声。1527年从浙江启程去广西时，阳明先生的肺病就已严重恶化，到广西后更是加剧了病情，从今天的医学角度看他可能已是肺癌晚期了。除了肺病之外，阳明先生在南赣剿匪时又染上了炎毒，来广西则使得炎毒持续发作，导致他遍体肿痛且双脚无法顺利行走，后来更是连饭都吞不下，每天只能喝几口稀粥，他就是用这最后一口气在田州、思恩、浔江两岸奔波，确定了他在广西的一系列方针。

然而，阳明先生把自己用最后的精力换来的方针政策送交朝廷后却是杳无回音，从招抚王受和卢苏的1528年农历二月开始他就持续不断地向朝廷递交他的方略，报告中还说鉴于他的病体实在不堪，希望朝廷能尽快批准他的退休请求。

这些报告和申请，一直如石沉大海。阳明先生在1528年农历二月十三日上了《奏报田州思恩平复疏》[1]，在农历七月初十上了《八寨断藤峡捷音疏》[2]，但直到农历八月末，皇帝朱厚熜和内阁成员才商定派人去广西奖赏阳明先生的思、田平叛事宜。

拖了这么长时间的原因很简单：杨一清认为对阳明先生封赏会给他带去更大的荣耀，荣耀会让他的弟子们重新呼吁阳明先生来北京，这是他最不愿意看到的事。至于1528年农历八月末皇帝朱厚熜之所以同意派人去奖赏阳明先生，是因为张璁在一旁出了力，张璁帮阳明先生说话只是政治角逐的结果，既然别人反对那我就支持一下。

大臣霍韬一直在为阳明先生抱不平，说"王守仁江西之功不白，无以劝励忠之臣；若广西之功不白，又无以劝策勋之臣。是皆天下地方大虑也[3]。"

那么朝廷是怎么封赏的呢？1528年农历九月二十日阳明先生上的《奖励赏赉谢恩疏》中有记载："赏银五十两，纻丝四表里，布政司买办羊酒送用[4]。"

阳明先生若是惦记着朝廷的封赏，估计早就被气死了，那就不是知行合一的阳明先生了。问题是，阳明先生又给在朝廷中在职的弟子们出了个难题：他未得到朝廷许可，就擅自离开广西回浙江了。

阳明先生在1528年农历十月初十上了《乞恩暂容回籍就医养病疏》[5]，但没有答复。他在农历十一月离开广西，一路走得异常缓慢，一是他的身体状况实在不能适应剧烈劳顿，二是他还抱着一丝希望能等到皇帝的关心和许可他退休的命令。遗憾的是阳明先生已进入江西地界了，还是什么都没有等来。

但在阳明先生人生最后时光里，仍不忘谆谆告诫聂豹、邹守益等弟子要"致良知"。他说，人做学问，一生也只是为了一件事，自小到老、从早到晚，也只是做这一件事，这件事就是致良知，要勿忘勿助，不要忘记时刻致良知，但也不要拔苗助长；致良知是个循序渐进、知行合一的生命过程，事情来的时候，尽我的良知去应对，没有事情来的时候也不要去故意找事，只是要在心上时刻想着致良知[6]。

1528年农历十一月二十八日夜，阳明先生在船舱中醒来问到哪里了，弟子说到青龙铺（今江西大余县青龙镇赤江村）了。

阳明先生觉得似乎精神好了些，他或许感到是回光返照，让人帮他更换了衣冠静静坐正了，叫弟子周积进来。

船舱里渐渐透进了曙光，阳明先生闭目平静呼吸，缓缓睁开眼，看向身边的弟子们，说："我走了。"周积等弟子不仅泪流

---

[1] （明）王守仁. 王阳明全集【二】[M]. 陈恕, 编校. 郑州: 中州古籍出版社, 2016, 9: 34-42.
[2] （明）王守仁. 王阳明全集【二】[M]. 陈恕, 编校. 郑州: 中州古籍出版社, 2016, 9: 61-69.
[3] （明）王守仁. 王阳明全集【四】[M]. 陈恕, 编校. 郑州: 中州古籍出版社, 2016, 9: 117.
[4] （明）王守仁. 王阳明全集【二】[M]. 陈恕, 编校. 郑州: 中州古籍出版社, 2016, 9: 78.
[5] （明）王守仁. 王阳明全集【二】[M]. 陈恕, 编校. 郑州: 中州古籍出版社, 2016, 9: 78-80.
[6] （明）王守仁. 王阳明全集【三】[M]. 陈恕, 编校. 郑州: 中州古籍出版社, 2016, 9: 338.

满面，问老师有何遗言。阳明先生微笑，说："此心光明，亦复何言？"[1]

一代鸿儒，溘然长逝。时间是1528年农历十一月二十九日辰时（即1529年1月9日早晨）。

或许到了天国，阳明先生才有时间完整追忆他的人生。他这一生应该是无怨无悔的，年轻时他曾纵容自己去做那些被别人所讥笑的事，他早年的内心潇洒不羁。

湛若水在阳明先生的墓志铭中，写了阳明先生年轻时的"五溺"，多少有些批评的意思，就是说阳明先生年轻时在任侠、骑射、辞章、道、佛等五方面沉迷[2]，耗费了大量的时光。

但没有这些历练，就不是后来的阳明先生了。一个人如果在年轻时代不释放自己最本真的性格，他这一生将是不完美的。因为人到中年，就必须负起社会所赋予他的责任，这个时候就需要内敛，有时须统筹全局，有时应如大地般负重（图26-1）。无论是年轻时的飞扬还是中年以后的老成，阳明先生都无可挑剔，因为他遵循了自己的良知而知行合一，这就是本书一直在解读的。

在理学语境中，"心"分为"性和情"两部分。"性"主要是指仁义礼智信，是内在的；"情"主要指的是七情六欲，是表现出来的，是外显的。朱熹就说，心不是天理，心的一部分、心中的"性"才是天理，而"情"不是。正因如此，理学要求大家"存天理（性）灭人欲（情）"。

问题是，把"情"从"心"分出去，努力把它灭掉，这难度太大。朱熹也认为必须要找东西来代替"情"，于是朱熹到心外去寻找，希望通过对万事万物的探究，从而得到各种各样的万物道理来弥补心的不足。这就是"先知后行"的根源所在，也是导致很多人知行不一的理论庇护所。

而阳明先生说，心中的良知能辨是非、能知善恶，知晓是非善恶，天下还有什么事不能解决的？至于人心中的"情"没理学家们说的那么可怕，"七情"不过度就是正常的，过度了也不过是蒙在"性"上的尘埃、遮住良知的一片云，通过良知纠偏即可。

情之同处即为性，舍情则性不可见；欲之公处即为理，舍欲则理不可明。其中关键，即是"允执厥中"。

朱熹在传统儒学基础上概括出一种以本体论、认识论、方法论为归趋的理学思辨体系，足以彪炳千秋。阳明先生在程朱理学基础上进行了知行合一的本体论、认识论、方法论拓展，以心即理为基点、以知行合一为途径、以致良知为目标，构建了完备的阳明学体系。真正的大家，不是看他写了多少本专著，而是对世人是否具有涉及直切心灵的启迪与指导[3]。

但在1528年冬季，阳明先生被装入了棺椁，一路送向浙江。他的弟子们和百姓们的哭泣之声，让天地为之动容，这是人们对一个慈悲人物和神奇人物最具敬意的膜拜。

1529年农历二月，阳明先生去世的消息报到北京。桂萼向皇帝朱厚熜提出要严厉惩治阳明先生，理由是擅离职守。杨一清得到阳明先生去世的消息后，如释重负，因为他一直很担心阳明先生到京城[4]。伴随阳明先生去世，他在朝廷中的弟子们被排挤，黄绾、陆澄等人都被遣到南京去坐冷板凳，他们沉浸在老师离世的悲痛中，而且也没有了为老师说话的权力。于是，接踵而来的也

---

[1] （明）王守仁. 王阳明全集【三】[M]. 陈恕，编校. 郑州：中州古籍出版社，2016，9：339.
[2] （明）王守仁. 王阳明全集【四】[M]. 陈恕，编校. 郑州：中州古籍出版社，2016，9：55.
[3] 阳明先生说"圣贤教人如医用药，皆因病立方，酌其虚实温凉阴阳内外而时时加减之，要在去病，初无定说。若拘执一方，鲜不杀人矣。今某与诸君不过就偏蔽砭切砥砺，但能改化，即吾言己为赘疣。若遂守为成训，他日误己误人，某之罪过可复追赎乎？"参见：（明）王守仁. 王阳明全集【四】[M]. 陈恕，编校. 郑州：中州古籍出版社，2016，9：162.
[4] 杨一清给皇帝打报告说："王仁仁故可用，但好服古衣冠，喜谈新学，人颇以此异之。不宜入阁，但可用为兵部尚书。"参见：（明）王守仁. 王阳明全集【四】[M]. 陈恕，编校. 郑州：中州古籍出版社，2016，9：81.

是注定的对阳明先生的处分下达了：褫夺新建伯爵位[1]。阳明先生如果在天有灵，绝不会对这样的惩罚动心，因为他受不公正待遇已经习惯了。

1529 年农历十一月十一日，阳明先生被葬于浙江绍兴兰亭洪溪[2]（今浙江绍兴市兰亭乡花街村）。

公道自在人心。到 1567 年，众多大臣上疏推崇阳明先生"功勋道德，宜膺殊恤"，随即通过吏部和礼部合议，认为"王守仁具文武全才，阐圣贤绝学。""伟节奇勋，久见推于舆论。封盟锡典，岂宜褫夺于身终？[3]"皇帝朱载垕追封阳明先生为新建侯、谥文成，下圣旨说："钟鼎勒铭，嗣美东征之烈；券纶昭锡，世登南国之功。永为一代之宗臣，实耀千年之史册[4]。"

到了 1584 年，阳明先生从祀孔庙[5]，他的学说和他对儒学经典的诠释被官方认定为正统之学，可以用于各级科举考试的答题上，这是中国古代思想文化史和政治史上的大事。但恐怕在天上的阳明先生对这些荣誉仍然不会动心。

此心光明，亦复何言！

阳明学充分彰显的，就是每个人的心中与生俱来就有圣贤潜质，而做圣贤就是要通过自我努力实现最真实的"自我"。只是因为大多数人的"良知"被"私欲"蒙蔽了，至于不能实现"自我"，故而不能成为圣贤。因此，要通过"知行合一"这个路径来祛除蒙蔽"良知"的遮蔽，把自身的圣贤潜质发挥出来。

进而言之，既然每个人身上都有圣贤潜质，那人与人就是相互平等的，谁都没有权力支配谁。只有我才能支配我自己，我才是自己的主人！

这对当时习惯性匍匐在祖宗定法中的人们来说，无疑如暗室一炬。儒家发展历程中的一座新高峰就这样出现了，阳明学洗去了附加在理学上的捆绑累赘，让一切规范都出自内心、出自本真。

总而言之，阳明先生认为"知和行"本就是合一的，知行合一的目标就是"致良知"，也就是通过个人修养挖掘出人之所以为人的内心"良知"，这种内心"良知"就是"天理"。

"天理"就是一个，如千江水同印一轮明月。以理凝聚于人之主宰而言则谓之心，以其主宰之发动而言则谓之意，以其发动之明觉而言则谓之知，以其明觉之感应而言则谓之物[6]。

我国传统儒学主张通过"格、治、诚、正、修、齐、治、平"来实现"明明德于天下"，阳明学强调知行合一致良知，标志着儒学发展的新高度。在当今时代背景中、在具体的专业语境中解读阳明先生的知行合一历程，对于中华优秀传统文化的传承和弘扬有着重大的意义。

在求新求变、竞争激烈的现代社会中，阳明学强调每个人的主体意识，充分肯定人的主观能动性，这就打破圣贤经传的神秘和不可逾越性。这对现代人的个性发展、吐故纳新、开拓奋进以及维系社会的伦理修养、敬业乐群等精神，都有着有益的启示和积极的促进。

阳明学巩固了儒学的内在心理依据，凸显了每个人心中的"善根"，弘扬了"知善知恶""为善去恶"的良知功效。阳明学的学理表述始终保持了很高的哲学品味，果断、周密、平易、优雅。阳明学更大的作用，是为我国及周边国家的近现代思想发展作出了重要的铺垫。

---

[1] （明）王守仁. 王阳明全集【四】[M]. 陈恕, 编校. 郑州：中州古籍出版社, 2016, 9: 85.
[2] （明）王守仁. 王阳明全集【三】[M]. 陈恕, 编校. 郑州：中州古籍出版社, 2016, 9: 342.
[3] （明）王守仁. 王阳明全集【四】[M]. 陈恕, 编校. 郑州：中州古籍出版社, 2016, 9: 21.
[4] （明）王守仁. 王阳明全集【四】[M]. 陈恕, 编校. 郑州：中州古籍出版社, 2016, 9: 159.
[5] （明）王守仁. 王阳明全集【一】[M]. 陈恕, 编校. 郑州：中州古籍出版社, 2016, 9: 9-10.
[6] （明）王阳明. 传习录[M]. 第二版. 于自力, 孔薇, 杨骅骁, 注译. 郑州：中州古籍出版社, 2008, 1: 251.

结　语

图 27-1　海纳百川

在当今这个新时代，学习阳明学，探讨知行合一，并不是把阳明先生当作神圣不可逾越的偶像或将其言论当成教条，而是要秉承其关键要义：惟求其是。

与五百年前阳明先生生活的年代相比，当今人类活动范围又大大扩展了，每个人都需要与他人合作，也需要与人竞争，并在竞争中合作。知行合一，不仅仅是自己的"知行"问题，而是注定和他人互动，并与社会发生网络状的密切关联。

在激烈竞争和追求成功的过程中，似乎小人的处世方法更有效，比如搞口蜜腹剑、两面三刀等，能让自己不吃亏，但我们以史为鉴，就会发现历史上没有一个小人能走得长远。小伎俩或许能让人得意一时，而良知的障蔽终究会暴露，言行不一、虚情假意终究会被揭穿。

老来疾病，都是壮时招的；衰后罪孽，都是盛时造的。并不是说人老了就会有这样的疾病，也不是说衰败了就会有那样的报应，而是壮年时、强盛时不加检点埋下的祸根。小伎俩或许能带来一时便宜，但必定会妨碍大格局。从人生的跨度来看，每个人要想跟他人相处更长的时间，并且要有更深的关系和信任度，就需要德行和境界相应的提升。

一个人没有境界，就会造成他或许一时拥有很多，但与他的承受容量不匹配。海纳百川，就是因为有大境界（图27-1），知行合一能够在关联的社会情境中建立起长效信用。境界低则会只关注眼前利益，境界高则会关注长远，这也是对自己与团队未来的自信。提升境界不是一句话这么简单，因为在提升境界的过程中有很多付出，要吃很多眼前亏。始终秉持知行合一处世，前期的积累必定缓慢，这就像远洋巨轮启动没有小舢板快一样，但到了大风大浪之中小舢板就会一下子被打翻。只有知行合一方有大境界，有大境界的人与团队才能得道多助。

没有一定的境界，不会走得长远；但迂腐、拘泥的人也不能走得长远。知行合一的修持，就是让境界与能力相平衡，使得容量和拥有也保持动态的平衡。要真正领悟知行合一，只能靠一以贯之的实事践行。

人和历史，都是在螺旋式发展中前进。立志、被打击、失去信心、重拾信心、被打击、失去信心、重拾信心，人往往要反复经历这样的轮回才逐步成熟起来。人们追求境界的过程不会是一帆风顺，而是曲折难行，每个人都是在一次又一次否定自己中逐步成长，然后根据实际不断调整自己的平衡态。这个世界上的人也不是要么成为圣贤、要么成为小人，知道知行合一的真谛就知道境界提升是可以逐步趋近的。从阳明先生的经历看，也是在经历诸多磨难后依旧居敬持志，从而实现其境界的不断跃迁。

阻碍大格局的另一个障碍就是太自我，不重视依靠团队的力量，不重视与别人的真诚交往。其实，成事的关键不是靠个人技能，而是靠大家的协作。当下建筑的复杂程度与内容综合性已经迫使建筑设计所关联的专业与学科越来越广泛，建筑师必须学会如何协调不同专业、不同学科的成果与需求。在建筑得以落成的整个过程中，建筑师不是去证明自己的正确性，而是站在共同体的角度来推演共赢的最大可能性。知行合一的人，能让人察觉到他的可信度、他未来的潜力。纵观阳明先生的一生，不论在他得意还是失意的时候，都有很多职位比他高、年纪比他大的人愿意支持他、帮助他、追随他。

在这个千变万化的世界里，科学和技术会变，潮流和风格会变，还有很多都会变，但是有一样东西却一直没变的，这就是人心。很多人过度追求变化的东西，而忽略了始终没变的线索，在学会懂得人心的过程中也会推动自己境界的提升。知行合一不仅可以让自己受用终生，也可以让自己所处的团队、组织有更大发展，让现在还很平凡的自己吸引更多的人才来走到一起，他人就会看到团队未来的潜力，而愿意与这个团队一起构建共同体。其作始也简，其将毕也必巨。

在当今这个新时代，学习阳明学，探讨知行合一，并不是把阳明先生当作神圣不可逾越的偶像或将其言论当成教条，而是要秉承其关键要义：惟求其是。

惟求其是，方能真正传承中华血脉中开放自信、包容进取的精神；方能真正传承传统文化中三军可以夺帅、匹夫不可夺志的骨气；方能真正传承和而不同的宽容、为往圣继绝学的雄心。

这才是解读阳明先生知行合一历程的意义之所在。

参考文献

第一部分：专著与汇编

[1] （明）王阳明. 传习录[M]. 第二版. 于自力, 孔薇, 杨骅骁, 注译. 郑州：中州古籍出版社, 2008, 1.

[2] （明）王守仁. 王阳明全集[M]. 陈恕, 编校. 郑州：中州古籍出版社, 2016, 9.

[3] （清）黄宗羲. 明儒学案[M]. 北京：中华书局出版社, 2008, 1.

[4] （宋）朱熹. 四书章句集注[M]. 北京：中华书局出版社, 2012, 2.

[5] （宋）朱熹. 周易本义[M]. 北京：中华书局出版社, 2009, 11.

[6] （汉）司马迁. 史记[M]. （宋）裴骃, 集解. （唐）司马贞, 索隐. （唐）张守节, 正义. 北京：中华书局出版社, 2005, 3.

[7] 中国书法全集 第52卷 唐寅、王阳明、莫是龙、邢侗、陈继儒[G]. 刘正成, 主编. 北京：荣宝斋出版社, 2005, 11.

[8] 八股文汇编[G]. 龚笃清, 主编. 长沙：岳麓书社, 2014, 5.

[9] 韩非子[M]. 第二版. 高华平, 王齐洲, 张三夕, 注译. 北京：中华书局出版社, 2015, 1.

[10] 金刚经[M]. 第二版. （后秦）鸠摩罗什, 译. 田茂志, 注译. 郑州：中州古籍出版社, 2007, 4.

[11] 老子[M]. 第二版. 李存山, 注译. 郑州：中州古籍出版社, 2008, 1.

[12] 公羊传 穀梁传[M]. 杨龙, 校点. 郑州：中州古籍出版社, 2015, 4.

[13] 周易[M]. 崔波, 注译. 郑州：中州古籍出版社, 2013, 7.

[14] 王国维. 人间词话[M]. 海口：海南出版社, 2016, 8.

[15] 党的二十大文件汇编[G]. 北京：党建读物出版社, 2022, 11.

[16] 董丹申, 李宁. 知行合———平衡建筑的实践[M]. 北京：中国建筑工业出版社, 2021, 8.

[17] 董丹申. 走向平衡[M]. 杭州：浙江大学出版社, 2019, 7.

[18] 李宁. 理一分殊——走向平衡的建筑历程[M]. 北京：中国建筑工业出版社, 2023, 1.

[19] （东汉）许慎. 说文解字[M]. 李翰文, 译注. 北京：九州出版社, 2006, 3.

[20] 说文解字十二讲[M]. 万献初, 讲授. 刘会龙, 撰理. 北京：中华书局出版社, 2019, 1.

[21] 李宁. 建筑聚落介入基地环境的适宜性研究[M]. 南京：东南大学出版社, 2009, 7.

[22] 王本兴. 甲骨文读本（上中下）[M]. 北京：北京工艺美术出版社, 2019, 5.

第二部分：期刊

[1] 董丹申. 对话董丹申：什么是平衡建筑[J]. 当代建筑, 2021(1)：24-25.

[2] 李宁. 平衡建筑[J]. 华中建筑, 2018(1)：16.

[3] 华军. 事实与情感——儒家"情理合一"思想的再认识[J]. 社会科学战线, 2022(8): 49-60.
[4] 姚远, 杨琳琳, 亢小玉. 《六合丛谈》与其数理化传播[J]. 西北大学学报, 2010(3): 550-555.
[5] 孟园, 曹海霞. 开拓对宇宙认识的新天地[J]. 物理通报, 2020(7): 121-123+129.
[6] 阮晓钢. 广义观测相对论:时空在爱因斯坦广义相对论中为什么弯曲?(下篇)——GOR 理论与科学预言[J]. 北京工业大学学报, 2023(3): 245-325.
[7] 李若晖. 儒学: 由对象到方法[J]. 华中科技大学学报(社会科学版), 2023(1): 8-13.
[8] 向世陵. 先秦儒家"显学"辩证[J]. 国际儒学研究, 2007(2): 254-260.
[9] 叶润平, 齐晓琪. 《论语》中孔子教育的哲学思想——子夏的君子观及其当代价值[J]. 成才, 2022(23): 69-70.
[10] 刘靖妍. 孟荀人性论比较分析[J]. 广东社会科学, 2023(1): 277-285.
[11] 李有梁, 黄冰清. 董仲舒的民本思想及其理论渊源[J]. 原道, 2022(1): 71-80.
[12] 邓红. 董仲舒与汉武帝——儒政关系中的君臣离合[J]. 孔子研究, 2022(4): 58-68+158.
[13] 徐慧敏. 行权者、当权者与判定者——从主体视角考察董仲舒经权观[J]. 中国哲学史, 2022(4): 81-87.
[14] 刘飚娇. 以文致太平——略论秦汉之际的政治走向和文化选择[J]. 学术探索, 2015(11): 22-31.
[15] 李满. 禅宗美学思想之解密[J]. 南昌师范学院学报, 2022(2): 51-56.
[16] 雷茜之. 从《坛经》看禅宗思想的"体用"[J]. 中国佛学, 2020(2): 191-206.
[17] 刘舫. 回到理学之前: 周敦颐"主静"说的思想史意义[J]. 云南大学学报(社会科学版), 2022(6): 80-87.
[18] 王子剑. 始终与中和——周敦颐哲学"二分"结构背后的哲学精神[J]. 哲学门, 2020(2): 98-111.
[19] 陆永胜, 袁久红. 论人类命运共同体的儒学文化基因——基于"横渠四句"的价值基点与价值开展的考察[J]. 学海, 2020(6): 57-62.
[20] 张利, 李善洪. 浅析明代"八虎"与宦官干政[J]. 北华大学学报(社会科学版), 2016(1): 102-105.
[21] 高进. 政治人格与人际生态的张力——以谢迁"余姚人毋选京官"事件为中心[J]. 西南大学学报(社会科学版), 2015(6): 168-172.
[22] 任军. 当代建筑的科学观[J]. 建筑学报, 2009(11): 6-10.
[23] 梁衡. 一位科学家的殉难[J]. 大众科学, 2018(11): 56-57.
[24] 王中江. 儒学的新开展与公共实践: 韩愈的典范性[J]. 中州学刊, 2021(11): 97-103.
[25] 张明. 韩愈"道统"建构与荀孟地位变迁——中晚唐儒学之变革及结局[J]. 孔子研究, 2020(3): 126-135.
[26] 陈劲. 孝宗中兴与庆元党禁视域下的南宋儒学走向——以朱熹与陈傅良交游为中心的考察[J]. 孔子研究, 2020(4): 64-72.
[27] 三浦秀一, 曾睿. "己意"与"绳尺": 元朝南人的科举与朱子学[J]. 科举学论丛, 2020(1): 74-84.
[28] 郑治文. 本体·心性·工夫——"北宋五子"到朱熹的理学范式建构[J]. 齐鲁学刊, 2020(2): 14-24.
[29] 韩前伟. 晚清洋务人士对明治维新的评议探析(1870-1880 年代)[J]. 社会科学论坛, 2022(6): 109-122.
[30] 章扬定. 近代中国向西方学习思潮中的孙中山与日本明治维新[J]. 广东社会科学, 2004(5): 129-134.

[31] 杨晓维，秦蓁. 了庵桂悟使明与阳明学之初传日本——基于《送日东正使了庵和尚归国序》真迹实物与文本的研究[J]. 史林，2019(5)：86-91+219.

[32] 谢鲁. "立皇帝"刘瑾[J]. 戏剧之家，1998(1)：26-28.

[33] 杨频，罗遵度. 影响超导体临界温度的某些结构因素[J]. 低温物理，1980(3)：188-192.

[34] 吴光. 论孙中山《建国方略》对中国现代化的启示[J]. 浙江大学学报（社会科学版），1994(4)：11-15.

[35] 王静，霍涌泉，宋佩佩，张心怡，杨双娇，柏洋. 孙中山的心理建设思想及其现实意义[J]. 心理学报，2019(11)：1281-1290.

[36] 陈尧. 试论孙中山之心学及其意义[J]. 学术交流，2014(2)：28-32.

[37] 李宁，丁向东. 穿越时空的建筑对话[J]. 建筑学报，2003(6)：36-39.

[38] 赵永刚. 王阳明《答毛拙庵见招书院》笺释[J]. 古典文学知识，2016(5)：19-24.

[39] 吴根友. 庄子论真人与真知的关系——《大宗师》篇"且有真人而后有真知"命题的现代诠释[J]. 中国哲学史，2007(1)：61-67.

[40] 魏震祥，萧汉明. 对待传统儒学的科学态度——《论中国古代社会与传统哲学》读后[J]. 中国哲学史，1997(1)：116-122.

[41] 张佳. 彰善瘅恶，树之风声——明代前期基层教化系统中的申明亭和旌善亭[J]. 中华文史论丛，2010(4)：243-274+400-401.

[42] 刘浪. 多行不义必自毙——明太监刘瑾之死[J]. 领导文萃，2010(24)：100-103.

[43] 梁磊，胡克诚. 刘瑾迫害杨一清事件原因探析[J]. 长春师范学院学报（人文社会科学版），2009(7)：57-60.

[44] 李洵. 明武宗杀刘瑾（下）[J]. 紫禁城，2009(10)：74-77.

[45] 张燕婴. "周监于二代，郁郁乎文哉，吾从周"解[J]. 中国文化研究，2003(2)：147-150.

[46] 常青. 历史建筑修复的"真实性"批判[J]. 时代建筑，2009(3)：118-121.

[47] 宋洪兵. 圣域与凡境之间[J]. 读书，2023(1)：11-18.

[48] 杨国荣. 自然·道·浑沌之境——《庄子·应帝王》札记[J]. 中国哲学史，2020(1)：42-48.

[49] 李宁，李林. 传统聚落构成与特征分析[J]. 建筑学报，2008(11)：52-55.

[50] 杨春时. 论设计的物性、人性和神性——兼论中国设计思想的特性[J]. 学术研究，2020(1)：149-158+178.

[51] 李兴韵，张杨旭. 竺可桢教育思想中的"阳明情节"[J]. 宁波大学学报（教育科学版），2020(2)：68-74.

[52] 张郁乎. "境界"概念的历史与纷争[J]. 哲学动态，2016(12)：91-98.

[53] 闻新. 宇宙大爆炸与奇点理论[J]. 太空探索，2018(5)：11-13.

[54] 李曙华. 还原论——系统生成论之方法论[J]. 系统科学学报，2022(1)：23-29.

[55] 胡新和. "实在"概念辨析与关系实在论[J]. 哲学研究，1995(8)：19-26.

[56] 陈雁北，范锡龙. 时空与物质、广义相对论与量子力学的完美结合——深度科普解读双中子星并合多信使观测[J]. 物理，2017(12)：817-827.

[57] 赵建军，杨博. "绿水青山就是金山银山"的哲学意蕴与时代价值[J]. 自然辩证法研究，2015(12)：104-109.

[58] 田正平. "只问是非、不计利害"——从《竺可桢日记》看一位大学校长的精神境界[J]. 高等教育研究，2016(4)：80-86.

致谢

一

本书得以顺利出版，首先感谢浙江大学平衡建筑研究中心的资助。同时，感谢浙江大学平衡建筑研究中心、浙江大学建筑设计研究院有限公司对建筑设计及其理论深化、人才培养、梯队建构等诸多方面的重视与落实。

二

在平衡建筑研究的园林中，需下一番整理场地、引水辟径等基础性的工夫，这些投入或许不引人注目，也较为繁杂，但不可或缺，本书就是在做疏脉调气、浇灌土壤的工作。

感谢董丹申老师这几年来的鼓励与关心，没有他的鼓励，或许本书就草草搁笔了。感谢赵黎晨、江蓉、王超璐、刘达、孙玉洁、张菲、胡彦之等小伙伴的支持和帮助。

三

感谢平衡建筑课题组成员对本书完成给予的支持与帮助。

四

感谢中国建筑出版传媒有限公司（中国建筑工业出版社）对本书出版的大力支持。

五

有"平衡建筑"这一学术纽带，必将使我们团队不断地彰显出设计与学术的职业价值。